──────────── 님의 소중한 미래를 위해
이 책을 드립니다.

마흔에 다시 시작하는 돈 공부

4050, 금융을 모르면 인생이 힘들어진다

마흔에 다시 시작하는 돈 공부

백영·조형근 지음

메이트북스

메이트북스 우리는 책이 독자를 위한 것임을 잊지 않는다.
우리는 독자의 꿈을 사랑하고,
그 꿈이 실현될 수 있는 도구를 세상에 내놓는다.

마흔에 다시 시작하는 돈 공부

초판 1쇄 발행 2025년 7월 25일 | **지은이** 백영·조형근
펴낸곳 (주)원앤원콘텐츠그룹 | **펴낸이** 강현규·정영훈
등록번호 제301-2006-001호 | **등록일자** 2013년 5월 24일
주소 04607 서울시 중구 다산로 139 랜더스빌딩 5층 | **전화** (02)2234-7117
팩스 (02)2234-1086 | **홈페이지** matebooks.co.kr | **이메일** khg0109@hanmail.net
값 19,500원 | **ISBN** 979-11-6002-953-6 03320

잘못 만들어진 책은 구입하신 서점에서 교환해 드립니다.
이 책을 무단 복사·복제·전재하는 것은 저작권법에 저촉됩니다.

위기에 처할 때까지 기다리지 말고
위기 계획을 세워라.

• 필 맥그로(심리학자이자 인생 전략가) •

지은이의 말

4050에게 금융은
생존의 언어입니다

직장인들의 은퇴 후를 다룬 한 다큐멘터리를 본 적이 있습니다. 그들이 가장 두려워하던 것은 하루아침에 끊기는 월급이었습니다. 국민연금 수령 시점은 아직 멀었고, 매달 들어오던 고정소득이 사라진 이후, '앞으로 뭘 하며 100세 시대를 살아갈까?' 하는 근본적인 질문이 시작된 겁니다.

그 술자리에서 누군가 조심스럽게 말했습니다. "금융 공부를 좀 더 일찍 해둘걸…" 그 한마디에 모두가 고개를 끄덕였습니다. 막상 퇴직금을 받긴 했는데, 갑자기 생긴 목돈을 어디에 어떻게 안정적으로 굴려야 할지 몰랐다는 겁니다.

먹고살기 바쁜 현실에서, 금융 공부까지 하는 건 어쩌면 사치였을지 모릅니다. 하지만 더 일찍 금융 공부를 했다면 세상을 바라보는 눈이 달라졌을 것입니다. "지금 알고 있는 걸 그때도 알았더라면", 그 말이 현실이 되지 않도록, 우리는 지금부터라도 금융 공부를 시작해야 합니다.

4050 세대, 왜 금융 공부를 해야 할까요?

유례가 없을 정도로 빠른 고령화를 겪고 있는 대한민국! 그 대한민국의 중추세대인 4050의 고민이 깊습니다. 부모를 모시면서 정작 본인은 자녀에게 도움을 바라기 힘든 상황입니다. 자녀 교육에 최우선순위를 두다 보니 본인의 노후준비는 부족한 경우가 많습니다. 열심히 살아왔지만 여전히 노후준비라는 무거운 과제가 버티고 있습니다.

그 누구보다 동분서주해온 4050에게 소중한 자산을 합리적으로 관리하고 늘릴 수 있도록 금융과 투자에 대한 공부가 필요해졌습니다. 저성장시대에 어떻게 실질구매력을 유지하고 확대해갈지 고민이 필요합니다. 위험자산에 대한 선입견도 떨쳐내야 합니다. '안전하다고 믿는 자산'이 오히려 배신할 수도 있기 때문입니다.

금융시장은 냉정합니다. 누구도 봐주지 않고, 공부하지 않은 사람에게는 반드시 대가를 요구합니다. 그렇기 때문에 지금부터라도 제대로 된 금융 공부를 시작해야 합니다. 경제와 금융이 어떤 메커니즘으로 돌아가는지, 어떤 키워드에 의해 움직이는지를 이해하지 못한다면 시장이 휩쓸릴 때마다 내 자산도 함께 흔들릴 수밖에 없습니다.

물론 처음부터 쉬운 길은 아닐 겁니다. 떨어지는 주식은 끝없이 내려갈 것 같고, 오르는 주식은 영원히 오를 것처럼 느껴집니다. 그래서 우리는 금융시장에서 '왜?'라는 질문을 던져야 합니다. "왜 오를까? 왜 내릴까? 왜 이 종목은 반등하지 않을까?"라는 질문을 던지며 스스로 생각을 키우는 과정이야말로 진짜 금융 공부입니다.

이렇게 금융 공부를 해나가다 보면, 신기한 일이 생깁니다. 주식이 오를 때보다 하락할 때 더 감사한 마음이 생깁니다. 내가 믿는 기업의 주가가 하락했다는 건, 좋은 종목을 더 싸게 살 기회가 생겼다는 뜻이니까요. 이 책은 그런 금융 공부의 출발점입니다.

금융 공부는 삶을 지키는 도구입니다

이 책은 거시경제와 금융시장 전반을 다루고 있습니다. 어떤 관점으로 세상을 보고, 어떤 구조 속에서 자산이 움직이는지를 소개하고자 했습니다. 이를 바탕으로 각자가 시장을 바라보는 시야를 갖고, 폭락장에서도 겁먹지 않고, 급등장에서도 경거망동하지 않도록 돕고 싶었습니다.

복잡하게만 느껴졌던 금융이 이 책을 통해 친근한 삶의 언어로 느껴지기를 바랍니다. 막연한 두려움 대신, 선택할 수 있는 기준이 생기기를 바랍니다.

금융은 자본의 흐름이고, 자본의 흐름은 곧 세상의 움직임입니다. 금리를 이해하면 금리인상이 왜 중요한지 알게 되고, 물가와 환율을 공부하면 뉴스가 다르게 읽힙니다. 펀드, ETF, 채권, 연금 같은 금융상품을 이해하면, 내 돈이 어디에 어떻게 흘러가야 하는지를 스스로 판단할 수 있게 됩니다. 이 책은 그런 변화의 첫걸음이 되고자 합니다.

'초보자를 위한 쉬운 설명'과 '4050 세대를 위한 실전 대응 전략'을 모두 담았습니다. 단순한 이론서가 아니라, 현실적인 판단 기준을 만드는 책입니다.

자본주의 사회에서 금융을 모른다는 것은 전쟁터에 무장 없이 나가는 것과 같습니다. 더 이상 '금융 문맹'으로 살아갈 수는 없습니다. 누군가는 "지금이라도 늦지 않았다"고 말할 겁니다. 저는 이렇게 말하고 싶습니다. "지금 시작하지 않으면, 정말 늦습니다."

자본주의를 살아가면서 금융공부는 필수입니다. 퇴직 이후의 긴 노후, 빠르게 변하는 부동산·금융시장, 자녀교육비와 부모님의 건강, 그리고 예기치 못한 위기까지, 우리의 삶 곳곳에 금융지식이 필요하지 않은 곳이 없습니다. 그런데도 많은 4050 세대는 매일, 매시간 바쁜 일상을 살아가며 금융 공부를 미루고 있습니다. 그 결과, 평생 모은 돈을 잘못된 정보나 유혹에 잃는 사례도 심심치 않게 마주하게 됩니다.

이 책은 특별한 이론이나 어려운 용어 대신, 실제 상담 현장에서 만난 수많은 사례와 검증된 원칙을 바탕으로, 마흔 이후의 삶을 지키고 성장시키는 금융 습관과 실전 전략을 담았습니다. 지금 내 자산과 노후를 점검하고 싶은 분, 무엇부터 시작해야 할지 고민하는 분, 혹은 이미 시작했지만 방향이 흔들리는 분에게 가장 현실적인 길잡이가 되어주고 싶습니다.

 40대 이후의 인생은 '금융을 얼마나 잘 다루느냐'에 따라 전혀 다른 모습으로 펼쳐집니다. 아직 늦지 않았습니다. 지금, 이 책을 계기로 자신의 삶을 위한 금융 공부를 다시 시작하시기 바랍니다. 여러분의 건강한 자산과 안정적인 미래를 진심으로 응원합니다.

 이 책을 읽다 보면 궁금한 부분도, 현실에 적용하며 생기는 고민도 생길 수 있습니다. 저자와 직접 소통하고, 함께 공부해나갈 수 있는 공간을 만들었습니다. 네이버 카페 '즐거운 투자 여행(cafe.naver.com/joyfulinvest)'에 많이 방문해주시기 바랍니다.

 여러분과 함께 공부하며, 함께 성장하고 싶습니다. 그 출발점에 이 책이 함께하길 바랍니다.

백영·조형근

차례

지은이의 말_4050에게 금융은 생존의 언어입니다　　　　　　6

═══ CHAPTER 1 ═══

4050을 위한 노후준비의 핵심

중간에 낀 4050 세대, 금융 공부를 바로 시작하자　　　　　19
4050의 부실한 은퇴준비 현황, 이대로는 안 된다　　　　　24
인구구조 격변이 자산구성의 대전환을 부른다　　　　　　31

═══ CHAPTER 2 ═══

4050을 위한 금융경제의 기초

금융, 금융시장, 금융기관의 개념부터 알자　　　　　　　43
금리의 개념을 알아야 금리가 바꾸는 세상이 보인다　　　50
금리와 물가에 대한 이해는 필수다　　　　　　　　　　　56
환율을 모른다면 절대 투자하지 마라　　　　　　　　　　68
경기순환을 이해해야 투자가 보인다　　　　　　　　　　78

CHAPTER 3
4050을 위한 재테크 필수상식

위험을 이해하고 관리하는 투자자여야 한다   89
포트폴리오 투자는 왜 4050에게 정답인가?   96
나에게 맞는 투자실행, 이렇게 하면 된다   103
연금성 포트폴리오 관리, 이렇게 하면 된다   118
종목과 기간을 분산해야 진정한 분산투자다   126

CHAPTER 4
4050을 위한 투자상품 공부

투자자 니즈에 맞춰 펀드도 발전중이다   137
ELS로 다양한 투자상품을 효과적으로 선택한다   145
ETF와 ETN으로 지수에 투자한다   157
랩어카운트로 다양한 투자전략을 실천하자   167

CHAPTER 5
종잣돈을 모으고 굴리는 비법

자산 증식에 꼭 필요한 3개의 통장   175
ISA 계좌를 똑똑하게 활용하자   183
미국 직투 시대를 맞아 미국 ETF에 도전하자   192
주식의 변동성이 두렵다면 채권투자가 적격이다   202
감내할 수 있는 범위 내라면 주식투자는 바람직하다   216

CHAPTER 6
똑똑한 보험, 열 자식 안 부럽다

보험 과소비, 이렇게 막아야 한다   227
보험 가입 후 방치하지 말고 관리하자   238
4050 세대를 위한 최신 보험 트렌드   246
당신은 종신보험을 여전히 잘 모른다   255
초고령화 시대를 맞아 간병보험은 필수다   262

CHAPTER 7
4050에게 나쁜 빚, 착한 대출

양날의 검인 대출, 제대로 알자	271
대출로 인한 이자 부담을 줄이기 위한 방법들	282
자산증식을 위한 대출은 신중해야 한다	293
대출 사기 예방법 및 대응법을 숙지하자	301

CHAPTER 8
연금으로 누리는 경제적 자유

4050의 노후준비, 이제 제대로 하자	311
국민연금도 똑똑하게 관리해야 한다	321
퇴직연금, 아는 만큼 힘이 된다	331
연금저축과 IRP의 차이점을 알아야 한다	341
연금저축과 IRP를 제대로 관리하자	349
노후자금 준비에 있어 비과세 연금은 중요하다	359
안정적인 노후를 위한 주택연금과 농지연금	368
인컴포트폴리오로 '영구연금'을 받자	375

부록 382

고령화가 심화되면서 어느새 저성장이 다가왔다.
자본주의가 성숙하면 자연스러운 현상일 수 있지만
문제는 그 속도가 너무 빨라
대비하는 데 어려움을 겪고 있다는 점이다.
'급할수록 돌아가라'는 말도 있듯이,
하루하루가 정신없이 바쁘지만 그럴수록 기본으로 돌아가서
금융과 경제 그리고 투자 공부를 시작해야 한다.
가계자산구성의 대변혁을 앞두고 있는 시점에서
부동산, 주식, 채권 중
나에게 맞는 자산포트폴리오의 큰 그림을 살펴보자.

CHAPTER 1

4050을 위한 노후준비의 핵심

중간에 낀 4050 세대, 금융 공부를 바로 시작하자

조금이라도 풍족한 노후를 위해 금융 공부를 함께 시작해보자.
투자를 배우고 실천하면서 자본주의를 배워가는 것도 재미가 있다.

2차 세계대전 후 등장한 '베이비붐세대'와 1981년부터 1996년 사이에 출생한 '밀레니얼세대'의 중간 지점에 'X세대'가 자리를 잡고 있다. '기존 세대와는 다르고 알 수 없다'라는 의미로 X세대(X Generation)라 불리며 존재감을 과시하던 바로 그 유명했던 세대! 과거와는 다른 권위주의를 탈피한 개인화의 상징과 같았던 X세대는 이제 한국의 중추가 되었다.

학자에 따라 정의하는 연도가 조금씩 다르기는 하지만 산업화의 성장을 누린 베이비붐세대와 정보화의 가속화 수혜를 만끽한 밀레니얼세대의 중간에서 X세대는 어느덧 40대와 50대가 되었다. 그런데 이제는 왠지 존재감이 약해져 보이는 것은 기분 탓일까? 4050 세대의 고민과 애환은 무엇일까?

아픔이 많은, 그래서 허리가 휘는 4050

지금의 4050 세대는 IMF 외환위기를 겪으면서 경제활동의 극심한 위기 속에서 사회생활을 시작했고, 이후 2008년에는 글로벌 금융위기로 자산축적에 타격을 받았으며, 다시 10년 후 코로나 팬데믹으로 경제적 변동성이 정점을 찍게 되는 등 그야말로 '변동의 풍랑'을 거쳐왔다. 그렇게 경기의 급변동 속에서 4050은 만족스러울 만큼의 자산을 축적하지 못한 채 고령화가 되어가고 있는 대한민국 인구구조의 중추가 되었다. 대한민국의 인구구조에서 중추에 해당하지만 4050은 대접을 받기는커녕 오히려 아픔이 많다.

X세대의 대표적인 자산 축적 수단은 '부동산'이다. 부동산에서도 주택, 주택 중에서도 아파트, 아파트 중에서도 수도권 아파트, 수도권 중에서도 서울, 서울 중에서도 강남권의 아파트는 한국사회의 자산증식 욕망의 화신 역할을 했다고 할 수 있다. 대출을 두려워하지 않고 무리해서라도 수도권에 아파트를 장만하는 '갭투자'를 마다하지 않았다면 한국 부동산 신화의 선두에서 자산의 증폭을 누릴 수 있었다. 반면에 학교가 가르쳐준 방식대로 열심히 직장생활만 했거나 사업을 했다면, 그리고 그 소득을 모아 내집 마련을 시도했다면 높아지는 아파트의 가격을 따라 잡기 어려워 자산규모의 소외감은 더욱 커졌을 것이다.

여기에 더해 자녀양육에 대한 부담 또한 상상을 넘는 부담으로 다가왔다. 4050이 성장하던 시대에는 '수학은 정석, 영어는 성문'으로 열심히만 공부하면 나름 좋은 성과를 기대해볼 만했다. 하지만 이제는 자본으로 공고해진 교육시스템에서 예전처럼 자녀를 사랑만으로 키운다는 것은 순진한 발상이 되었다. 이제는 자녀를 돈과 시스템으로 키운다는 말이 좀더 정확하지 않을까? 고가의 어린이집, 영어유치원에서 사교육 광풍은 이미 시작되었다. 그런데 정작 4050 본인은 '사오정', 즉 45세 정년이라는 말이 있을 정도로 미래의 안정성이 위협받고 있다.

여기까지도 힘이 드는데, 4050의 허리를 휘게 만드는 또 하나의 강력한 부담은 바로 '부모님 봉양'이다. 산업화와 함께 도시화가 진행되면서 대가족이 해체되고 핵가족화되었지만, 유교적 성향의 부모를 모시면서도 개인주의 성향이 극대화된 자녀의 눈치를 봐야 하는 그야말로 중간에서 '낀 세대'가 X세대다. 부모를 모시고 자녀를 부양하면서 본인의 노후까지 준비해야 하는 삼중고로 인해 버거운 상황에 처한 것이다.

4050에게 금융 공부가 필수인 이유

대한민국이 산업화의 선두국가로 두 자리 숫자의 성장률을 기록하던 때는 지나갔고, 이제는 초고령화 저성장이 자연스럽게 대두되고 있다. 4050은 이제 현재의 경제적인 안정을 다지고 자신과 가족의 미래를 위해서도 '돈과 투자'에 대해 연구하고 금융 공부를 게을리할 수 없는 현실에 직면했다. 생각보다 더 모으고 잘 관리하지 않으면 미래가 너무나 불안하기 때문이다.

'저성장'이라는 것은 자본주의가 성숙할수록 자연스럽게 나타나는 현상이다. 무한경쟁을 원칙으로 하는 자본주의는 특정 주체가 초과수익을 장기적으로 가져가는 것을 허락하지 않는다. 자본주의가 발달한 선진국의 성장률이 일반적으로 개발도상국의 성장률보다 낮은 것이 대표적인 예시다.

한국도 선진국과 어깨를 나란히 하는 만큼 성장률이 낮아지는 것에는 특별할 것이 없어 보이지만, 문제는 저성장으로 인해 자산운용 수익률이 낮아지는 것이다. 수익률의 하락은 필연적으로 노후자산의 전체 구매력을 떨어뜨리기 때문에 확정수익률이나 안전한 상품만으로는 현재의 자산을 늘리거나 유지·관리하는 것이 쉽지 않다. 따라서 관리하기 손쉬운 정기예금만으로는 풍족한 노후를 기대하기가 어렵다.

물론 부모님의 재산을 물려받을 것이 많다거나 본인의 사업이 안정적으로 성장한다면 걱정이 없겠지만, 그런 경우는 많지 않다. 대부분의 소시민 입장에서는 성장률의 하락을 지켜보기만 한다면 보유자산의 실질가치 하락을 피하기 어렵다. 미래를 위한 금융 공부, 돈 공부, 투자 공부를 게을리해서는 안 되는 이유가 바로 여기에 있는 것이다.

금융 공부를 하고, 복잡해 보이는 금융상품 및 투자상품을 잘 선택하는 방법은 무엇일지 배우는 일은 이제 선택이 아니라 필수요소다. 늦었다고 생각이 들 때는 실제로 이미 늦었을 수 있다. 하지만 더 늦는 것보다는 낫다.

지금 바로 돈의 논리, 경제의 논리, 자본의 논리를 배우고, 금융 공부를 시작하자. 조금이라도 풍족한 노후를 위해 금융 공부를 함께 시작해보자. 투자를 배우고 실천하면서 자본주의를 배워가는 것도 재미가 있다. 급해도 여유를 가지고 한 단계 한 단계 금융과 투자 공부를 즐겨보자!

4050의 부실한 은퇴준비 현황, 이대로는 안 된다

부모가 노후준비를 철저히 해두는 것이 곧 자녀의 부담을 더는 좋은 방안이 되기도 한다는 점을 반드시 명심해야 한다.

4050에게 은퇴는 눈앞의 현실이 된다. 인간의 노화를 연구하는 노년학에서는 노화를 단순히 신체적 측면, 즉 나이가 들어가면서 생기는 육체적 변화만을 연구하지 않는다. 심리적인 측면과 사회적 측면에서 다양하게 살핀다.

사실 노화를 부정적인 의미로 받아들일 것이 아니라 나이가 들어가면서 경험이 쌓이는 자연스러운 현상으로 받아들여야 한다. 그럼에도 불구하고 4050에게 가장 억울한 부분이 인생에서 가장 왕성한 활동을 할 수 있는 체력과 경험을 가지고 있는데 나이가 좀 들었다는 이유로 은퇴 시기가 깜빡이도 켜지 않고 훅 하고 빨리 다가온다는 점이다.

4050에 속하게 되면 언제 은퇴를 해도 이상하지 않은 세상이 되었다. 그런데도 '4050은 은퇴를 위한 실질적인 준비가 한참 부족하다'는 조사결과가 많다. 보험개발원의 '2023년 은퇴시장 리포트'를 위주로 우리의 은퇴준비가 어느 정도이며, 심각한 부분은 없는지 냉정하게 살펴보도록 하자.

은퇴가구의 소득 감소 및 소득의 출처

이 리포트에 따르면, 50대 이상 은퇴가구의 연평균 소득(약 3,105만 원)은 동일 연령 대비 비은퇴가구 소득(약 6,961만 원)의 절반에도 미치지 못하는 수준이다. 대략 절반 정도의 큰 폭의 하락은 가구소득

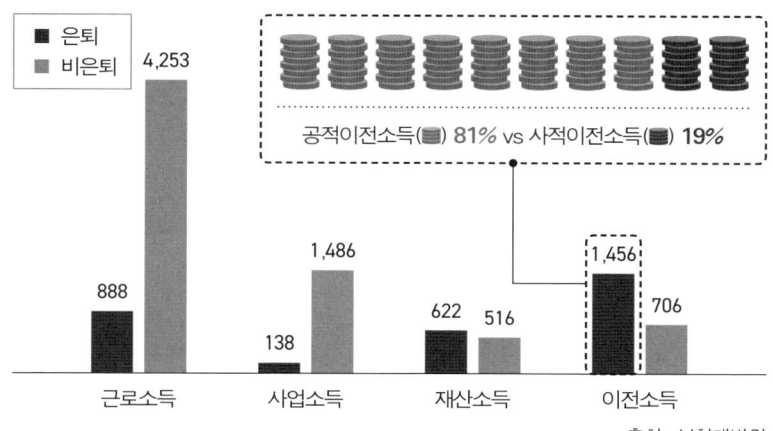

에 치명적이라고 할 수 있다.

소득의 출처를 비교해보면 [자료 1-1]에서 보듯 은퇴 후에는 근로활동의 중단에 따라 근로 및 사업소득은 큰 폭으로 감소하고, 재산소득과 이전소득은 증가하게 된다. 은퇴 후 이전소득은 국민연금 등의 공적이전소득과 개인연금 등의 사적이전소득으로 구분할 수 있다.

주목할 부분은 전체 1,456만 원의 이전소득 중 공적이전소득이 1,180만 원이라는 것인데, 약 81% 수준으로 공적이전소득수지에 대한 의존도가 매우 높다. 이는 개인연금 및 퇴직연금 등을 통한 사적이전소득 확보 등보다 다양한 노후 대비 소득원천을 확보해야 한다는 의미를 가진다.

노후를 불안해하면서도 막상 노후준비가 부족한 것은 뼈아픈 일이다. 국민연금과 같은 공적연금에 대해 국민용돈이라고 폄하하기도 하는 등 불만이 많으면서도 정작 본인의 노후생활비를 위한 실질적인 준비가 미흡하다. 준비가 미흡한 데에는 여러 이유가 있겠지만 중요한 점은 생각이나 계획만 세울 것이 아니라 바로 준비를 실행해야 한다는 것이다. 다들 준비를 하고 있다고 해도 생각보다 오래 살 확률이 높기 때문에 준비 역시 생각보다 더 넉넉하게 해야 한다는 것이다.

생각보다 낮은 소득대체율

이 리포트에 따르면, 2022년 기준 국민연금(노령연금) 수급자의 소득대체율은 평균 약 22%인 것으로 추정된다. 소득대체율이란 월평균소득 대비 월연금 수령액을 말한다. 평소 소득에 비해 턱없이 낮은 수준이니 공적연금만으로는 노후준비가 충분하지 못한 상황이라는 것은 명확하다.

40만 원 미만의 가장 낮은 소득구간의 경우 평균 수급액이 15만 2천 원으로 소득대체율은 약 38%에 달했다. 그러나 소득이 가장 높은 구간인 550만 원 이상의 경우 평균 수급액이 83만 7천 원으로 소득대체율이 15% 정도에 불과하다. 즉 고소득자일수록 국민연금의 소득대체율이 낮으므로 은퇴 전과 비슷한 생활수준을 유지하기 위해서는 이를 보충할 사적연금을 더 철저히 준비해야 한다. 다만 냉혹한 현실은, 고소득자일수록 안정된 노후를 위한 자산을 많이 준비해두었을 가능성이 높은 데 비해 소득이 낮은 사람들일수록 미래준비가 만만치 않은 경우가 많다는 점이다.

정리하자면, 4050 세대의 노후준비 방법으로 공적연금 활용도(69%)는 높은 편이지만, 이에 비해 사적연금 활용도(8%)는 아직 낮은 편이라는 것이다. 풍족하지는 않더라도 인간적인 노후의 삶을 위해서는 사적연금에 대한 더 많은 공부와 고민 그리고 준비가 반드시 필요하다.

4050의 노후와 자녀부양

그렇다면 4050의 평온한 노후를 위한 준비에 가장 큰 부담이 되는 것은 무엇일까? 아무래도 눈에 넣어도 아프지 않을 자녀에 대한 염려다.

[자료 1-2]를 보면 은퇴 후 자녀부양 부담이 어느 정도로 높은지 쉽게 파악된다. 2023년에 보험개발원이 발표한 은퇴시장 설문조사에 따르면 4050 세대의 은퇴 후 자녀부양에 대한 부담을 느끼는 비율은 약 67% 정도로, 자녀부양에 상당한 부담을 느끼고 있다는 것을 알 수 있다. 자녀부양에 대해 가장 큰 부담이 되는 것은 교육비와 자녀 결혼 준비비용일 것이다. 어느 정도로 예상하고 있기에 이토록 부담이 되는 걸까?

은퇴 후 예상하는 자녀 교육 비용은 평균 7,749만 원 수준이며, 자

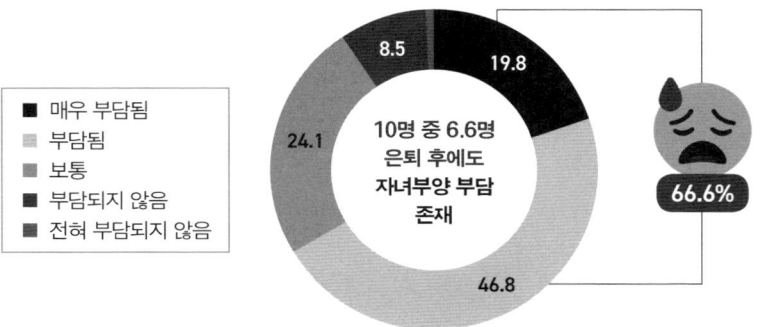

자료 1-2 은퇴 후 자녀부양 부담 정도 (단위: %)

출처: 보험개발원

녀 결혼 준비비용은 평균 1억 444만 원 수준으로 그 부담은 상당하다. 그런데 이는 자녀 1인당 예상 비용이니, 만약 자녀가 더 많으면 그 비용은 더욱 커지게 된다. 세상 어느 부모가 자녀의 교육과 부양에 돈을 아끼고 싶겠는가! 다만 제한된 재원으로 자녀 교육에 '올인'을 하다 보면 가계재정에 심각한 문제가 생기게 된다.

자녀부양에 대한 부담은 4050의 노후준비에 있어 가장 큰 부담 요소로, 이에 대한 재무적인 대비뿐만 아니라 마인드 전환도 필요하다고 본다. 사실 자녀의 성적은 학원을 바꾸거나 늘린다고 향상되는 것은 아니다. 자녀 스스로 공부할 의지가 있어야 교육비를 투입한 효과가 극대화된다. 이런 부분부터 정립을 하고 나서 교육비를 투자하는 것이 바람직하다. 어느 가정이건 잘되는 집안은 소통을 많이 한다는 공통점이 있다.

간과하기 쉬운 문제는, 무리한 자녀 교육비로 정작 자신의 노후 대비는 소홀히 하는 경우인데 이는 장래에 자녀에게도 부담이 될 수 있다. 세상 어느 자식도 부모가 경제적으로 어려운 노년생활을 보내는 것을 반기는 경우는 없을 것이다. 그렇지만 저성장시대의 가장 큰 특징은 4050의 자녀들이 세후 소득만으로는 만족할 만한 생활이 쉽지 않아 부모를 부양하기가 버겁다는 것이다.

부모가 노후준비를 철저히 해두는 것이 곧 자녀의 부담을 더는 좋은 방안이 되기도 한다는 점을 명심해야 한다. 자녀를 위한 교육과 본인의 노후생활 준비의 균형을 잡는 일이 매우 중요하다.

온전한 노후생활을 위한 꼼꼼한 미래설계가 필요

이 리포트에 따르면, 일반적인 가구에서 은퇴 후에도 예상되는 지출은 높은 편(자녀 교육비 7,749만 원, 자녀 결혼비 1억 444만 원 등)이지만 은퇴 시 받을 퇴직급여(평균 1억 699만 원 예상)만으로 충당하기에는 부족한 상황이다.

자녀와 함께 생활하는 것에 대한 조사에서 60세 이상 고령자 대부분이 향후 자녀와 따로 살기를 희망(60대 80.7%, 70대 77.2%, 80대 65.4%)하고 있다. 그에 비해 70대 이상의 고령의 부모가 자녀와 동거를 원하는 경우도 있는데, 가장 큰 이유는 자녀가 신체적·정신적으로 독립이 불가능하기 때문이었다.

노후대비를 잘해놓으면 그만큼 자녀의 도움 없이 독립적인 생활을 영위할 확률이 높아진다. 그러므로 평온하고 풍요로운 노후생활을 위해 은퇴 후 예상되는 필요자금 및 주거계획 등을 미리 꼼꼼히 설계하고 대비해야 한다.

인구구조 격변이
자산구성의 대전환을 부른다

인구구조의 변화로 가계자산의 운용에서의 큰 흐름은
부동산 같은 실물자산에서 금융자산으로 옮겨가고 있다.

2025년 현재 대한민국의 인구구조의 변화는 한마디로 '다이내믹하다'고 할 수 있다. 좋은 의미가 아닌 걱정을 가득 담은 의미로 말이다. 인구구조의 변화는 전통적인 가계자산의 운용에도 구조적인 변화를 가져온다. 고령화 속도가 빠른 만큼 인구구조의 변화에 대비한 여러 준비도 빠르게 이루어져야 한다. 즉 자산구성을 할 때 아파트 위주의 부동산보다 금융자산을 늘려가는 형태의 대전환을 하는 것이 필요하다. 인구감소는 부동산 투자의 근본적인 수요부족을 가져오기 때문이다.

주거용 부동산보다는 수익성 부동산은 좀더 경계할 필요가 있다. GDP성장률이 낮아진다는 것은 한계상황에 처한 자영업자가 늘어난다는 의미다. 특히 한국은 요식업에 종사하는 자영업자가 많다. 장사는 어려운데 경쟁은 심해 임대료를 지불할 능력이 지속적으로 약화된다. 개인투자자가 접근하기에 좋은 '규모가 작고 저렴한 근린상가'도 수익을 내기가 쉽지 않다. 그래서 리츠와 같은 금융상품으로 투자하는 대형 수익형 부동산이 상대적으로 더 안전할 확률이 높다.

빠른 속도로 늙어가는 대한민국

대한민국이 늙어가고 있다는 사실을 모르는 사람은 없다. 인간의 오래된 염원이 장수인데, 이런 장수가 축복이 되지 못하는 것이 현실이라는 점이 문제다. 건강하고 풍요롭게 오래 살 수 있다면 이만한 복이 어디 있겠는가! 다만 미리 준비하지 않으면 경제적으로 어려운 상황에서 아픈 상태로 오래 살게 되는, 불행한 현실이 펼쳐질 수 있다.

인구구조의 변화는 국민 개개인이 혼자서 어떻게 손쓸 수 없는 문제이므로, 문제를 좁혀 가계자산의 운용에 국한해서 생각해야 한다. 고령화의 진행에 대해서는 모르는 사람이 없으니, 앞으로 인구구조의 변화에 따라 가계자산을 어떻게 구성하는 것이 바람직할지 살펴보자.

먼저 대한민국의 인구구조가 어떻게 변화해왔고 앞으로 어떻게 변할지에 대해 통계청이 발표한 자료로 살펴보고자 한다. 가계자산 구성에 대한 답은 인구구조의 변화에 있기 때문이다.

[자료 1-3]에서 보듯 인구구조를 살펴보면 1960년은 6·25 전쟁

자료 1-3 1960년과 2024년의 인구구조

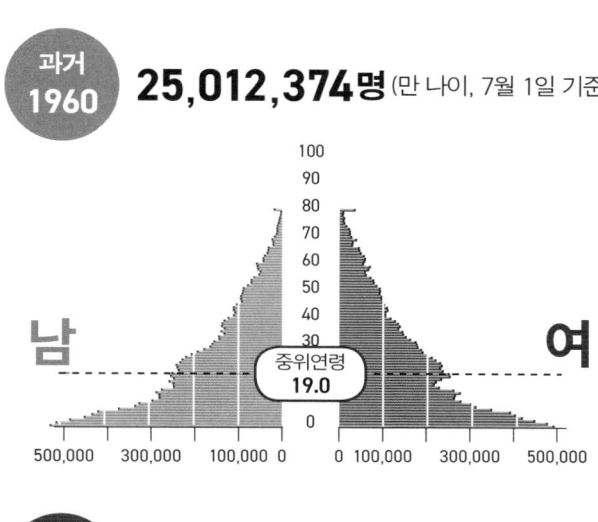

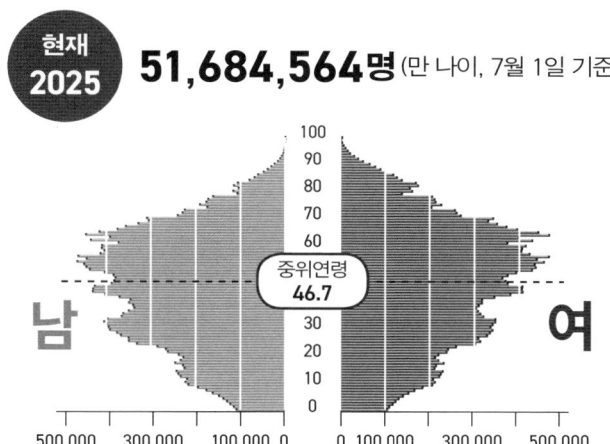

출처: 통계청

이후 강력한 베이비부머 세대의 등장으로 인구구조가 '어린아이가 넘치는 삼각형'에서 시작한다. 그러다가 베이비부머 세대가 은퇴한

2025년 현재에는 인구구조가 '중간이 탄탄한 타원'을 형성하고 있다. 나중에 베이비부머 세대가 퇴장할 시기에는 역삼각형의 모습으로 바뀌게 될 것이다.

이런 인구구조 변화의 중심에는 바로 1950년 6·25 전쟁 이후 태어난 베이비부머 세대가 있다. 대표적인 해가 '1958년 개띠'이며, 그 무렵 한 해에만 약 100만 명 가까이 태어나게 된다. 이 세대는 한국의 산업화에 따라 도시로 집중화되었고, 그렇게 급격히 증가한 도시의 주택수요를 충족하기 위해 아파트가 건설되었다.

이런 과정을 통해 한국은 도시국가도 아니면서 국민의 절반이 아파트에 살게 되는 독특한 주택거주 구조를 가지게 되었다. 한국의 산업발전으로 가계자산도 축적이 되자 이제 아파트는 단순히 주거공간이 아니라 가계자산의 핵심이 되어 실수요 차원을 넘어 투자자산으로 으뜸이 된다. 부동산 불패신화 속에서 특히 아파트는 그렇게 가계자산의 중심으로서의 위상을 공고히 했다.

인구절벽 위기에 처한 대한민국

한없이 늘어날 것만 같던 한국의 인구는 베이비부머 세대의 은퇴로 정체기에 들어섰고, 이제는 인구감소가 현실이 되고 있다. 인구가 줄고 노령인구의 비중이 증가하는 것은, 당연하게도 출생자 수보다 사망자 수가 늘어나기 때문이다. 2024년 통계청의 자료에 따르

자료 1-4 출생아 수와 사망자 수 현황

연도	출생아 수	사망자 수	자연증가
2022	249,186명	372,939명	-123,753명
2023	230,028명	352,511명	-122,483명
2024	238,300명	358,400명	-120,100명

출처 : 통계청

면 전국의 시·도별 모든 지역에서 '출생아 수 대비 사망자 수'가 빠르게 늘면서 인구가 매년 자연감소(출생아 수-사망자 수)하는 규모가 커질 것으로 관측된다. 특히 '소멸위기'를 겪는 경북은 30년 후 사망자 수가 출생아의 6배가 넘을 것으로 전망된다.

인구가 줄어든다는 것은 주택의 수요 자체가 줄어든다는 의미다. 게다가 이미 한국의 주택보급률은 100%를 넘어섰다. 주택이 부족하기보다는 내가 살고 싶은 주택이 부족하다는 것이 한국 부동산의 정확한 현실이다. 따라서 한국의 주택, 특히 아파트 가격이 장기적으로 다른 자산에 비해 상대적으로 약세일 것이라 예측하는 것은 합리적이라고 본다.

아파트 가격의 강세론을 주장하는 경우의 가장 큰 논거 중 하나가 '인구가 줄더라도 세대는 증가한다'는 것이다. 그런데 조금 더 살펴볼 것이 '세대는 증가할 수 있는가'다. 그 가구원의 수가 매우 적기 때문에 과거와 같은 30평형대 이상의 아파트 수요가 지속적으로 유지되리라는 예측은 지나치게 낙관적이다. 2024년 통계청의 자료를

자료 1-5 2024년 가구원수 현황

1인	2인	3인	4인	5인 이상
33.97%	29.46%	19.34%	13.53%	3.7%

출처 : 통계청

보면 [자료 1-5]에서 보듯 이미 가구원수가 1인인 경우가 전체 가구의 3분의 1에 해당한다.

위와 같은 인구구조의 변화를 보면 가계자산에서 가장 중요한 자산인 부동산, 부동산 중에서도 주택에 대한 투자 및 보유 의사결정에 있어서 중요한 변화요인을 발견할 수 있다. 고령화가 진행될수록, 그리고 젊은 1인 가구가 늘어날수록 과거의 아파트와 같은 주택보다는 고령층이 선호할 만한 실버타운이나 젊은 층이 선호할 만한 도심의 소형주택의 수요가 증가할 것이라는 점이다. 여러 세대가 같이 살던 대형아파트의 투자수요는 이미 위축되었고, 여유가 있더라도 현실적인 관리문제를 생각하면 지나치게 큰 아파트는 오히려 부담이 될 수도 있다.

결론적으로 부동산, 특히 아파트로 가계자산을 운용하던 방식은 접어두고 앞으로 인구의 고령화와 인구감소의 시대를 맞아 새로운 대안을 선택해야만 한다. 다만 "그러면 당장 아파트를 매도해야 하냐?"고 묻는다면, "투자 목적의 주택이 아닌, 실거주 목적의 아파트는 당연히 구매하는 것이 타당하다"고 말하고 싶다. 과거처럼 '부동산은 거짓말하지 않는다'면서 아파트로만 자산을 가져가는 것이 위험하다는 것일 뿐이다. 여전히 내가 살고 싶은 지역의 아파트는 비싸고 부족하기 때문이다.

공부 없이는 금융자산 관리가 어렵다

가계자산 운용의 트렌드는 부동산과 같은 실물자산에서 금융자산으로 옮겨가고 있으며, 이러한 큰 흐름은 여러 곳에서 발견할 수 있다. 가장 대표적인 사례가 간접 투자의 대표 주자인 '펀드'다. 펀드는 'Fund'라는 영어단어에서도 알 수 있듯이 자금을 모아서 운용하는 것이며, 과거처럼 투자자가 직접 자산을 다 관리하는 것이 아니라 전문가(펀드매니저)에게 맡기는 것이다.

성장의 시대에는 적당히 투자자산을 골라도 골고루 성장의 과실을 맛볼 수 있으니 어려움이 덜했으나, 이제 저성장의 시대에서는 성장성이 일부분에서만 보이므로 '당장은 아니라도 언젠가는 오르겠지'라고 생각하다가는 큰코다칠 수 있다. 쉽게 알 수 있는 사례가 판교의 경우다. 판교의 핵심 상권 사거리에서 어느 상업용 건물은 고객이 넘쳐나지만 바로 건너편의 상가는 한산하다 못해 비어 있는 곳이 상당한 경우도 발생한다.

부동산은 '부동성'이라는 특성 때문에 '입지'라는 한 단어로 그 가치가 설명이 될 만큼 입지가 중요하다. 그런데 그 입지에 큰 차이가 없는데도 상가의 활성화는 천지 차이가 나는 것이 최근의 현실이다.

'적당히 비슷한 상권이니 노후 월세수입에 이 정도 투자는 문제없겠지'라고 단순하게 생각하다간 고가분양에 비어 있는 상가의 관리비까지 떠안고 가야 하는 고통을 당할 수 있다.

주식투자도 스스로 투자결정을 하려면 많은 노력과 시간이 필요한데, 그 결과를 장담하기가 결코 쉽지 않다. 그래서 주식투자의 경우 직접 투자도 하지만 펀드를 통한 투자가 이제는 자연스러운 일이 되었다. 부동산 투자의 경우도 이제는 전문가를 통한 투자가 안정적이고, 상대적으로 수익성도 양호한 경우가 많다. 그 대표적인 상품이 '리츠'다.

이렇게 직접 투자가 간접 투자로 바뀌면서 우리는 금융자산에 투자하는 경우가 많아지게 되었다. 증권화된 금융상품에 투자하는 경우가 많아지면서 자연스럽게 '금융 공부를 하지 않으면 향후 자산관리가 어려워질 수 있다'는 것도 깨닫게 된다.

풍요로운 노후를 위해서 투자를 하려는 것인데 '부동산은 거짓말을 하지 않아'라고만 믿고 혼자서 실물투자를 고집하다간 '서슴없이 거짓말을 하는 부동산' 때문에 힘들게 생활할 수 있다. 지금이라도 금융 공부를 기초부터 시작하면서 노후준비를 하는 것이 합리적이다. 금융 공부를 통해 돈의 논리를 공부하는 것은 세상의 이치를 좀 더 깊이 이해하는 데도 도움이 되므로 공부할수록 재미를 느끼게 될 것이다.

ChatGPT가 그림도 그려주고, 숙제도 척척 해준다.

이처럼 인공지능 서비스가 빠르게 발전하면서

반도체 시장에서는 HBM이라는 것이 중요해졌다.

HBM을 만드는 데 필요한 장비산업도 요동을 쳤다.

그러면 반도체 분야의 다음 테마는 무엇일까?

유리기판, 소캠, 실리콘 포토닉스 등….

스마트한 투자자는 공부를 게을리해서는 안 된다.

그 공부가 자산운용 성과를 결정하기 때문이다.

다음 세상을 흔들 아이템을 찾아 자본이 먼저 움직인다.

금융을 공부한다는 것은 세상의 변화를 알아가는 것!

CHAPTER 2

4050을 위한
금융경제의 기초

금융, 금융시장, 금융기관의 개념부터 알자

자본주의 사회에서 돈 걱정 없이 잘 살아가기 위해서는
돈이 어떻게 움직이는지 '돈의 생리'를 반드시 익혀야 한다.

금융(金融)은 자금을 융통하는 것을 의미한다. 돈이 필요한 사람은 금전을 조달하고 돈에 여유가 있는 사람은 이를 운용해야 하니, 이렇게 돈이 도는 것이 바로 금융이다.

자본주의 사회에서 잘 살아가기 위해서는 돈이 어떻게 움직이는지, 즉 '돈의 생리'를 익히는 것이 중요하다. 우리가 자주 사용하는 단어들이지만 그 의미를 기초부터 되새기면서 본격적으로 금융 공부를 시작해보자.

'돈(Money)'의 본래 의미는 교환의 매개체, 즉 지불수단이다. 일하고 먹고 노는, 인간이 살아가는 모든 행위에 돈이 개입된다. 돈은 화폐나 통화와 혼용해 사용하기도 한다. 굳이 구분하자면 통화가 주로 학문적인 측면에서 사용된다면, 화폐는 지불기능에 좀더 주안점을 두는 경우에 사용한다. 여기에서는 돈, 통화, 화폐를 크게 구분하지 않고 같은 의미로 사용하겠다. 돈의 생리를 파악하는 것이 더 중요하기 때문이다.

돈의 기능

돈 혹은 통화는 단순히 교환의 매개체, 즉 지불수단으로만 사용되는 것이 아니다. 돈은 가치를 저장하는 데 탁월하다. 우리는 미래를 대비해 가치의 저장수단으로 우리의 필수재인 쌀을 사용하는 것보다 화폐를 사용하는 것이 간편하고 안전하다. 또한 화폐는 재화의 가치를 측정하는 척도로도 사용한다. 시장에서 사과 하나를 구매하는 데 지불하는 금액이 그 사과의 가치를 나타낸다. 마지막으로 통화는 장래에 지급하는 데 유용하다. 통화는 변질되지 않으니 미래에 얼마를 주고받을지 정하면 간단명료하다. 용역처럼 서비스의 질 문제나, 재화처럼 품질저하 문제가 발생하지 않는다.

지금의 화폐 이전에 금이 화폐의 지위를 가지고 있을 때는 '금본위제'를 통해 통화를 발행하기 위해서 동일한 가치의 금을 보유해야 했다. 경제는 성장하는데 통화가 금보유량에 의해 제한되어 이제는 대부분의 국가가 '관리통화제'를 채택하고 있다. 한국의 지폐를 보면 한국은행총재의 직인을 발견할 수 있다. 아무나 지폐를 발행할 수 있는 것이 아니라 중앙은행인 한국은행의 지폐가 법적 화폐로 사용된다는 의미다. 그렇게 중앙은행은 경제상황에 따라 통화를 자유롭게 공급할 수 있다.

'통화량을 어느 정도로 유지하는 것이 좋은가'에 대해 지금도 여러 의견이 있다. 그만큼 어려운 문제인데, 통화량이 지나치게 늘어나면 물가가 급하게 상승해 오히려 경제의 지속적인 성장을 저해하게 된다. 그래서 한국은행의 1차적인 정책목표는 '물가안정'이다. 이 목표를 어려운 말로 '인플레이션 타깃팅'이라고 하고, 물가안정 목표치는 일반적으로 2% 정도라고 보면 된다.

자본의 의미

우리가 살고 있는 시대는 '자본주의' 시대다. 다들 '돈이 중요하고 자본이 중요하다'고 하지만, 자본이 의미하는 바를 깊이 생각해보지 못한 경우가 많다. 자본(資本)은 말 그대로 '자금의 기본'을 의미한다. 일반적인 의미로 사업의 밑천이라고 하는데, 경제학적 의미로는 생산수단으로서의 의미가 강하다. 즉 경제적 가치의 재생산을 위해 축적되는 것이라 할 수 있다. 자본이 이익을 창출하기 위해서 쌓아놓은 것이라는 의미다.

회계학에서 자본은 주인의 몫으로 투자되어 모인 자금을 의미한다. 그래서 주식회사의 자본은 주인의 지위를 가지고 투자한 자금을 말한다. 주식을 뜻하는 'Stock'에는 '쌓여 있다'는 의미도 있다.

축적되고 쌓인다는 말이 자주 사용되는데, 이는 자본주의의 생리를 이해하는 데 나름 중요한 힌트가 된다. 자본은 멈추는 것을 싫어하며, 이익창출을 위해 지속적으로 순환되어 다시 쌓이고 축적되는 것을 반복한다. 즉 자본은 자본의 축적을 통해 확장하는 것이 그 기본 생리가 된다. 그래서 주식에는 '만기'가 없다. 쌓여 있다가 다시 이익창출 활동에 쓰이고 회수되는 것을 반복하기 때문이다. 바로 이 점이 주식과 채권의 다른 점이다.

돈은 멈추는 것을 싫어한다. 사업에 성공해 부를 축적한 사람들의 공통적인 특징은 자본을 제때 조달하고 적절한 시점에 회수한 것을 축적해왔다는 것이다. 즉 돈의 흐름이 막히지 않아야 돈을 벌 수 있다. 투자를 할 때도 이 부분이 중요한데, 그래서 일정 부분의 여유자금이 항상 있어야 한다. 세상일은 내 마음 같지 않다는 것은 4050 정도가 되면 피부로 느낄 것이다. 그래서 주식계좌에도 투자금의 10% 정도는 현금으로 보유하는 습관이 필요하다. 자금이 꼬이면 최적의 투자관리가 힘들어진다.

돈의 회전을 쉽게 하고 가속화하기 위해 가장 유용한 수단이 '증권'이다. 공동경영계약서보다는 주식이, 차용증보다는 채권이 자금의 회전에 유리하다. 주식이나 채권이 증권의 대표적인 종류인데, 주식이나 채권의 가장 큰 장점은 양도가 편리해서 유통이 쉽다는 것이다.

예를 들어 개인적으로 돈을 빌리러 다니는 것은 큰 자금을 마련하기도 어렵고, 비효율적이다. 그런데 금융시장을 통해 규격화된 채권을 발행하면 자금조달에 효율적이다. 앞에서 금융의 뜻이 자금의 융통이라고 했는데, 이런 자금의 융통에 최적화된 매개체가 바로 증권인 셈이다. 그래서 우리가 금융을 공부한다는 것은 자금을 주고받기에 편리하도록 만들어진 수많은 증권화된 상품들을 알아간다는 뜻도 된다.

금융시장의 흐름

돈은 막히지 않고 흐르는 것이 중요하다. 돈의 흐름을 쉽고 빠르게 하기 위해서는 시장이 필요하다. 금융시장은 돈이 필요한 자와 돈을 공급할 자 간에 자금거래가 조직적으로 빠르게 이루어지는 장소를 말한다. 이때 금융시장은 직접 화폐를 들고 움직이는 것뿐만 아니라 이체, 송금, 어음, 수표, 전자적인 방법 등 자금의 거래가 발생하는 모든 추상적인 시장을 포함하는 것이다.

자금시장은 직접금융시장과 간접금융시장으로 나눌 수 있다. 직접금융시장은 자금의 수요자가 발행한 증권을 자금의 공급자가 직접 매입하는 방식으로 금융거래가 이루어진다. 대표적인 사례가 증권사에서 채권을 매입하는 경우다. 만약 투자자가 증권사를 통해 채권을 구매했다면, 그 투자자는 해당 채권을 발행한 기업에 직접 자금을 빌려준 것과 같은 효과를 가지게 된다. 따라서 해당 채권을 발행한 기업의 지속성과 위험성을 잘 따져보고 채권 매입을 결정해야 한다. 이때 증권사는 중개의 역할만을 하므로 채권의 위험성을 직접 떠안진 않는다.

반면 은행에서 정기예금을 가입하는 경우는 간접금융을 이용하는 대표적인 사례다. 은행은 정기예금이라는 금융상품을 통해 자금을 조달하고 이 자금으로 주로 기업에 대출을 해줌으로써 수익을 창출한다. 이때 대출받은 기업이 대출을 상환하지 못하는 경우가 생기더라도 은행은 정기예금의 만기에 원리금을 지급한다. 채권을 매입하는 것은 채권의 매입자가 그 위험을 감수하는, 즉 직접 대출해주는 것과 같은 효과이나 정기예금은 간접적으로 자금을 대출하는 것이니 해당 상품의 위험이 근본적으로 다르다.

세상에 공짜는 없다. 즉 위험이 클수록 보상이 커야 하는 것은 당연하다. 따라서 정기예금에서 기대하는 수익과 채권투자에서 기대하는 수익이 그 위험성의 차이만큼 다를 수밖에 없다. 그래서 우리가 기대수익을 높이기 위해서는 부지런히 금융 공부를 해야 하는 것이다.

금융기관 간의 경계가 허물어지고 있다

금융기관은 금융시장에서 자금의 수요자와 공급자 사이에서 중개 역할을 담당한다. 이때 자금의 중개를 위해 다양한 금융상품을 제공하게 된다. 금융업의 3대 업종은 은행업, 증권업, 보험업인데, 이를 대표하는 금융기관이 바로 은행, 증권, 보험회사다. 물론 그 외에도 수많은 금융과 관련된 기관이 있지만 일반적인 금융소비자는 대표적으로 이 3가지 금융기관을 이용하게 된다.

과거에 비해 이 3가지 금융기관의 경계가 많이 허물어지고 있다. 주로 정기예금과 대출을 목적으로 이용하던 은행에서 언젠가부터 펀드와 보험을 판매하는 것이 대표적인 사례다. 정기예금보다 매력적인 채권을 찾아 증권사를 방문하는데, 은행에서도 고객확대를 위해 신탁을 통해 실질적인 채권상품을 제공하고 있다. 증권사도 주식과 같은 투자상품의 선두주자이지만 보수적인 은행 주거래 고객을 확보하기 위해 안전하면서도 정기예금보다 유리한 상품들을 제공하고 있다.

또한 아프거나 다칠 때만을 대비한 곳이 보험사라고 생각하면 오산이다. 고객의 생애에 걸쳐 다양한 위험을 합리적으로 통제할 수 있는 상품뿐만 아니라 절세 등의 세금혜택이 큰 보험상품에 대해 상담할 수 있다. 그러므로 과거와 같은 잣대로 금융기관을 평가할 필요 없이 금융 공부를 열심히 하고, 금융업종에 관계없이 나에게 맞는 금융기관과 금융상품을 선별해 거래하는 것이 좋다.

금리의 개념을 알아야
금리가 바꾸는 세상이 보인다

금리는 자본주의에서 '자금의 신호등'이라고 할 수 있다.
돈은 더 높은 수익과 더 낮은 위험을 찾아서 움직인다.

'금융은 돈의 융통'이라는 점은 이미 앞서 말했다. 세상에 공짜가 없듯이 돈이 움직일 때는 항상 대가가 따른다. 돈을 움직이는 데 드는 비용이 바로 금리다.

금리는 한마디로 '돈의 값'이고, 이를 자금의 대차 측면에서는 '이자율', 투자의 측면에서는 '수익률', 미래가치에서 현재가치로 환산할 때는 '할인율' 등 다양한 이름으로 부르게 된다. 그 이름이 무엇이건 금리는 '자금의 신호등'으로서 금융시장을 지배한다.

돈은 금리가 낮은 곳에서 높은 곳으로 움직인다. 우리가 정기예금을 가입할 때 한 푼이라도 더 받을 수 있는 금융기관을 찾는 이치와 같다. 우리가 여유가 있을 때는 돈을 빌려주겠다는 곳이 넘치지만, 정작 힘들 때는 돈을 갚으라는 전화만 온다. 세상 이치가 그러하다.

돈 자체에 문제가 있는 것이 아니라 돈이 움직이는 원리가 그렇다. 더 높은 수익을 찾아서, 그리고 더 낮은 위험을 찾아서 돈은 움직인다는 것이다.

금리는 돈의 값이다

금리는 쉽게 말하면 '돈의 값'이다. 돈의 값도 기본적으로 돈의 수요와 공급에 의해 영향을 받게 된다. 금리가 높아진다는 것은 돈의 값이 비싸진다는 것이고, 돈을 구하기가 쉽지 않다는 것이다. 반대로 금리가 낮아진다는 것은 돈의 값이 싸진다는 것이고, 돈을 구하기가 상대적으로 쉽다는 것이다. 우리는 앞으로도 돈에 관한 이야기를 지속적으로 하게 되는데, '금리는 돈의 값'이라는 기본적인 정의를 반드시 기억할 필요가 있다.

이자란 돈이 필요한 자가 돈을 공급해주는 자에게 돈을 사용하는 대가로 지급하는 것이다. 바로 이 이자의 원금 대비 비율을 '이자율'이라고 한다. 금리와 이자율은 같은 말이라고 생각해도 무방하지만, 굳이 구분하자면 금리가 일반적으로 '넓은 의미의 돈의 값'을 말하는 용어라고 이해하면 된다. 그리고 이자율은 자금을 확정금리로 주고받을 때 주로 사용하며, 수익률은 투자의 상황에서 주로 사용한다. 조금 더 따져보자면 이자와 수익은 양의 개념이며, 이자율과 수익률은 비율의 개념이다.

이자 계산법 및 단리와 복리의 차이

　100만 원을 10%의 이자율로 1년간 은행에 예금할 때, 만기에 받을 원금과 이자를 계산해보자(단, 과세는 고려하지 않는다). '1년 후 원리금=원금+(원금×이자율)' 공식으로 계산하면 된다. 즉 '100만 원+10만 원'으로 계산해 110만 원이 된다.

　금리를 이야기할 때 주의할 점은, 별다른 언급이 없다면 1년을 기준으로 한다는 것이다. 즉 10%라는 것은 1년 동안 맡겼을 때 원금의 10%를 대가로 지불하겠다는 의미다. 위 정기예금 사례에서 10%는 같지만 기간을 1년의 절반인 6개월로 바꿔 계산해보자. '100만 원+5만 원(10만 원의 절반)'으로 계산해 105만 원이 된다. 이렇게 10%는 1년 기준이므로 그 절반의 기간인 6개월만 맡긴다면 10%의 절반인 5%의 이자를 받을 수 있다.

　단리는 원금에 대해서만 이자가 발생하는 단순한 방법이다. 이에 비해 복리는 원금에 대한 이자에 더해 이자에 대한 이자도 발생한다. 위에 언급한 정기예금의 사례에서 기간을 2년으로 늘려 원리금이 얼마나 나오는지 계산해보자.

- 단순 단리 : 100만 원+원금×10%+원금×10%=120만 원
- 연단위 복리 : 100만 원+원금×10%+원금×10%+10만 원×10%=121만 원

복리방식은 1년 후 발생하는 이자 10%에 대해서도 다시 1년간 이자가 발생한다. 같은 이자율이라도 복리조건에서 실제 이자를 더 받을 수 있게 된다. 즉 같은 연이자율이라면 복리방식의 상품을 선택하는 것이 합리적이다. 복리의 효과는 장기일수록 커지므로, 특히 장기로 운용되는 상품을 고려할 때 단리조건과 복리조건에 대해 면밀히 검토해야 한다.

이자율과 수익률의 차이점

이자는 '돈의 값'이라는 뜻을 가지는 단어이면서 일반적으로 자금의 대차, 즉 돈을 빌린 데 대한 대가로 지급하는 이자의 원금 대비 비율을 의미하는 것으로 사용한다. 보통 자금의 대차거래에서는 확정적인 이자율을 적용한다. 이에 비해 수익률은 투자금에 대한 수익의 비율을 의미한다. 그런데 투자는 수익이 확정이 아니므로 현재의 시점에서는 '기대수익률'이라는 표현이 정확한 표현이다.

수익률이라는 말은 '투자'라는 의미를 포함하는 것으로, 투자는 근본적으로 불확실성을 가지게 된다. 투자에서 '투(投)'는 '던진다'라는 뜻이다. '자본을 던진다'라는 표현을 사용하는 것은 일단 투자가 이루어지면 세상일이 내 마음처럼 움직이지 않기 때문이다. 자금을 받기 전에는 그렇게 찾아오던 사람이 일단 입금이 되면 발길이 뜸해지곤 한다. 그래서 투자 중에서 가장 어려운 투자가 사람에 대한 투자이고, 공부만 하면 그나마 쉬운 것이 금융상품에 대한 투자다. 이것이 우리가 금융 공부를 열심히 해야 하는 이유이기도 하다.

다양한 금리, 그리고 그것을 결정하는 요인

　단순하게 금리라는 표현을 썼지만 현실에서 금리는 다양하게 나타난다. 은행에 예금을 하는 고객의 입장에서는 예금금리가 중요하다. 정기예금으로 재원을 조달해 대출로 운용하고자 하는 은행의 입장에서는 예금금리가 조달금리가 된다. 이렇게 조성된 자금으로 대출을 할 때 은행의 대출고객의 입장에서는 대출이자가 비용이 되지만, 은행의 입장에서는 수익이 된다.

　대출의 금리에는 고정금리도 있을 수 있고, 일정 기준에 따라 변하는 변동금리도 있을 수 있다. 통화에 따라 구분하자면 원화를 주고받을 때 적용되는 금리가 있고, 달러에는 달러금리가 있을 것이다. 만기의 장단으로 구분하자면 1개월 정도의 단기로 빌리는 시장금리가 있겠고, 국채와 같이 10년처럼 장기로 빌리는 금리가 있을 것이다. 또한 차주가 누구인지에 따라 구분하자면 신용도가 높은 사람이 빌리는 금리가 있을 것이고, 신용도가 낮은 사람은 가산금리가 더해져 결정되는 상대적으로 높은 대출이자율이 있을 것이다. 대출이자율은 담보 여부와 담보 종류에 따라서도 구분할 수 있는데, 주택을 담보로 제공하는 경우와 신용으로만 대출을 받는 경우에 따라 각각 대출이자율이 다를 것이다. 이렇게 실제 적용되는 금리는 상황에 맞게 정말 다양한 모습으로 나타나게 된다.

다양한 금리가 존재하는 만큼, 금리마다 결정되는 과정과 결정요인이 조금씩 다를 것이다. 은행의 예금금리를 예로 들면 금융시장에서의 금리동향의 영향이 가장 클 것이다. 또한 해당 은행의 수신전략뿐만 아니라 경쟁은행의 예금금리에도 영향을 받는다.

채권수익률의 결정은 기본적으로 채권시장에서 결정된다. 금융시장의 대표금리 중 하나인 채권금리도 경기수준, 통화정책, 채권물량, 해외금리까지 수많은 요인들이 영향을 끼친다. 이렇게 많은 요인 중에서 금리를 결정하는 기본적인 3가지 요인이 있다.

1) 만기

장기금리는 상대적으로 유동성이 낮고 위험에 노출되는 기간이 길기 때문에 일반적으로 단기금리에 비해 장기금리가 높은 것이 일반적이다. 이를 이해하기 쉽게 친구에게 돈을 빌려줄 때 한 달을 빌려주는 것과 1년을 빌려주는 것을 비교해보면, 당연히 1년 동안 장기로 빌려주는 경우에 그만큼의 위험증가에 대한 대가를 보상받아야 하는데 이 부분을 금리로 보상받게 된다.

2) 신용위험

거래상대방의 원리금 상환불이행 가능성이 높을수록 금리가 상승한다. 그래서 국채보다 회사채의 금리가 높고, 대기업이 발행한 회사채보다 중소기업이 발행한 회사채의 투자수익률이 높은 것이 일반적이다.

3) 제도

대표적인 제도 차이는 조세다. 같은 정기예금이라도 비과세가 가능한 상품이 있다면 세후수익률이 올라가는 셈이다. 다른 예로 은행은 기술력이 좋은 중소기업대출에 우대금리를 적용하는 경우가 있는데, 이는 정부의 육성산업으로 인한 정책적인 우대제도 때문인 경우가 많다.

금리와 물가에 대한 이해는 필수다

돈에 대해서 배울 때 금리와 물가의 관계를 이해하는 것이 반드시 필요하다. 그래서 여러분이 꼭 기억해야 할 방정식이 바로 '피셔방정식(Fisher Equation)'이다. '미국 경제학의 아버지'로 불린 경제학자 어빙 피셔(Irving Fisher)가 발견한 간단한 방정식으로, 금리와 물가의 관계를 보여준다. 피셔방정식은 금리결정 요인을 모형화시키는 단순한 방법으로 명목금리, 실질금리 및 물가상승률의 관계를 나타낸다. 계산하는 공식은 다음과 같다.

> **명목금리 = 실질금리 + 물가상승률**

예를 들어 은행의 정기예금(명목금리)이 3%가 제시되고 물가상승률이 2%라면 실질적인 금리는 1%라는 것이다. 직관적으로 이해하는 것이 어렵지는 않지만 그 의미는 깊다. 실질금리는 물가상승을 고려한 금리다.

그리고 꼭 알아야 하는 것이 '금리는 물가가 오르면 함께 움직이는 경향이 있다'는 것이다. 이를 설명하면, 물가가 오르면 자금을 공급하는 자의 실질적인 구매력이 낮아지므로 금리를 높게 제시하지 않으면 자금 공급을 꺼리게 되어 금리가 오르게 되는 것이다.

다만 피셔방정식은 사후적으로 계산이 간단하지만 사전적으로 쉽게 가늠하기가 어렵다는 단점이 있다. 일단 '금리와 물가는 함께 움직이는 경향이 있다'는 점을 꼭 기억해야 한다. 만약 방송에서 '물가가 폭등한다'는 뉴스가 나오면, 다음에 나올 뉴스는 '금리가 오르고 있다'는 뉴스가 될 확률이 높기 때문이다.

한 가지 더 중요한 사실은, 실질금리가 '자본의 한계효율'의 또 다른 모습이라는 점이다. 금리가 자본의 한계효율이라는 점을 이해하는 것은 투자 의사결정에 있어 중요하다. 즉 자본의 값으로서의 금리라는 것이 결국은 자본이 자본을 재생산할 수 있는 능력치라는 것이기 때문이다. 그렇기 때문에 금리가 실질경제성장률에 맞닿게 되는 것이다. 경제성장률이 높을수록 자본의 한계효율이 높은 것이고, 투자의 기대수익률도 높을 것이다. 그래서 경제성장률이 높을 때 금리는 높게 형성된다.

금리를 '자본의 신호등'이라고 표현하는 이유도 바로 여기에 있다. 예를 들어 대출이자율이 3%라면 2%의 확실한 투자대안을 가진 투자자는 투자를 하기 어렵겠지만, 4%의 투자수익률을 기대하는 투자자는 투자가 가능해질 것이다. 즉 시장금리 이상의 수익률을 기대할 수 없는 투자안은 실행하기 힘들어지는 것이다. 즉 금리는 자금의 흐름을 결정하는 요인인 것이다.

일반적으로 선진국의 금리가 낮고 개발도상국의 금리가 높은 이유가 바로 여기에 있다. 그래서 금리가 낮다는 것은 다른 측면에서 보면 그만큼 돈을 벌기 어렵다는 것과 같은 의미다. 이처럼 자본은 금리가 낮은 곳에서 금리가 높은 곳으로 흐르게 된다. 이는 마치 자연에서 물이 흐르는 것이 이치인 것처럼 자본의 기본적인 논리에 해당한다.

이자의 본질은 '인내'다

여기에서 다시 우리가 돈의 생리를 이해하기 위해 '이자의 본질'에 대해 생각할 필요가 있다. 이자를 학문적으로는 '미래소비와 현재소비의 교환비율'로 설명하는데, 쉽게 이야기하면 '기다림의 대가'인 셈이다. 즉 자금을 지금 현재에 바로 소비하지 않고 미래의 약속한 시간까지 기다린 것에 대한 보상인 것이다.

그래서 이자의 본질로 들어가면 '인내'를 발견할 수 있다. 당장 소비하고 싶은 욕구를 참은 것에 대한 대가가 바로 이자인 셈이다. 일반적인 경제상황에서 만기가 길수록 이자를 더 많이 제공하는 이유도 더 많이 기다렸기 때문이다. 그래서 부자를 살펴보면 잘 참고 견디며 자기관리를 잘하는 특성을 가진 사람일 확률이 높다. 부자가 되고 싶다면 이렇듯 자기통제와 인내심을 길러야 한다.

돈의 속성과 노후

돈, 즉 자금은 금리가 낮은 곳에서 높은 곳으로 움직인다는 것을 이미 설명했다. 여러분이 정기예금을 가입하려 할 때 A은행과 B은행 중에서 고민한다면, 가장 일반적인 선택 기준은 은행 간의 위험성 차이가 미미하므로 높은 정기예금 금리를 지급해주는 은행을 선택하는 것이다. 이렇게 투자에 있어서도 자본은 기대수익률이 낮은 곳에서 높은 곳으로 자연스럽게 이동한다.

예를 들어 과거 한국에서 저렴한 노동력에 의지하는 의류제조업이 활성화되어 당시 의류제조업 투자가 활성화되었다면, 이제는 반도체나 2차전지와 같은 산업에 투자금이 집중된다. 단순한 돈의 논리로 말하자면, 이제 한국에서 단순 임가공으로는 원하는 수익을 확보하기가 힘들기 때문이다. 이처럼 자본주의가 성숙하면 누가 뭐라고 하지 않아도 자연스럽게 자본은 돈을 더 벌 수 있는 곳으로 흘러간다. 이를 경제학에서는 '한계효율'로 설명하지만, 어려운 이론의 도움이 없어도 피부로 느낄 수 있다.

예를 들어보자. 내가 운전이라는 서비스를 제공해 근로소득을 벌고 있다면, 운전을 성실히 하는 것만으로는 풍족한 미래를 보장받을 수 없다. 자본은 운전노동자에게 투자하기보다는 자율주행에 더 투자할 것이고, 언젠가는 나의 노동이 자율주행으로 대체될 것이기 때문이다. 여러분의 노동이 로봇에게 잠식당할 위험이 클수록 여러분은 로봇산업에 투자하는 것이 좀더 평온한 노후를 누릴 확률이 높아진다. 나의 해고 위험이 높아질수록 로봇산업에 투자한 자산의 수익률은 올라갈 것이다. 옳고 그름의 문제가 아니라 자본과 금리가 그렇게 세상을 바꾸기 때문이다.

'저금리, 저물가, 고령화'는 공고하게 연결된다는 점을 기억하자. 고령화가 가속화될수록 저성장이 굳어지고 투자대안이 줄어 물가와 금리는 낮아질 가능성이 높다. 그럴수록 우리는 금융 공부를 통해 성장산업에 우리의 자산이 노출될 수 있도록 포트폴리오를 구성해야 한다. 그렇지 않으면 우리가 그토록 원하는 장수는 오히려 고통이 될 수 있다.

물가와 원자재에 대한 공부는 선택이 아니라 필수다

물가는 소비자와 공급자 모두에게 중요한 경제지표이면서,
이와 관련된 지표들은 투자자에게 매우 중요한 시그널이다.

　물가는 말 그대로만 풀이하면 물건의 가격이지만, 우리가 일상생활에서 말하는 물가는 하나의 재화가 아닌 수많은 상품의 가격수준을 말한다. 물가를 단순히 소비자 입장에서 물건을 구매할 때의 가격수준으로만 생각해서는 안 된다. 물가를 기업입장에서 보면 생산자 가격이 된다. 이미 배웠듯이 물가는 금리에도 영향을 미친다. 물가는 경제동향과도 관계도 깊고, 심지어는 부동산가격에도 영향을 미치게 된다. 이렇듯 일상생활과도 관계가 깊은 물가 및 원자재에 대한 공부는 투자를 배우는 데 있어 꼭 필요한 지식이다.

　'물가가 낮으면 좋겠다'는 생각은 투자를 배우면 깨우치게 되는 물가에 대한 초보적인 접근이다. 내가 소비하는 물건은 가격이 낮아지는 것이 좋고, 내가 투자한 기업이 만드는 물건은 가격이 오르는 것이 좋다. 바로 이것이 투자 마인드다.

커피전문점을 운영하고 싶어 하는 이들이 많은데, 필자는 항상 그들을 말리는 입장이다. 투자를 공부한 합리적인 투자자는, 값이 비싸도 고객이 줄을 서는 커피를 파는 기업에 투자해야 한다. 우리는 그 기업보다 커피를 더 잘 팔 능력이 안 되는 경우가 대부분이기 때문이다. 내가 왜 그런 강자와 경쟁을 하는가! 그들과 손잡고 함께 가는 것이 수월하게 돈을 버는 길이다. '비싸도 잘 팔리는 상품을 만드는 회사의 주식에 투자하는 것'이 단순하지만 올바른 방법이다.

물가안정 목표란 무엇인가?

물가가 오르면 일반적인 급여소득자가 상대적으로 손해를 보게 되고, 부동산과 같은 실물자산의 소유자가 상대적인 이익을 보게 된다. 자본주의 세상에서 통화의 팽창과 소비촉진으로 물가가 오르는 것이 일반적이지만, 경제의 안전성 및 성장잠재력 제고를 위해 물가상승률을 일정 수준 이하로 안정시켜야 한다.

물가가 급하게 상승해 물가상승에 대한 기대심리가 커지면 땀을 흘려 성실히 돈을 벌기보다는 인플레이션에 유리한 자산에 대한 관심이 높아진다. 개인들은 부동산 투자가 극심해지거나, 기업도 기술개발과 생산효율화와 같은 수익증대활동보다는 본사건물 매매에 치중하기 쉽다.

이렇듯 경제성장률에 발맞춘 점진적이고 안정적인 물가 상승이 아닌 급격한 물가 상승은 일부 남미 국가의 사례에서 보듯 장기적인 경제성장 동력을 떨어뜨리게 된다. 따라서 중앙은행은 물가안정을 위한 목표를 가지고 있다. 대부분 2% 정도 수준이 물가안정 목표다.

물가안정목표가 2% 수준이라는 것의 의미는, '물가가 2% 이상 상승하게 되면 한국은행은 금리를 올려 경기를 억제해 물가가 다시 2% 이내로 유지되도록 관리할 것'이라는 의미다. 그로 인해 다시 물가가 안정목표 이내로 하락하면 한국은행은 금리를 인하해 경기부담을 덜게 된다. 이렇게 물가와 금리가 깊은 관련이 있고, 물가의 추이에 따라 중앙은행의 기준금리정책을 예측할 수 있게 된다.

금리가 다양한 것과 마찬가지로 물가도 사용용도에 따라 다양하

자료 2-1 물가와 물가안정목표

출처: 신한증권

게 지수화해 측정된다. 소비자물가지수(CPI, Consumer Price Index)는 소비자가 일반적인 소비생활을 위해 구매하는 상품과 서비스의 가격변동을 측정하기 위한 물가지수다. 국내에서 생산하는 상품과 서비스가격을 기준으로 하는 것은 생산자물가지수(PPI, Producer Price Index)다. 부가가치세를 제외한 생산자 판매가격, 즉 공장도가격이 원칙이다. 주식투자자라면 기업의 매출이 중요하므로 생산자물가지수의 추이가 좀더 중요하다.

흥미로운 사실은, 통계청에서 발표하는 물가지수는 우리가 일상생활에서 느끼는 물가보다 낮게 발표된다고 느끼기 쉽다는 점이다. 물가는 여러 가지 상품의 가격을 평균화한 수준인데, 개인들은 각자가 주로 구매하는 상품의 가격에 민감하기 때문에 괴리가 생기게 된다. 또한 소비 증가를 물가 상승으로 오인하는 경우도 많다. 예를 들어 나이가 들어 약 소비가 늘었는데 이를 약값 상승으로 생각하기 쉽다. 그래서 투자자는 본인이 느끼는 물가수준과는 별도로 통계청이 발표하는 물가상승률에 따라 투자결정을 하는 것이 합리적이다.

금과 원유가 물가에 미치는 영향

원자재 중에서 대표 주자는 금과 원유다. 우선 금은 흥미로운 금속이다. 금은 예로부터 화폐의 역할을 해왔고, 장신구이면서 산업재다. 실물자산 중에서 안전자산 역할을 한다.

원유는 그야말로 팔방미인이다. 정제 과정에서 LPG, 가솔린, 등유, 경유, 중유, 찌꺼기라고 할 수 있는 아스팔트, 그리고 흔히 납사라고 하는 나프타까지 우리 생활 주변에 원유에서 비롯된 제품은 너무나 많다. 그만큼 원유는 중요한 원자재이면서 물가의 변동에 상당한 영향을 미친다.

유가와 금 가격의 장기적인 가격 추이를 [자료 2-2]를 통해 살펴보자. 금은 안전자산답게 변동 폭이 적고 하락 폭도 적으면서 꾸준히 오르는 모습을 보여준다. 대표적인 원자재인 원유의 가격 변동성이 매우 심한 것과 비교가 된다. 2008년 글로벌 금융위기 당시 유가와 금 가격의 변화를 살펴보면 극명한 차이를 확인할 수 있다. 이는 경제위기에 어떻게 자산운용을 할 것인지에 대한 중요한 힌트를 제

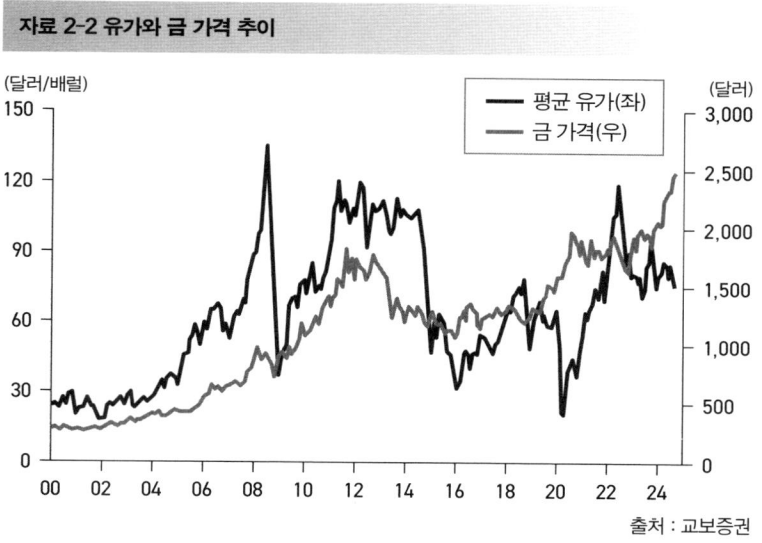

자료 2-2 유가와 금 가격 추이

출처: 교보증권

공한다. 금은 안전자산으로서 잠깐 멈칫하다가 오히려 가격이 상승하는 모습을 보여준다. 그런데 유가는 경제위기 때는 순식간에 급락하는 모습을 보인다. 우리가 포트폴리오를 구성할 때 금을 포함시키는 가장 중요한 이유는, 금이 단기간에 급등해 매매차익을 노리기보다는 위기에 강한 자산이기 때문이다.

원유는 경기가 호황일 때 유리한 투자처다. 다만 원유 투자가 쉽지 않은 것은 공급차원에서도 혹은 중동지역의 정치적 문제로도 변동성이 커서 예측이 쉽지 않기 때문이다. 대체적으로 기본적인 투자방법은 유가의 급락으로 원유 채굴원가에 근접할 때 매수하는 것이 합리적이다.

금과 원유는 실물로 투자하는 것이 현실적으로 쉽지 않지만 ETF를 통해 투자하면 어렵지 않다. ETF에 대한 구체적인 공부는 뒤에서 더 자세히 살펴보도록 하자. '실물자산의 투자가 금융화한다'는 대표적인 사례가 바로 금과 원자재를 금융상품으로 투자하는 것이다.

가계 소비 추이를 살펴봐야 하는 이유

가계에서 상품을 소비할 때도 경기전망에 영향을 받는다. 미래가 불안하면 자연스럽게 소비가 위축된다. 당연하게도 기업의 구매담당자는 경기전망에 더욱 민감할 수밖에 없다. 그래서 주식자산에 투자할 때 PMI지수의 움직임을 살펴볼 필요가 있다.

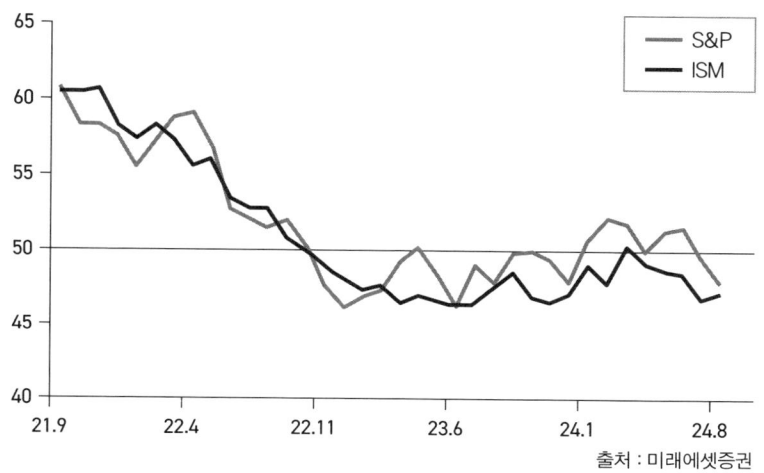

자료 2-3 미국 제조업 구매자관리지수와 S&P지수

출처 : 미래에셋증권

　PMI(Purchasing Manager Index)지수는 기업의 구매관리자에게 경제전망을 물어보고 그 반응을 지수화한 것이다. PMI지수의 기준지수는 50으로, 해당지수가 50 이상이면 경기를 긍정적으로 본다는 의미이고, 해당지수가 50 이하이면 경기를 비관적으로 본다는 의미다. PMI지수는 미국에서 발표되는 지수지만 한국의 주가와도 관련이 깊으므로 주식투자자가 중요하게 생각하는 지수다.

　이처럼 물가는 소비자와 공급자에게 모두 중요한 경제지표이면서 이와 관련된 여러 지표들은 투자자에게 매우 중요한 시그널이 된다. 그러므로 늘 해당 지표의 추이를 살펴보는 습관을 가져야 한다.

환율을 모른다면
절대 투자하지 마라

환율이라는 거시지표가 경제에 미치는 영향은 매우 크다.
그런데도 환전할 때만 환율에 관심을 가진다면 투자하지 마라.

환율에 대해 해외여행을 가기 위해 환전할 때만 관심을 가진다면 이는 경제의 극히 일부분만을 아는 것이다. 요즘은 한국주식뿐만 아니라 해외주식, 특히 미국주식에도 투자하는 경우가 많아 환율에 대한 관심이 높아졌다. 그런데 환율은 세계 각국이 상호 영향을 미치며 형성되므로 예측이 어려운 거시지표다.

세계의 무역전쟁을 '환율전쟁'이라고도 할 만큼 환율이 경제에 미치는 영향은 크다. 특히 한국은 내수보다 수출이 중요하기 때문에 더욱 그렇다. 수출이 잘되면 한국기업의 수익성은 높아지고, 주가도 오르는 경향이 있다. 환율이 한 나라의 경제와 어느 정도 관련성을 가지는지, 그리고 가계자산 운용에는 어떤 영향을 주는지 배워보도록 하자.

환율이란 무엇인가?

환율은 외국통화 1단위를 구매하기 위해 우리나라 통화를 얼마나 지급해야 하는가를 나타내는 것이다. 즉 '외국 돈과 우리 돈을 바꿀 때 적용되는 교환비율'이라고 정의할 수 있다. 대부분의 나라가 환율을 외국통화표시방법으로 표시하는데, 달러가 기본이 되므로 환율을 '1달러의 가격'이라고 이해하면 가장 간단하다.

환율이 오른다는 것은 1달러의 가격이 오른 것이고, 그만큼 달러가 귀해 달러를 구하기 어려워진다. 환율이 낮아진다는 것은 1달러의 가격이 떨어져서 그만큼 달러를 구하기 쉬워진 것이다. 이를 원화 입장에서 보면, 환율이 오르면(달러가 오르면) 상대적으로 원화의 가격이 낮아지는(원화의 평가절하) 것이고, 환율이 낮아지면(달러가 떨어지면) 상대적으로 원화의 가격이 높아지는(원화의 평가절상) 것을 의미한다.

환율제도와 환율 결정 요인

1997년 12월에 원화의 대미달러환율의 일중 변동 폭 제한이 폐지되고, 환율이 외환시장에서 자유롭게 결정되는 '자유변동환율제도'로 변경되었다. 아울러 달러 이외의 통화에 대한 원화환율은 원화의 대미달러환율을 국제금융시장에서 형성되는 기타통화의 대미달러

환율로 재정해 산출한다.

참고로 실제 은행에서 환전을 할 때 적용되는 환율은 매도환율과 매입환율인데, 매도와 매입의 기준은 은행이 정한다. 즉 우리가 달러를 매입할 때 은행은 매도환율로 기준보다 비싸게 팔고, 남은 달러를 은행에 매도할 때 은행은 매입환율로 상대적으로 낮은 환율에 사간다. 이런 차이를 스프레드(Spread)라고 하며, 은행은 우수고객에게 스프레드 할인혜택을 제공한다.

자유변동환율제도하에서 환율은 일차적으로 외환시장에서의 외환 수요와 공급에 의해서 결정된다. 외환시장에서 외환의 수요가 공급을 초과하면 외환의 가격은 올라 원화는 약세(절하)되며, 반대로 외환의 공급이 수요를 초과하면 외환의 가격은 떨어지고 원화는 강세(절상)가 된다.

이런 외환의 수급요인 이외에도 성장·물가 등 경제의 기초변수, 금리나 주식시장과 같은 금융변수, 중앙은행의 외환시장 개입 등 다양한 요인이 환율에 영향을 끼친다. 단기적으로 금리의 영향을 많이 받는데, 상대적으로 한국금리가 더 오르면 달러가 순유입되어 환율은 하락하는 방향으로 움직인다. 중앙은행이 개입하기도 하는데, 중앙은행이 금융시장에서 달러를 매입하게 되면 달러가격, 즉 환율이 오르게 된다. 장기적으로는 경제성장률이 높고 물가가 안정되어 있다면 해당 국가의 통화의 가치는 상승한다.

환율변동이 가져다주는 효과

환율은 여러 가지로 경제에 영향을 미친다. 일반적으로 환율이 오르면 수출이 증가하므로 수출기업의 실적이 좋아진다. 다만 세상일에 공짜는 없는 법이라 환율이 오르면 수입상품 가격이 상승하게 되어 물가의 상승요인이 되는 부작용이 생긴다. 반대로 환율이 하락하면 수출기업보다는 수입기업이 유리해진다. 환율이 하락할 때는 외화부채가 많은 기업의 원리금상환 부담이 줄어들게 된다. 환율이 오를 것이라고 전망한다면 달러베이스로 투자되는 해외투자상품을 가입할 때 환헤지를 하지 않는 것이 유리하다.

일반적으로 한국의 주식시장에서는 수출이 중요하므로 '환율변동효과'를 다음과 같이 간략하게 정리할 수 있다.

- 환율 하락 → 수출 감소 / 수입 증가 → 주가 하락 경향
- 환율 상승 → 수출 증가 / 수입 감소 → 주가 상승 경향

투자자의 입장에서 달러는 특히 수출이 중요한 한국에서 더욱 중요하다. 개인적으로 흥미로운 사례가 '한국라면 열풍'이다. 동남아 여행을 가서 현지 편의점에서 발견하게 되는 한국의 라면을 보고 있노라면 여기가 한국인가 싶을 정도다.

한국의 소비시장은 제한적이기 때문에 세계시장에서 달러를 벌어오는 기업의 주가가 상승하는 것을 쉽게 찾아볼 수 있다. 보통 식음

자료 2-4 삼양식품의 해외매출 비중 및 미중매출 추이

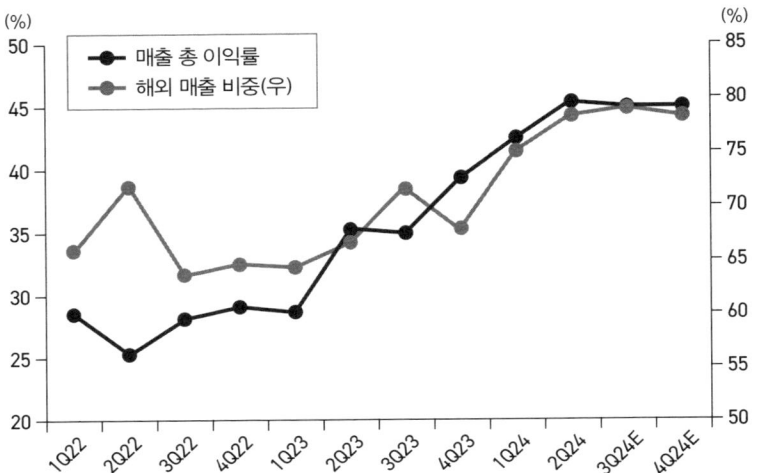

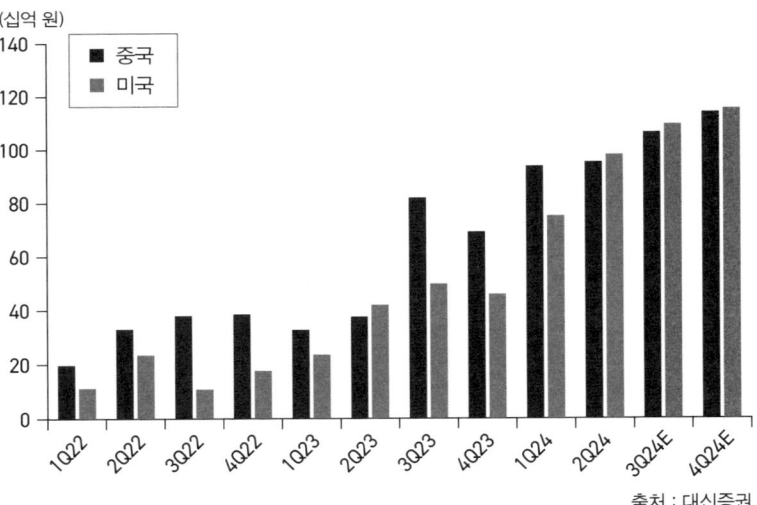

출처 : 대신증권

자료 2-5 삼양식품 주가추이

출처: 네이버증권(2025년 6월 기준 주봉)

료업은 변동성이 적고 성장성이 제한적인 경우가 많아 주가가 추세적 상승을 타기 어려운데, 삼양식품처럼 해외에 수출이 잘 되는 경우에는 이야기가 달라진다.

한국기업에 투자하는 주식투자자라면 알게 되는 사실이 '한국을 대표하는 기업들이 대부분 수출을 잘하는 기업'이라는 점이다. 대표적으로 삼성전자의 반도체, LG전자의 가전제품, 현대자동차의 자동차, HD현대중공업의 선박 등이 모두 한국의 내수기업이 아니라 달러를 벌어들이는 기업이다. 그래서 한국시장에서 주식투자를 할 때 주의 깊게 살펴야 하는 데이터는 다름 아닌 '수출동향'이다.

환율변동은 수출입에 어떤 영향을 주나?

경제 전문가들마저도 환율 예측이 가장 어렵다고 이야기한다. 환율은 경제적 요인 외에도 전쟁이나 천재지변, 정치적 불안정 등 비경제적인 요인에 의해서도 변동한다는 점 때문이다. 예를 들어 한국의 환율이 미국의 정치적 이슈나 북한과의 정치적 이슈 등에 따라 요동을 치는 경우를 흔히 볼 수 있다.

수많은 요인들이 환율에 영향을 주듯 환율 역시 경제에 영향을 미친다. 대표적으로 환율변동은 수출과 수입에 영향을 주게 된다. 환율이 떨어져 원화가치가 상승하면, 달러표시 수출가격이 올라 경쟁국 제품에 비해 가격이 비싸지게 되므로 수출이 줄어들게 된다. 수출이 감소하면 경제성장이 둔화되고 그에 따라 실업이 증가하게 된다. 반대로 수입가격은 환율 하락분만큼 저렴해져 수입이 증가하게 된다. 따라서 정부는 환율이 상승해 수출이 증대되는 방향으로 환율이 결정되기를 선호하기 쉽다.

앞에서도 말했듯이 환율이 높으면 특히 한국처럼 수출이 중요한 국가는 수출기업의 주가에 긍정적인 영향을 미치게 된다. 다만 모든 경제정책에 플러스 혹은 마이너스 영향만을 미칠 수 없는 것처럼 고환율정책은 수입물가가 오르는 효과가 있으므로 국내물가가 상승하는 부작용이 생긴다. 이해하기 쉽게 예를 들자면, 수출 진흥을 위해 일반 국민들은 수입에 의존할 수밖에 없는 커피를 그만큼 좀더 비싸게 마시는 셈인 것이다.

무역전쟁은 곧 환율전쟁!

지금도 세계는 무역전쟁중이다. 그런데 무역전쟁이 왜 환율전쟁인지를 보여주는 상징적이고도 극적인 사례가 바로 일본의 경우다. 1985년 플라자합의로 인해 엔화가 급등하자 엔화가 급등한 만큼 일본주가지수는 급락했다. 그만큼 무역전쟁이 경제에 미치는 영향이 컸다는 의미다.

앞서 이야기했듯이 한 나라의 경제가 지속적으로 성장하고 물가가 안정적이라면 해당 통화는 강세를 보이는 것은 당연하지만, 플라자합의는 당시 충격적이고도 급박하게 엔화를 급등시켰다. 장기적

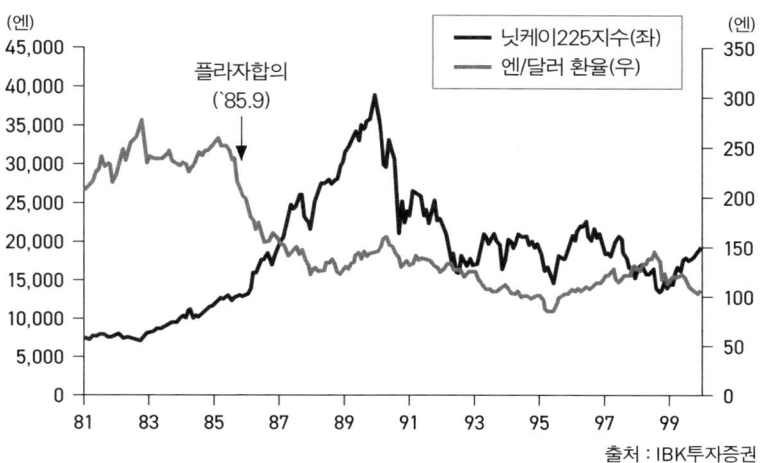

자료 2-6 엔/달러 환율과 일본주가 추이

출처 : IBK투자증권

으로 볼 때 일본기업의 주가에는 치명적이었다.

2025년 현재 미국과 중국도 관세 등으로 포성 없는 전쟁을 치열하게 벌이고 있는 중인데, 이때 환율의 움직임도 주의 깊게 살펴볼 필요가 있다. 미국의 관세공격에 대항해서 중국은 위안화의 평가절하로 맞설 가능성이 높다. 그리고 반도체, 자동차, 조선, 배터리 등의 분야에서 중국과 치열하게 경쟁중인 한국에 어떤 영향을 미칠지 연구를 해야만 투자 아이디어를 얻을 수 있다.

한 가지 더 주의할 점은, 정상적인 경제상황이라면 환율이 시장상황에 상승과 하락을 반복하면서 일정 범위 내에서 움직이지만 극한 경제상황, 예를 들어 IMF외환위기나 글로벌금융위기와 같은 상황이라면 평소의 환율움직임과는 다르게 안전자산 선호도가 급등하면서

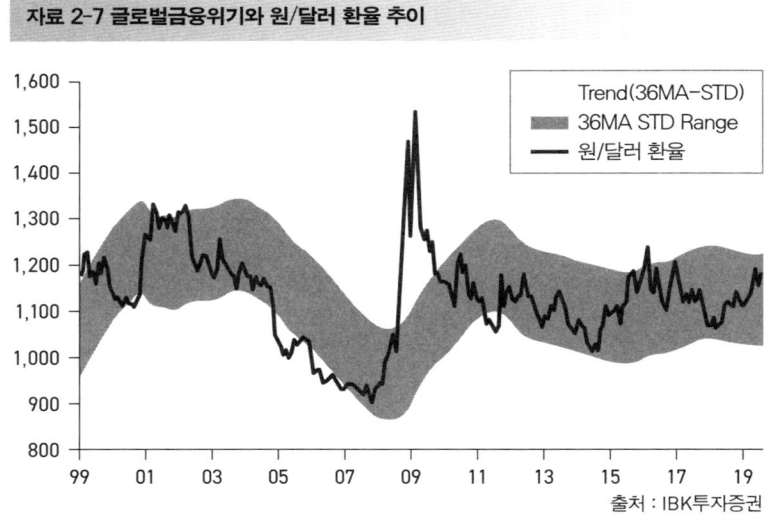

자료 2-7 글로벌금융위기와 원/달러 환율 추이

출처 : IBK투자증권

달러가격이 급등하는 경우가 발생한다는 것이다. [자료 2-7]에서 보듯 극심한 경제위기에는 환율이 평소의 환율변동범위를 훌쩍 넘어서는 상승 움직임을 보인다. 물론 그 위기가 극복이 되면서 환율은 다시 제자리로 돌아가지만, 투자자는 정말 주의할 필요가 있다.

꼭 기억해야 할 점은 극심한 경제위기 상황에서는 원/달러 환율이 폭등한다는 것이다. 그래서 자산배분에 달러자산을 가져가는 것은 큰 의미가 있다. 요즘은 미국주식에도 투자하는 경우가 많기도 하고, 경제위기에 강한 현금자산이 달러이기도 하다. 그래서 달러베이스 자산도 일부를 확보하면서 환율과 경제에 대해 관심을 가지는 것이 중요하다.

경기순환을 이해해야 투자가 보인다

경기는 장기추세를 중심으로 마치 생물처럼 계속 변한다.
경기순환에 맞춰 자산을 어떻게 운용할지 고민해야 한다.

　　경기란 '국민경제의 총체적인 활동수준'을 의미한다. 특정 산업이 아니라 한 나라의 전체 경제를 포괄적으로 나타내는 것이다. 그런데 왜 우리는 경기가 늘 안 좋은 것처럼 느껴지는 것일까? 본인과 본인의 주위 사람들 이야기로만 판단하기 때문일 확률이 높다. 자본주의는 필연적으로 '빈익빈 부익부' 현상을 보인다. 즉 '양극화'가 발생하는 것이다. 비록 한국의 성장률이 낮아진 것은 사실이지만, 극심한 경제위기 상황이 아니라면 성장률이 마이너스를 기록하는 경우는 드물다.

　　'경기가 어려우니 투자할 곳이 없다'고 위축되는 것이 초보투자자가 하는 대표적인 잘못된 판단이다. 경기가 어렵지만 지금도 성장산업은 계속 태동한다. 인공지능, 로봇, 자율주행, 바이오 등 우리가 이미 성장하리라는 것을 알고 있는 산업들이다. 큰 틀에서 경기를 파악하고, 성장산업을 찾아 나의 자산을 자꾸 성장산업에 노출시켜야 행복한 노후를 보장받을 수 있다.

GDP는 경기를 알 수 있는 대표적인 지표

국민소득은 한 나라의 경제수준과 국민들의 생활수준을 종합적으로 파악할 수 있는 대표적인 지표다. 국민소득은 한 나라의 가계, 기업, 정부 등 모든 경제주체가 일정 기간에 새로이 생산한 재화와 서비스의 가치를 시장가격으로 평가해 합한 것이다. 흔히 국내총생산(GDP, Gross Domestic Product)이라고 한다.

국내총생산은 대표적인 생산지표이지만 생산측면뿐만 아니라 분배·지출측면에서도 측정할 수 있다. 이렇게 각 측면에서 측정된 값은 똑같은데, 이는 가계·기업·정부·국외 등 경제주체에 의해 재화와 서비스가 생산되고 구입되며 분배되기 때문이다. 이를 '국민소득 3면 등가의 법칙'이라고 한다.

경제성장은 바로 이 GDP의 증가로 측정한다. 단순하게 말하면 경제성장은 얼마나 많이 재화와 용역을 늘리는가에 달렸다. 그래서 경제정책은 장기적으로 총공급을 어떻게 늘릴 것인가에 집중한다. 그런데 생산을 늘리려면 소비가 필요하다. 한국경제는 인구가 적어 국내 소비로는 성장에 한계가 있으니 해외소비, 즉 수출이 중요하다.

왜 현재의 경기 위치에 대해 알아야 하는가?

자산을 관리하는 입장에서 중요하게 알아야 할 것은 경기가 항상 좋거나 나쁜 것은 아니며, 좋은 시기와 나쁜 시기가 순환한다는 점이다. 경기가 어떻게 움직이는가에 따라서 자산관리와 투자에 대한 의사결정을 내리는 것이 합리적이다.

투자자 입장에서는 경기상승 사이클에서 좀더 공격적인 투자를 하고, 경기하락 사이클에서는 보수적인 투자전략을 가지는 것이 당연히 유효하다. 따라서 현재의 경기가 어느 수준인지 파악하는 것이 중요하다.

경기를 파악할 때 주위 사람들의 의견만 듣는 것은 주의해야 한다. 인터넷 시대로 배달주문이 늘면서 배달비까지 부담하는 자영업은 정말 어렵다. 영화관에서 영화를 보기보다는 OTT로 온라인상에서 영화를 즐기는 시대이니 오프라인 영화관은 돈 벌기가 어렵다. 전통산업이라고 항상 어려운 것도 아니다. K-푸드 붐을 타고 한국 음식이 수출로 대박을 낼 수도 있다. 아무도 관심이 없던 변압기 같은 전기설비 등이 ChatGPT가 나타나면서 급성장하기도 한다. 경제성장률로 전반적인 경기를 파악하면서 산업별로 부침이 있는지 늘 세상 변화와 함께 살펴야 한다.

경기는 생물과도 같고 늘 변동이 있어 이를 파악하기가 쉽지는 않다. 그래도 세상의 변화에 늘 관심을 가지고 살피면 시대의 흐름에 대한 통찰력도 생기고 돈을 벌 수 있는 길도 보이게 된다.

경기종합지수로 경기수준 파악하기

현재 경기수준이 어느 정도인지 정확히 파악하기는 쉽지 않다. 그래서 여러 지표 중에서도 경기종합지수를 가장 많이 사용한다. 경기종합지수는 경기변동에 민감한 대표 경기지수의 움직임을 지수형태로 묶어 나타낸 것이다. 선행지표, 동행지표, 후행지표로 나눌 수 있다.

선행종합지수는 투자 관련 건설수주지표나 재고순환, 금융 등의 지표처럼 실제 경기순환에 앞서 변동하는 개별지표를 종합해 만든 지수로 향후 경기변동의 단기 예측에 이용된다. 재고순환지표, 경제심리지수, 기계류내수출하지수(선박 제외), 건설수주액, 수출입물가비율, 코스피, 장단기금리차로 측정한다.

동행종합지수는 공급측면의 광공업생산지수, 서비스업생산지수 등, 그리고 수요측면의 소매판매액지수 등과 같이 실제 경기순환과 함께 변동하는 개별지표를 종합해 만든 지수로 현재 경기상황의 판단에 이용된다. 광공업생산지수, 서비스업생산지수(도소매업 제외), 건설기성액, 소매판매액지수, 내수출하지수, 수입액, 비농림어업취업자수로 측정한다.

후행종합지수는 재고, 취업자수 등 실제 경기순환에 후행해 변동하는 개별지표를 종합해서 만든 지표로 현재 경기의 사후 확인에 이용된다. 생산자제품재고지수, 소비자물가지수변화율(서비스), 소비재수입액, 취업자수, CP유통수익률로 측정한다.

통계청에서 경기종합지수를 찾는 것은 어려운 일이 아니지만, 이를 바탕으로 자산관리에 대한 의사결정을 하기 위해서는 나름의 공부와 경험이 필요하다. 핵심만 정리하자면, 일반 투자자 입장에서는 앞으로의 경기전망이 중요하므로 선행지표의 흐름을 확인하는 것이 필수적이다.

선행지표가 상승중이라면 경기회복을 예상할 수 있다. 경기선행지표가 상승추세에 들어가면 주식투자 비중을 확대하는 것이 합리적이다. 경기선행지표에서 대표적인 것이 종합주가지수이기도 하다. 일반적으로 주가는 경기에 선행하기 때문이다.

반대로 경기후행지표의 대표적인 것이 금리다. 따라서 확정금리 상품이면서 안전한 금융상품의 대표 주자인 정기예금에 가입한다면 경기의 고점에서 장기로 묶어두는 것이 합리적이다.

경기를 판단하는 가장 쉽고 공식적인 방법은 정부의 통계자료를

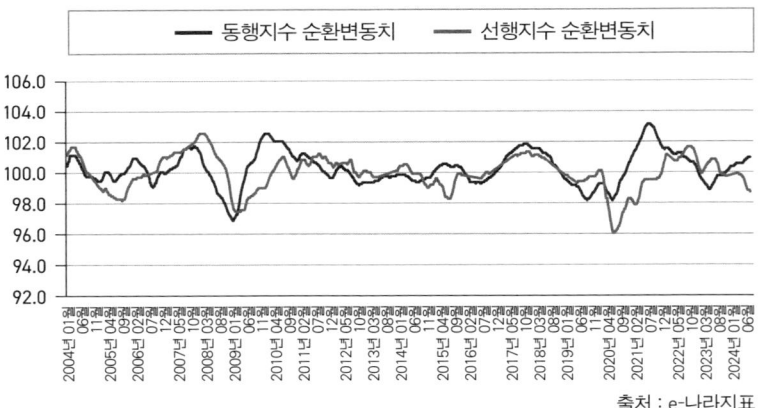

자료 2-8 경기종합지수

출처 : e-나라지표

활용하는 것이다. 포털사이트에서 경기종합지수를 검색하거나 e-나라지표(www.index.go.kr) 사이트에 들어가면 쉽게 찾을 수 있다. e-나라지표에서 그래프 형태로 동행지수와 선행지수의 추이를 간편하게 확인할 수 있다.

[자료 2-8]에서 보듯 경기는 그래프와 같이 파동하면서 움직이게 된다. 경제활동이 활발해져 경기가 정점에 이르고 나면 이후 경제활동이 둔화되면서 저점에 이르게 된다. 이렇게 경기는 장기추세를 중심으로 상승 및 확장과 하강 및 수축을 반복하면서 생물처럼 변한다. 이를 경기순환이라고 한다.

경기순환에 맞춰 우리의 가계자산을 어떻게 운용하는 것이 좋을 것인가에 대해서는, 수학처럼 명확한 정답을 찾기는 어렵지만 일반적인 투자패턴을 구할 수는 있다. [자료 2-9]는 주식투자에서 일반

자료 2-9 경기순환과 선호 업종

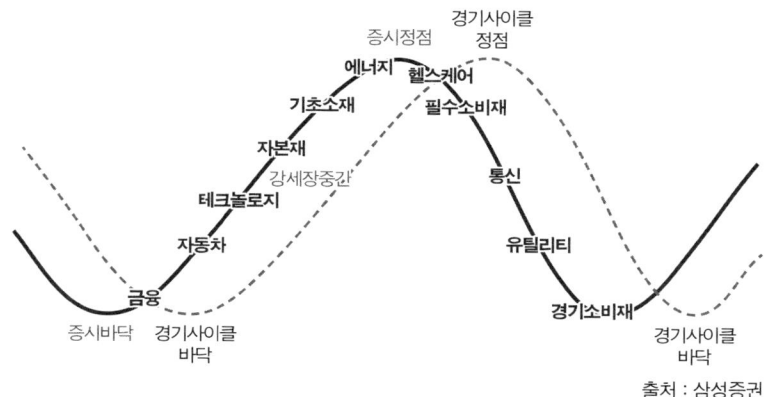

출처: 삼성증권

적으로 많이 사용하는 '경기순환에 따라 선호되는 업종'을 그림으로 나타낸 것이다.

[자료 2-9]의 내용을 간략하게 정리하자면, 주가는 경기에 선행하므로 경기저점 전에 성장성이 높은 업종 위주로 투자하는 것이 유리하다. 경기가 정점에 이르게 되면 이후에는 필수소비재나 통신업, 전기나 도시가스와 같이 배당이 꾸준한 업종에 투자하는 것이 유리하다. 채권투자자라면 경기가 하락할 때 금리가 하락하면 장기채권에 투자하는 것이 유리하고, 경기상승에 맞춰 금리가 상승하면 단기채권에 투자하는 것이 유리하다.

한국 경기순환 과정의 특징

한국의 국민소득은 성장률이 낮아졌지만 장기적으로는 성장하는 추세에 있다. 그래서 기본적인 성장추세 속에서 상승파동과 하락파동을 가진다. 한국 경기순환 과정의 특징을 살펴보자.

1) 확장국면이 더 지속

과거에 비해 경기의 확장국면과 수축국면의 구분이 뚜렷하지 못한 편이나, 일반적으로 확장국면이 수축국면보다 오래 지속된다.

2) 수출의 중요성

수출이 경기변동을 가져온 주된 요인으로 작용하는 경우가 많다. 인구가 많으면 소비지출이 경기변동에 미치는 영향이 상대적으로 안정적이다. 그런데 한국경제의 특성상 수출 및 해외시장을 반영하는 설비투자의 경우 경기변동에 따른 영향이 크다.

3) 정책순환

경기변동에 있어 정부와 중앙은행의 경제시책이나 경기부양책의 영향력이 크다. 정부가 주도적으로 지원하는 산업이 성장성이 좋아질 것은 자명하다.

한국의 성장률이 낮아지는 것은 어쩌면 선진국에 진입한다는 의미이기도 하다. 성장률이 낮아진다는 것은 그만큼 성장이 귀하다는 것이다. 가계자산을 지속적으로 늘려가려면 성장성이 높은 분야에 지속적으로 우리 자산을 노출해야 한다. 세상을 바꿀 미래의 산업이 무엇인지, 그리고 정부의 정책에 맞춰 투자처를 선택할 수 있도록 정부의 육성산업은 무엇이 있는지 당연히 관심을 가져야 한다.

투자에 수반되는 위험을 극복하기 위해서는
집중보다는 분산이 합리적이다.
분산투자와 포트폴리오 투자는 검증된 좋은 방법이다.
화려한 옷도 본인에게 맞지 않으면 어색한 것처럼,
포트폴리오도 나와 어울리는 궁합이 있다.
시장에서는 금융상품들이 저마다 최고라고 뽐내지만,
나에게 잘 어울리는 상품들을 찾아서
장기적으로 투자하는 습관을 가져야 한다.
행복한 노후를 위해 나만의 포트폴리오를 만들고,
다양한 재테크 상식들을 쌓아나가도록 하자.

CHAPTER 3

4050을 위한
재테크 필수상식

위험을 이해하고 관리하는 투자자여야 한다

시장이 합리적이라면 위험과 수익은 선형으로 비례해야 한다.
즉 위험한 투자인 만큼 수익으로 보상받아야 하는 것이다.

위험(Risk)이란 무엇인가? 투자의 출발점에서 우리는 위험에 대해 자세히 살펴볼 필요가 있다. 위험을 이해하기 위해 저축과 투자의 차이부터 구분해보자. 저축과 투자의 공통점은 모두 미래를 위해 현재의 소비를 참고 적립한다는 것이다. 그런데 이 둘은 확정성에서 차이가 난다. 저축은 확정이자율을 대가로 받지만, 투자는 불확실한 수익을 대가로 한다. 즉 위험은 불확실성을 기본으로 한다.

그렇다면 위험은 나쁘기만 한 것일까? 위험에 대한 올바른 접근은 투자를 올바르게 이해하고 실행할 수 있게 한다. 살면서 우리는 수많은 위험을 만나게 된다. 필자가 오프라인 재테크강좌를 진행하면서 수강생에게 자주 하는 질문은 "위험은 나쁜 것인가요?"이다. 위험은 나쁜 것이 아니며, 피한다고 피할 수 없는 경우도 많다. 게다가 위험의 또 다른 이름은 '기회'이므로 위험을 적절하게 통제해 기회로 만드는 것이 합리적이다.

예를 들어 결혼은 인생에 있어 가장 위험한 의사결정이다. 결혼은 장기간에 걸쳐 우리의 삶에 매우 불확실하면서도 강력한 영향을 미치기에 신중할 수밖에 없다. 그러나 결혼이 위험하다고 해서 결혼을 하지 않는 것이 꼭 옳은 결정일 수는 없다. 결혼이 주는 행복과 안정감 등 결혼은 행복한 삶을 위한 좋은 기회가 될 수 있기 때문이다. 신중하되 두려워할 것은 없다. 교통사고가 두렵다고 해서 운전을 하지 않을 수는 없는 것처럼 어차피 삶은 불확실성 속에서 최선의 대안을 찾아가는 기나긴 여정이다.

리스크 프리미엄이 존재하는 이유

물리적인 위험이 아닌 투자에서 위험의 기본 개념을 이해하기 위해 간단한 사례를 들어보자. 한 달간 일을 하고 다음 2가지 경우 중 한 가지를 선택해 급여를 받는다고 가정하자.

1안 : 50만 원 수령
2안 : 동전을 던져 앞면이 나오면 100만 원 수령.
　　　동전을 던져 뒷면이 나오면 0원 수령

이 2가지 안의 기대수익을 각각 계산해보자.

- 1안의 기대수익 : 50만 원으로 확정적
- 2안의 기대수익 : 동전의 앞면이 나올 확률은 1/2이므로 '100만 원 ×1/2=50만 원'. 동전의 뒷면이 나올 확률도 1/2이므로 '0원 × 1/2 = 0원'. 그러므로 '50만 원 + 0원 = 50만 원'

결국 1안과 2안 모두 기대수익은 '50만 원'으로 같다. 1안과 2안의 기대수익이 같지만 1안은 확정적으로 50만 원을 받고, 2안은 불확실한 50만 원의 수익을 기대하는 것이다. 이성적인 투자자의 경우 같은 기댓값이라면 불확실한 2안보다는 확실한 1안을 선택하는 것이 합리적이다. 다만 현실에서는 기댓값이 다른 경우가 많아 합리적인 선택을 하기 위해서는 공부가 필요하다.

위험은 바로 불확실성에서 출발하는 것이고, 불확실한 것은 확실한 것에 비해 그만한 대가가 더 주어져야 선택받을 수 있다. 예를 들어 중소기업이 발행한 채권과 대기업이 발행한 채권의 수익률이 같다면, 일반적으로 투자자는 부도위험이 낮은 대기업이 발행한 채권을 선택하게 된다. 그러므로 중소기업이 발행한 채권이 선택받도록 하려면 부도위험에 따르는 합리적인 대가인 '리스크 프리미엄(Risk Premium)'이 제공되어야 하는 것이다.

리스크의 개념을 제대로 알자

일단 위험이란 불확실성에서 출발하는 것이니 '가능성(possibility)'이라는 표현을 사용하게 된다. 위험(Risk)을 사전적 정의로 짧게 요약하면 '원하지 않는 일이 발생할 가능성'이다. 위험의 또 다른 표현인 Danger는 다소 물리적인 위험을 표현할 때 사용하므로, 여기서는 Risk로 이해하도록 하자.

1) 정기예금의 리스크

정기예금에 가입하는 경우에는 확정이자를 받기 때문에 보통 위험이 없다고들 이야기한다. 이렇게 투자가 아닌 저축행위에 대한 대가로 받는 정기예금의 이자는 현재의 소비를 포기한 대가로 받는 화폐의 시간가치라고 할 수 있다. 다만 정기예금의 이자는 확정적이지만 좀더 깊게 따져보면 정기예금을 가입한 후 물가가 상승하게 되면 실제 받는 원금과 이자의 구매력은 낮아지기 때문에 정말 위험이 없는지도 따져볼 일이다.

2) 투자상품의 리스크

주식과 같이 투자성이 있는 상품에 투자할 때는 '실제 실현한 수익률이 기대했던 수익률에서 벗어날 가능성'으로 리스크를 정의한다. 이를 수학적으로 나타내자면 '기대했던 수익률에서 실제 실현된 수익률이 얼마나 흩어져 있는가'를 분산이라는 값을 통해 보여준다.

수익률의 분산값(혹은 표준편차)은 투자상품에서 말하는 위험의 정도를 나타낸다. 즉 일반적으로 금융상품의 투자위험을 측정하는 지표로 '수익률의 표준편차'를 사용한다. 표준편차는 미래에 발생할 위험을 확률분포로 예측하는 것인데, 예측이 어려운 경우에는 과거 수익률 데이터를 사용한다.

3) 투자자가 느끼는 투자 리스크

수학적으로 말하면 표준편차는 '각 상황별 수익률이 기대수익률의 평균에서 벗어난 편차를 제곱한 값들의 기댓값의 제곱근'이다. 투자상품의 투자 리스크는 예상되는 수익률의 확률분포인데, 실제 달성되지 못할 확률이 클수록 확률분포가 옆으로 퍼지는 모양으로 나타난다. 그런데 일반적으로 투자자는 예상되는 상품 기대수익의 분포 중에서 기대했던 수익률을 달성하지 못할 가능성만을 위험이라고 느낀다. 즉 전체 위험에서 일부만을 인정하는 것이다. 다시 말해서 투자자의 입장에서 기대보다 높은 수익률이 발생하면 유리한 상황이 발생된 것이므로 굳이 위험이라 느끼지 않는다는 것이다.

예를 들어 어떤 펀드상품을 가입할 때 기대수익률이 연 10%였는데 실제 결과수익률은 연 20%였다고 가정해보자. 이는 수학적으로 기대수익률보다 높은 결과가 나타난 즐거운 상황이므로 다소 예외적인 결과라 생각하지 않고 본인의 선택이 탁월했다며 자만하기 쉽다. 반대의 상황, 즉 목표수익보다 낮은 수익률이 실현되었을 때만 이를 위험이라 인식하는 것은 비합리적이라는 점을 이해해야 한다.

투자 리스크란 자본시장법에서 말하는 것처럼 '원금의 손실 가능성'이 아니라 '초과건 미달이건 목표수익률에 미치지 못할 확률'이라 할 수 있다. 그래서 장기투자를 권하는 것이다. 미래는 불확실하나 기간을 길게 잡으면 변동성이 줄어들어 예측 가능성이 높아지는 성장패턴을 찾을 수 있기 때문이다.

4) 리스크 개념의 확장

이제 일상생활에서의 리스크 개념을 확장해보자. 예를 들어 특정 기간 동안 '로봇 관련주'가 폭등했다고 가정하자. 이런 경우 본인의 주식투자 포트폴리오에 로봇 관련 회사가 없다면 그렇게 속이 쓰릴 수가 없다. 모 지역의 재건축 아파트 가격이 폭발할 때 해당 지역의 아파트가 없는 투자자의 상대적 박탈감을 생각해보자. 넓게 보면 리스크는 충분한 투자기회를 갖지 못하는 것도 포함한다. 그래서 분산투자(포트폴리오 투자)는 리스크 관리 차원에서도 필요한 것이다.

위험과 수익의 관계

시장이 합리적이라면 위험과 수익은 선형으로 비례해야 한다. 즉 위험한 만큼 수익으로 보상받아야 하는 것이다. 다른 말로 표현하면 높은 수익을 원한다면 높은 위험을 감수해야 한다는 얘기다.

세상에는 다양한 투자자가 있고 각자의 니즈가 있기에 다양한 상품이 존재한다. 자산이 많은 사람은 안전한 정기예금만으로도 충분히 자산관리가 가능할 수 있다. 하지만 보통의 서민이라면 열심히 모아도 만족스러운 노후를 보내기 위한 준비가 쉽지 않다. 그래서 우리는 지금이라도 열공하면서 투자를 배우고 위험을 분석해서, 나에게 맞는 적절한 위험을 감수하며 기대수익률을 높이는 최적의 포트폴리오를 찾아가는 것이다. 같은 위험이라면 더 높은 기대수익을 선택하기 위해, 같은 수익률이라면 더 리스크가 낮은 투자안을 열심히 찾기 위해 우리는 지금 금융 공부를 하고 있는 것이다.

여기에서 중요한 점은 '투자가 본인의 스타일에 맞아야 한다'는 것이다. 아무리 주식투자가 필요하다고 해도, 주식을 매수하고 가격이 변하는 것을 보면서 잠을 이룰 수 없다면 그것은 본인에게 맞는 투자가 아닐 것이다. 그러한 경우에는 채권 중에서 리스크가 낮음에도 수익률을 높일 수 있는 채권을 선택하는 것이 좋겠다. 투자보다 더 중요한 것은 바로 자기 자신이다.

포트폴리오 투자는
왜 4050에게 정답인가?

확실한 고수익 투자대안이 있다면 집중투자가 정답이다.
하지만 이런 기회가 온 게 아니라면, 포트폴리오가 답이다.

포트폴리오는 가방에 서류를 나눠 담는 것에서 유래했다고 한다. 포트폴리오 투자는 하나에 집중하는 것이 아닌 분산해 투자하는 것을 말한다. 하루는 이런 내용으로 투자 강좌를 했는데, 다음 시간의 담당 강사가 내 이야기를 듣고 나서 이렇게 강좌를 시작했다. "여러분, 얼마 되지도 않는 자금으로 분산투자를 해서 언제 부자가 되겠습니까? 집중투자를 하셔야 합니다."

듣고 보니 딱히 틀린 말도 아니다. 하지만 정답은 아니다. 정확히 미래를 예측할 수 있다면 당연히 집중투자를 하는 것이 유리할 것이다. 다만 다가올 미래는 불투명하고, 장기적으로 노후를 관리해야 할 4050에게는 분산투자가 정답이다.

왜 포트폴리오가 필요한가?

포트폴리오를 이해하는 데 있어 워런 버핏의 사례는 유용하다. 워런 버핏은 지속적인 발전 가능성에 중점을 둬 주식을 선택하고, 시장의 흐름에 따른 잦은 거래가 아닌 장기간 보유 방식을 통해 포트폴리오 투자를 해서 거대한 부를 이룬 투자자로 유명하다. 과거의 투자이론에서는 개별증권에 대한 투자분석이나 가치분석이 중요했지만, 현재의 투자론은 다양한 투자대안을 어떻게 분산투자할 것인가에 대한 포트폴리오 선택이 주요 관심사다.

투자에는 철학이 있고, 그 철학은 포트폴리오로 구현된다. 워런 버핏은 가치측면에서 오래된 기업, 그리고 자기가 잘 아는 기업에 투자하는 원칙을 가지고 장기적으로 투자해 높은 수익을 얻은 인물이다. 그리하여 '투자의 대가'라는 칭호를 받은 워런 버핏과 같은 투자 고수의 포트폴리오는 항상 관심의 대상이 된다.

투자의 기본인 포트폴리오를 이해하기 위해 이론적인 측면에서 접근해보도록 하자. 위험은 불확실성이며, 그 불확실성은 변동성으로 측정한다. 즉 변동성이 심할수록 위험한 투자안이 되는 것이다. 이에 변동성을 줄이는 방법이 무엇인지 많은 학자들의 연구가 있었고, 그 결론은 '포트폴리오 투자'라는 것을 미국의 경제학자인 해리 맥스 마코위츠(Harry Max Markowitz)가 수학적으로 증명해 노벨경제학상을 받았다.

포트폴리오 이론을 간단하게 요약하면, 분산투자를 하면 각 투자안들의 가격변동이 똑같지 않기에 변동성이 상쇄되는 효과가 발생한다는 것이다. 즉 투자의 위험이 줄어든다는 것이다. 포트폴리오 투자의 핵심은 '같은 기대수익률이라도 위험을 줄일 수 있다'는 것이다.

만약 확실한 고수익 투자대안이 있다면 이때는 집중투자가 정답일 것이다. 하지만 이런 기회가 나에게는 잘 찾아오지 않는다. 따라서 포트폴리오로 투자해야 한다.

지배원리와 최소분산 포트폴리오

투자안을 선택할 때 지배원리를 이해하고 있어야 한다. 지배원리란 투자안들의 위험이 동일하다면 보다 높은 수익을 제공하는 대안을 선호하며, 기대수익률이 동일하다면 보다 낮은 위험을 가진 투자안을 선호한다는 것이다. 이 지배원리를 충족하는 포트폴리오가 바로 '합리적 포트폴리오'다.

정기예금을 가입한다면 이자율이 높은 은행을 선택하는 것이 대표적인 사례다. 시중은행의 부도위험 차이는 매우 미미하기 때문이다. 다른 사례로 비슷한 구조의 ELD(지수연동예금) 상품, ELS(주가연계증권) 상품이 있다고 가정해보자. 일반적으로 은행상품보다는 증권회사 ELS 상품이 좀더 유리한 경우가 많다. 은행의 ELD는 예금자보호에 해당하는 비용 등이 더 지출되어야 하기 때문이다.

자료 3-1 포트폴리오의 기대수익률과 표준편차(변동성) 변화

구분	기대수익률(E(Ri))	표준편차(σi)	상관계수(ρBS)
채권인덱스 펀드(B)	4%	6%	0.2
주식인덱스 펀드(S)	10%	16%	

채권펀드 투자 비중(wB)	주식펀드 투자 비중(wS)	포트폴리오 기대수익률(E(Ri))	포트폴리오 표준편차(σP)
(A) 100%	0%	4.0%	6.00
(B) 90%	10%	4.6%	5.93
80%	20%	5.2%	6.28
70%	30%	5.7%	6.98
60%	40%	6.4%	7.95
50%	50%	7.0%	9.09
40%	60%	7.6%	10.35
30%	70%	8.2%	11.69
20%	80%	8.8%	13.09
10%	90%	9.4%	14.53
(C) 0%	100%	10.0%	16.00

출처 : 금융자산투자설계 1 / 한국금융연수원

    포트폴리오 투자의 장점을 보여주는 사례를 이론적 측면에서 살펴보자. [자료 3-1]은 주식인덱스 펀드와 채권인덱스 펀드의 투자 비중을 10%씩 조정해가면서 기대수익률과 표준편차(위험)의 변화를 나타내고 있다. 주식과 채권을 포트폴리오로 구성하는 경우에 채권으로만 투자하는 것보다 약간의 주식을 포함해 투자하는 것이 오히려 투자의 위험성, 즉 변동성을 줄일 수 있다는 것을 데이터로 보여준다.

[자료 3-1]에서 보듯 채권인덱스 펀드에만 투자하는 경우(A)에는 기대수익률 4%, 표준편차가 6이다. 그리고 주식인덱스 펀드에만 투자하는 경우(C)에는 기대수익률 10%, 표준편차가 16이다. 당연하지만 주식형펀드가 기대수익률이 높고, 위험(표준편차)도 높다. 그런데 주목할 점은 채권형펀드에 90%를 투자하고 주식형펀드에 나머지 10%를 투자하는 경우(B) 기대수익률은 4.6%, 표준편차는 5.93라는 것이다. 즉 채권에만 모두 투자하는 경우보다 기대수익률은 조금 높고 위험은 오히려 조금 줄어드는 것이다. 다시 설명하면, 주식형이 약간 포함되면서 기대수익률은 올라갔는데 위험은 상관계수가 1보다 낮아 상쇄되는 효과가 있어 약간이나마 축소된다는 것이다. 지배원리를 적용하면 채권에만 투자하는 투자안 A는 B에게 지배당하므

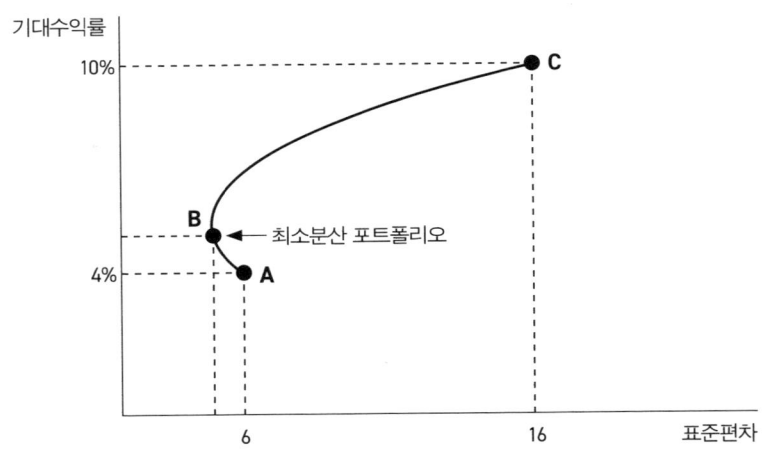

자료 3-2 주식과 채권의 투자기회 집합

로 A보다는 B를 선택하는 것이 합리적이라는 것이다.

[자료 3-2]에서 보듯이 채권에만 투자하는 A안보다 주식을 10% 포함 투자한 B안이 최소분산포트폴리오, 즉 가장 낮은 위험을 가지는 투자안이다. 그리고 B안의 기대수익률이 더 높아 A안을 지배하게 된다. 물론 기대수익률이 높은 고객은 주식 비중을 높이는, 즉 C안에 가까운 투자비율을 선택하게 될 것이다.

이론적인 설명이 복잡하다면, 결론만이라도 기억하자. 결론은, 채권에만 투자하는 것보다 약간의 주식을 포함해 투자하게 되면 위험도 줄이면서 기대수익률도 조금이라도 높일 수 있다는 것이다. 즉 보수적인 투자성향을 가진 투자자라도 합리적인 측면에서만 본다면 일부분이라도 주식형 상품에 포트폴리오를 노출시키는 것이 적절하다는 것이다. 투자기간을 장기적으로 가져갈 수 있다면 이런 분산투자의 유용성 및 합리성은 더욱 설득력을 가진다.

투자는 투자일 뿐, 사람이 가장 중요하다

최종적인 투자자의 선택은 결국 위험과 기대수익률의 관계 속에서 선택된다. 기대수익률이 높은 투자자는 주식과 같이 변동성이 높은 상품 비중을 높이게 되고, 위험을 회피하는 투자자는 예금과 채권과 같은 안전한 상품 비중을 높이게 된다. 이런 선택은 정답이 있는 옳고 그름에 관한 문제가 아니다. 투자자의 선호에 관한 문제다.

앞에서 말했듯이 좋아 보이는 주식을 추천받고 매수했는데 주가의 변동이 심해 마음이 불편하고 잠이 오지 않는다면, 이것은 본인에게는 맞지 않는 투자안이 된다. 투자가 사람보다 소중할 수는 없다. 아무리 좋다고 해도 투자는 투자일 뿐 결국 사람이 가장 중요하다.

투자는 불확실성을 가지며, 그러한 불확실성을 견디고 투자를 실행하고 유지하려면 해당 투자안에 대한 이해가 잘 되어 있어야 한다. 여유를 가지고 결과를 지켜볼 수 있는 충분한 공부가 되어 있어야 투자에 성공할 확률도 높아지게 된다.

나에게 맞는 투자실행, 이렇게 하면 된다

투자상품에 대한 경험이 많지 않은 4050이라면,
본인의 투자스타일이 공격적이라도 초기엔 무리하지 말자.

남들이 좋다고 해서 나에게도 좋을 것인가는 단정할 수 없는 일이다. 게다가 투자는 미래가 보장되는 것이 아니기에 더욱 신중해야 한다. 안전한 부동산 투자가 좋은 대안이고 임대사업이 수익성이 좋았지만 임대관리와 임대료를 받는 과정이 너무 힘들어서 포기해버린 고객이 있었다. 반대로 주식에 투자하는 경우에는 변동성은 크지만 오히려 이를 즐기는 이도 있었다. 사람마다 성격이 다르듯이 투자스타일도 모두 다르다. 본인의 스타일을 이해하면서 투자안을 체계적으로 실천하는 방법을 공부해보자.

투자를 체계적으로 진행하고 관리하기 위해서 단계별로 지키고 확인할 절차들이 있다. [자료 3-3]을 통해 전반적인 투자 흐름에 대해 살펴보자.

자료 3-3 투자 흐름도

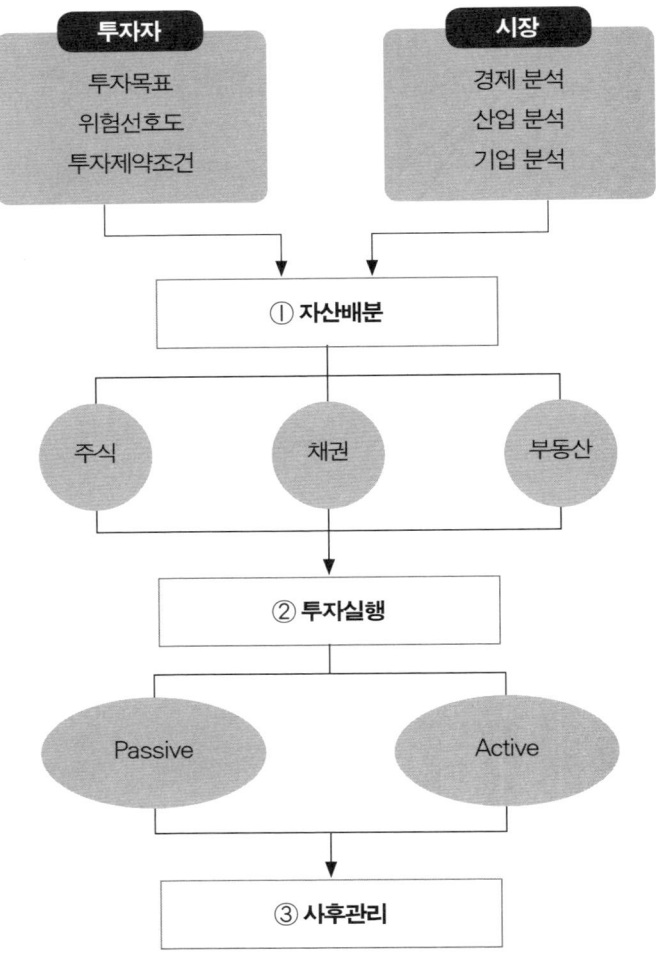

투자설계의 구체적인 과정

투자설계의 구체적인 과정은 다음과 같다.

- 나에게 맞는 투자원칙을 만든다.
- '계획, 실천, 관리'의 3단계를 단계적으로 실시한다.
- 포트폴리오로 투자한다.
- 정기적으로 투자성과를 점검하고 리밸런싱(포트폴리오 조정)을 실시한다.

어떤 일을 할 때 기본적인 절차는 계획하고, 실행하고, 모니터링하는 것이다. 누구나 아는 절차이지만 이런 기본적인 절차가 생략되는 경우가 많다. 주식투자도 친구의 "친구야, 너만 알고 있어"라는 속삭임에 따져보지도 않고 투자했다가 후회하는 경우가 많다. 투자의 원칙을 만들고, 실패사례와 성공사례를 교훈 삼아 투자원칙을 가다듬으면 마침내 전문가가 된다.

나에게 맞는 투자원칙을 수립해야 한다

나에게 맞는 투자원칙을 만들기 위해서는 제일 먼저 다음과 같은 2가지 질문이 필요하다.

- 목표수익률은 어떻게 되는가?
- 투자기간은 어떻게 되는가?

    일반적으로 주식과 같은 투자형 상품은 2, 3년 내에 한번은 시장이 기회를 주는데, 투자플랜이 없고 목표수익률이 없는 경우에는 그저 감에 의존하게 된다. 이런 경우에는 결국 매도 기회를 놓치고, 본의 아니게 손실상황에서 장기투자하기가 쉽다. 그러나 목표수익률과 투자계획이 있다면 투자금 회수가 생각보다 늦어지더라도 좀더 여유를 가지고 기다릴 수 있게 된다.

    그리고 투자원칙은 투자자의 스타일에 부합해야 한다. 즉 '해답을 투자자가 가지고 있다'는 것이다. 우리는 흔히 금융기관의 직원이나 친구에게서 투자안을 제안받아 투자하는 경우가 많다. 따라서 나의 투자스타일보다는 타인의 선택에 따라 투자가 결정되기 쉽다. 그러나 좋은 상품이라도 본인의 투자스타일과 맞지 않으면 좋지 않은 결과를 얻을 확률이 높다. '나의 투자스타일'이란 결국 나의 위험에 대한 성향과 관계가 깊다.

    [자료 3-4]는 일반적으로 많이 사용하는 위험허용도에 따른 투자상품 비율의 예시표다. 세상 사람이 다 다르듯 투자성향도 천차만별이다. 일단 나의 스타일에 맞는지를 확인하는 것이 중요하다. 본인의 투자스타일과 더불어 한 가지 더 고려할 부분은 '4050에게는 투자 실패 시 이를 극복할 시간이 30대처럼 많지 않다'는 것이다.

자료 3-4 투자유형 예시

유형	위험 감내도 및 적정 투자상품 비율
안정형	• 원금에 손실이 발생하는 것을 원하지 않음 • 예적금 수준의 수익률을 기대하며, 위험자산에 투자하는 비중은 15% 미만이 적정 수준
안정추구형	• 원금의 손실위험은 최소화하며, 안정적인 소득 발생이 목표 • 예적금보다 높은 수익을 위해 단기적인 손실을 수용할 수 있고, 투자자산 중 일부를 변동성이 있는 금융상품에 투자할 의향이 있음 • 위험자산 비중은 15~30% 정도가 적정 수준
위험중립형	• 투자수익의 이면에는 그에 상응하는 투자위험이 있음을 이해 • 위험중립형 투자자는 예적금보다 높은 수익을 기대할 수 있다면 일정 수준의 손실위험을 감수할 수 있으며, 위험자산 비중은 30~50%가 적정 수준
적극투자형	• 투자원금의 보전보다는 일정 수준의 위험을 감내하더라도 높은 투자수익을 기대하고 투자하는 성향 • 투자 가능 자금의 상당 부분을 주식, 파생상품 등에 투자할 의향이 있음 • 주식 등 위험자산 비중은 50~70% 정도가 적정 수준
공격투자형	• 시장 평균 수익률을 훨씬 넘어서는 고수익을 추구 • 자산가치의 변동에 따른 손실위험을 적극적으로 수용하는 성향 • 투자 가능 자금의 대부분을 주식, 파생상품, 코인 등의 위험자산에 배분해 투자할 의향이 있음 • 주식 등 위험자산 비중은 70~80% 정도가 적정 수준

따라서 4050의 경우 투자상품에 대한 경험이 많지 않다면 본인의 투자스타일이 공격적이라도 무리하지 말고, 일단 투자에 익숙해져서 투자에 대한 이해도가 깊어지면 그때 좀더 수익을 추구하는 상품을 선택하는 것이 바람직하다. 처음부터 무리할 필요는 없다. 투자와 상품이 가지는 위험에 대한 정확한 이해가 먼저다.

1단계 : Plan(계획)

금융상품을 판매하는 판매자의 관심에 따라 상품을 선택하는 것은 투자설계와는 거리가 멀다. 투자는 판매자의 입장이 아니라 투자자인 본인의 입장에서 시작한다. 그러므로 나의 재무현황, 투자스타일과 재무목표부터 파악하고 분석해야 한다. 자산측면과 소득측면으로 나눠 분석해볼 필요가 있다.

1) 자산측면

총 자산규모와 투자가능 규모를 파악한다. 일반적으로 가계자산의 상당 부분이 부동산 특히 주택으로 구성된 경우가 많은데, 금융자산의 규모가 작을수록 투자위험 노출을 줄이는 것이 안전하다. 투자할 수 있는 금융자산의 규모가 크면 당연히 다양한 상품으로 포트폴리오를 구성하는 데 용이해진다.

2) 소득측면

현재 및 미래의 현금흐름을 파악하면 투자자산으로부터 추가적인 소득흐름을 원하는지, 아니면 투자 포트폴리오가 소득을 원본에 가산해서 운용되기를 바라는지를 파악할 수 있다. 특히 은퇴를 앞둔 상황이라면 자산의 현금화 및 생활비를 충당할 수 있도록 매월 현금흐름이 발생하는 상품을 선택해야 한다.

이처럼 본인의 투자스타일을 고려하되 경제 및 투자환경 변화에 대한 포착을 게을리해서는 안 된다. 예를 들어 과거에 부동산으로 자산을 불려왔다면 부동산에 관심이 많은 것이 당연하다. 그렇지만 이제는 실물 부동산 투자만을 고집할 것이 아니라 부동산펀드나 리츠(Real Estate Investment Trusts) 등으로 '실물자산의 증권화(금융화)'를 통해 포트폴리오를 구성하는 것이 위험을 줄이고 유동성을 높이기 위한 합리적인 선택이다. 특히 나이가 들어갈수록 유동성을 높이는 포트폴리오가 효자가 된다.

주의해야 할 점은, 앞서 살펴보았듯이 본인의 성향이 안정형이라고 해서 모두 예금이나 적금만으로 포트폴리오를 구성하는 것은 옳지 않다는 것이다. 물론 고수익만 노리는 포트폴리오도 문제가 된다. 보수적인 투자자라면 그야말로 부담 없는 수준에서 가볍게 시작할 수 있는 금액만 주식 관련 상품에 투자해보는 것이 필요하다. 주식시장을 추종하는 인덱스에 투자하거나 배당을 많이 주는 종목에 적립식으로 투자하는 것도 방법이다.

그리고 포트폴리오의 일부분(10% 정도)은 MMF나 현금성 자산으로 구성해야 한다. 투자하면서 항상 느끼게 되지만, 현금이 있다면 지금 딱 사기 좋은 대안들이 나타나는데 그때 막상 현금을 들고 있지 않은 경우가 많다. 따로 빼둔 현금은, 투자를 하지 않는 것이 아니라 '준비하는 자산'이라고 생각하자.

투자설계에서 재무목표는 투자금의 성격과 관계가 깊다. 1년 정도 고수익을 추구하는 여유자금과 1년 후 반납할 임대차보증금은 운용 방법이 달라질 수밖에 없다. 따라서 스스로 재무목표를 설정하는 것은 투자기간과 밀접한 관련을 가진다. 아무리 공격적인 투자자라도 확정된 단기간에 자금의 회수가 이루어져야 한다면 투자형 상품보다는 기간에 맞는 채권이나 정기예금이 합당하다.

투자를 고려할 때 우리가 가장 많이 저지르는 실수 중 하나는, 투자기간을 간과한다는 점이다. 투자를 이야기하면서 수익률만을 생각하기 쉬운데, 투자의 고수가 사실 수익률보다 더 중요하게 생각하는 것이 '회수시점'이다. 예를 들어 '30%의 수익률을 거둔 것이 훌륭한 운용수익률인가'라고 할 때 '얼마 만에 달성했는가' 하는 것도 중요하다. 1년 만에 달성했다면 더 없이 높은 수익률이겠지만, 20년 만에 달성한 것이라면 매우 초라해진다. 전문가일수록 투자기간이 길어져 원하는 투자대안에 적시투자를 못해 기회비용이 커지는 것을 꺼린다.

투자기간이 짧을수록 변동성이 크거나 회수기간이 지나치게 길어질 수 있는 상품은 피하는 것이 정답이다. 예를 들어 6개월 이내에 사용해야 할 목적자금이라면 주식과 같은 상품은 피하는 것이 좋다. 반대로 연금과 같이 좀더 긴 호흡으로 투자수행이 가능하다면 주식형 상품도 좋은 대안이 된다. 결론적으로, 자신의 재무목표에 맞게 운용대안을 안배해 투자상품을 선택하는 것이 정석이다.

본인이 처한 상황에 따라 투자의 제약사항과 법규상 제한사항들이 있을 수 있기 때문에 주의가 필요하다. 특히 과세 부분에 신경을 쓸 필요가 있다. 금융소득 종합과세 해당 여부가 대표적인 사례다.

해외주식이나 해외상품에 투자하는 경우 외국환거래법도 살펴봐야 하며, 양도소득세에 대한 검토도 필요하다.

2단계 : DO(실천)

투자의 실행은 자산배분으로 먼저 시작한다. 자산분류는 다음과 같이 할 수 있다.

- 1차 자산군 분류 : 채권(현금 및 예금 포함), 주식, 부동산
- 2차 자산집단 분류 : 각 자산군에서 세분화된 집단으로 분류

자산은 크게 채권, 주식, 부동산으로 분류하는데, 실무적으로 부동산은 금액 규모가 커서 일반인이 포트폴리오 차원에서 관리하기는 어렵다. 현실적으로 부동산 관리를 포트폴리오 차원에서 매매하는 경우는 자산이 매우 많은 자산가에게나 해당한다고 할 수 있다. 따라서 일반적인 투자자는 현실적으로 예금을 포함한 채권과 주식으로 양분해 어떻게 관리할지 계획하는 것이 중요하다.

투자가능한 자금규모와 투자기간을 정하면 먼저 투자형 상품의 비중이나 금액을 정하고, 나머지는 안정적인 자산으로 관리하는 것이 보편적이다. 예를 들어 3년 이상으로 투자가능 자금 3천만 원을 운용하고자 하고 위험중립형 정도라면, 이 중에서 1천만 원은 투자

성 상품에 넣고 2천만 원을 채권에 운용하는 것이다. 시장 상황이 좋을 경우 투자성 상품의 비율을 늘리고, 시장을 보수적으로 본다면 예금과 채권의 비중을 늘리면서 조절한다.

자산배분 전략은 장기적인 전략적 자산배분과 중단기적인 전술적 자산배분으로 구분한다.

1) 전략적 자산배분(Passive)

투자자가 투자기간 안에 재무목표를 달성할 수 있도록 여러 가지 자산집단에 투자할 비율과 최대치 및 최소치 등 한계를 결정하는 과정이다.

2) 전술적 자산배분(Active)

전략적 자산배분에서 세웠던 금융 및 경제 변수가 변화함으로써 자산집단의 상대적 가치의 변화가 예상되는 경우, 시장의 변화 방향을 고려해서 연간·반기·분기별로 투자비중을 변경하는 적극적인 투자전략이다.

단, 시장상황에 너무 민감하게 반응해 자주 포트폴리오를 변경하면 오히려 시장 수익률보다 낮은 성과를 기록하는 경우가 많다. 그러므로 기본적으로 전략적 자산배분의 큰 틀이 변하지 않는 범위 내에서 운용하는 것이 바람직하다.

3단계 : SEE(관리)

투자를 정기적으로 점검하는 것은 당연하고도 중요한 과정이다. 정기적으로 점검이 필요한 사항은 다음과 같다.

- 포트폴리오 전체의 수익률 측정
- 포트폴리오 개별 상품들의 수익률 측정
- 투자전략이 현재 재무상황에 적절한지 여부
- 현저한 재무상황의 변동 여부(상속, 결혼, 은퇴, 이혼 등)

투자에 실패하는 이유의 상당 부분은 단순히 투자상품의 수익률이 좋지 못해서가 아니라 사후관리의 부실로 발생하는 경우가 대부분이다. 일반적으로 6개월에서 1년 주기로 성과 현황에 대한 파악이 필요하다.

개별 금융상품에 집중하는 것이 아니라 자산별로 비중을 미리 정해서 포트폴리오로 투자안을 만들어야 한다. 개별 종목에 직접 주식 투자하는 경우에도 포트폴리오 안에서 정해진 비중 내로 투자하는 것이 옳다.

흔히 금융기관 임직원으로부터 연락이 오고 지인이 부탁하는 등의 권유에 따라 단발적으로 투자가 이루어지다 보면 애초에 설정한 투자설계가 흔들리게 된다. 즉 투자자산이 한 분야에 몰려 투자자의 투자목표나 위험성향과 괴리가 생기는 경우가 많아진다. 장기적으

자료 3-5 자산포트폴리오의 목록

자산군	자산집단	투자 포트폴리오	개별 상품
현금	현금 및 예금	입출금예금, 정기예금, CD, RP	MMDA, MMF, CD, 정기예금, 정기적금
채권	국내 채권	국채, 지방채, 채권형 펀드, 회사채	국채, 금융채, 채권형 펀드
채권	해외 채권	선진국 국채	미국채, 채권펀드
채권	해외 채권	하이일드 채권	브라질국채, 미국 고수익 채권 및 글로벌 하이일드 펀드
주식	국내 주식	가치주, 배당주, 성장주 및 펀드	개별 주식, 주식형펀드, 섹터펀드, 국내지수ETF
주식	해외 주식	미국·유럽·일본·신흥시장 주식 및 펀드	글로벌주식펀드, 미국주식형펀드, 해외지수ETF
부동산	국내	거주용, 임대용, 부동산 금융상품	토지, 아파트, 상가, 상업용빌딩, 리츠 등
부동산	해외	거주용, 임대용, 부동산 금융상품	토지, 아파트, 상가, 상업용빌딩, 리츠 등
기타 및 대안투자	국내	ELS, DLS, 금, 원자재, 달러 등	주식 관련 ELS, 원자재 관련 DLS, 달러 연금보험, 금 관련 상품, 대안투자펀드
기타 및 대안투자	해외	ELS, DLS, 금, 원자재, 달러 등	주식 관련 ELS, 원자재 관련 DLS, 달러 연금보험, 금 관련 상품, 대안투자펀드

로 본인의 소신에 맞게 투자할 수 있도록 투자자 스스로 중심을 잡아나가야 한다. 기존에 포트폴리오가 있다면 성과를 분석하고 본인의 상황에 맞는지 점검한 후 투자비율의 변경이나 새로운 상품 혹은 종목의 선택이 이루어져야 할 것이다.

개별 투자안을 선택할 때는 다음의 3가지 요소를 종합적으로 고려해야 한다.

1) 안전성

투자자라면 누구나 투자원금의 보전 및 안전성에 관심이 많다. 당연히 투자안의 원금 보존 여부를 확인할 필요가 있다. 안전성이 확보된다면 가장 수익률이 높은 상품을 선택하되, 만기가 지나치게 장기화되는 것은 피해야 한다. 또한 금융소득 종합과세 해당자라면 특정 연도에 만기가 집중되지 않고 분산되도록 하는 것이 유리하다.

2) 수익성

위험이 높을수록 기대하는 수익이 크기 마련이다. 투자자의 특성에 맞게 투자안을 선정해야 한다. 아울러 상품의 선정 시에는 제반 비용도 고려해야 한다. 주식의 경우에도 거래에 따른 수수료 및 세금이 발생한다. 주식형펀드의 경우에도 금융기관 영업점 구매보다는 온라인 구매가 저렴하고, 인덱스 펀드보다는 인덱스를 추종하는 ETF가 비용이 저렴하다.

3) 유동성

유동성은 '환금성'이라고도 하며, 자금이 필요할 때 빨리 그리고 손해 없이 회수할 수 있는가에 관한 것이다. 특히 조기상환조건을 가진 상품에 투자할 때 주의가 필요하다. ELS나 DLS(파생결합증권) 상품(ELF, DLF 포함)은 환매조건이 까다로운 상품도 있고, 환매 시 많은 비용을 지불해야 하는 경우도 생기므로 주의가 필요하다.

정기적인 포트폴리오 조정 전략

원래는 전반적으로 자산군을 조정하는 것이 장기적인 포트폴리오 조정 전략(리밸런싱)이었다. 다만 주식과 채권 관련 상품 위주로 포트폴리오를 관리하는 경우, 실무적으로 리밸런싱의 핵심은 '투자성 상품의 비율 조정'이 된다. 성과가 낮은 상품은 그 이유가 시장상황 때문인지 아니면 운용사의 문제인지 파악해 만약 시장상황 때문이라면 비중을 줄여야 하고, 운용사의 문제라면 개별상품의 교체가 필요할 것이다.

시장상황에 대한 판단은 1년 정도의 기간을 두고 판단하는 것이 일반적이다. 분기 단위로 리밸런싱을 하다 보면 오히려 시장의 흐름을 과신하거나 놓치게 될 경우가 생긴다.

한 가지 주의할 점은, IMF 외환위기나 글로벌 금융위기, 코로나 팬데믹처럼 시장 전체에 극심한 악영향을 주는 위기상황이라면 먼저 현금 비중을 높이는 것이 정답이라는 것이다. 또한 쉽게 경기회복을 판단하는 것은 금물이며, 충분히 시장이 돌아서는 것을 보고 결정하는 것이 좋다. 예를 들어 주식시장이 바닥을 다진 후에 포트폴리오 내에서 주식 비중을 늘리는 것이 바람직하다.

큰 위기 뒤에는 한두 차례의 여진이 오기 마련이다. 급락 후 기회가 오는 것은 일반적이나 조급하게 서두를 필요가 없다. 4050 입장에서 한 번 자산이 다치게 되면 자산을 회복하기가 만만치 않기 때문이다. 100원에서 50원이 되는 것은 수익률이 −50%이지만, 50에서 100으로 되돌리게 만드는 것은 수익률이 +100%를 기록해야 한다. 그러므로 4050의 주식투자는 특히 본인이 감당할 수 있는 한도를 정하고, 경계선에 도달하면 과감히 손절한 후에 상황이 개선될 때 재진입하는 전략이 필요하다.

연금성 포트폴리오 관리, 이렇게 하면 된다

4050은 장기적인 관점에서 연금성 자산을 운용해야 한다.
소중한 연금을 어떻게 운용하면 좋을지 관심을 가져야 한다.

투자 관련 강좌를 진행하다 보면 보람을 느낄 때가 있는데, 수강생 분들이 "아직 부족하지만 체계적인 투자에 대해 감을 잡을 수 있어서 좋았다"고 이야기해주실 때다. 그러면서도 강좌가 끝나갈 때 대부분의 수강생이 부탁하는 것은 개별종목을 추천해달라는 것이다.

어떤 사람과 인연을 정리하고 싶을 때 가장 좋은 방법이, 추천 주식종목을 지속적으로 알려주는 것이다. 아마도 1년 정도 지나면 그 사람과는 자연스럽게 멀어지게 될 가능성이 높다. 그만큼 단기투자를 위한 개별종목 선정은 쉬운 일이 아니다. 단기적으로 투자성과를 내기는 쉽지 않지만 4050 세대가 장기적인 관점에서 연금성 자산을 운용하려 한다면 여러 전문가의 검증된 포트폴리오를 찾을 수 있다. 소중한 연금을 어떻게 운용하면 좋을지 함께 공부해보자.

연금의 소중함은 아무리 강조해도 지나치지 않다. 4050은 행복한 노후를 위해 어떻게 자산을 운용할지 고민이 깊다. 이런 고민을 해결해줄 좋은 방법은 전문가의 의견을 참고하는 것이다. 가장 유명한 장기투자 포트폴리오는 헤지펀드의 대가인 레이 달리오(Ray Dalio)의 '올웨더(All Weather) 전략' 포트폴리오다.

올웨더 투자전략이란 무엇인가?

올웨더(All Weather)라는 것은 4계절을 말하는데, 계절이 바뀌듯 경제상황이 바뀌더라도 꾸준한 수익을 낼 수 있는 포트폴리오를 추구한다는 의미다. 올웨더 투자전략은 연금성 자산운용에 적절한 투자전략인데, 실제로 이 전략은 코로나 팬데믹 상황에서도 선방하면서 더욱 관심이 높아졌다.

전통적인 자산배분 포트폴리오는 주식 60%와 채권 40%로 구성한다. 레이 달리오는 이런 자산배분의 문제점으로 리스크(변동성)의 90% 이상이 주식에 편중된다는 점을 꼽았다. 그래서 리스크 관리 관점에서 보면 주식 18%, 채권 82% 정도로 배분해야 두 자산의 리스크(변동성)가 5대 5로 비슷해진다. 그런데 이럴 경우 기대수익률이 매우 낮아지는 단점이 발생한다. 그래서 레이 달리오는 자산군을 다양화하고 경제 상황별로 리스크를 다르게 배분해 위기 상황에서도 안정적인 수익을 얻을 수 있는 4계절 포트폴리오를 구축했다.

여러 자산에 위험을 동일하게 배분하는 대표적인 리스크 패리티(Risk Parity) 전략인 레이 달리오의 올웨더 전략은 글로벌 금융위기에도 최대하락폭(MDD) -13.8%를 기록해 경제위기에도 상대적으로 충격이 적었다. 올웨더 전략은 전통적 자산배분 포트폴리오의 단점을 보완하기 위해 금이나 원자재를 편입해 인플레이션헤지 기능을 강화했다. 이런 올웨더 전략을 5가지 ETF로 단순화한 포트폴리오를 '4계절 포트폴리오(4 Seasons Portfolio)'라고 부른다. [참고로, 레이 달리오의 운용사인 브리지워터(Bridgewater)에서 실제로 운용되는 전략은 지역별 분산투자 및 물가연동채권을 포함한다.]

기본형 올웨더 포트폴리오는 다음과 같다.

> 미국 주식시장 전체(VTI) 30%, 미국 장기채(TLT) 40%, 미국 중기채(IEF) 15%, 금(GLD) 7.5%, 원자재(DBC) 7.5%

단순해 보이지만, 이 포트폴리오의 성과는 양호하다. [자료 3-6]에서 보듯 연환산 수익률이 최고는 아니지만 연환산 변동성이 크게 줄어든 것에 주목할 필요가 있다. 2009년 글로벌 금융위기의 최대하락폭(MDD)은 -13% 수준으로, 다른 개별 투자안에 비해 매우 낮다. 연금성 자산은 장기로 운용해야 하므로 극심한 경제위기 상황에 잘 버텨주는 포트폴리오가 유리하다.

그렇다면 국내에서도 투자가 가능해야 하므로 올웨더 전략을 국내 투자가 가능한 ETF로 구성한 사례로 살펴보자. [자료 3-7]에서

자료 3-6 올웨더 포트폴리오와 개별 자산 성과 비교

	기간 수익률	연환산 수익률	연환산 변동성	최대 하락폭 (MDD)	샤프 비율
4계절 포트폴리오	110.2%	5.3%	7.2%	-13.3%	0.74
미국 주식 (VTI)	145.4%	6.5%	15.5%	-52.2%	0.42
미국 장기채 (TLT)	79.5%	4.2%	13.4%	-25.0%	0.31
미국 중기채 (IEF)	47.7%	2.8%	6.2%	-11.0%	0.44
금(GLD)	198.5%	7.9%	17.4%	-42.9%	0.45
원자재(DBC)	-43.6%	-3.9%	19.2%	-75.3%	-0.20

* ETF가격데이터는 2006~2020년 자료(수수료, 과세 고려 제외)

자료 3-7 한국형 올웨더 포트폴리오의 성과

	기간 수익률	연환산 수익률	연환산 변동성	최대 하락폭 (MDD)	샤프비율
4계절 포트폴리오	603.8%	8.0%	7.2%	-13.2%	1.10
전통적 자산배분	513.3%	7.4%	8.7%	-29.2%	0.85
미국 주식	559.0%	7.7%	14.9%	-52.6%	0.51
미국채 10년	372.7%	6.3%	6.1%	-7.4%	1.03
미국채 30년	597.2%	7.9%	13.1%	-25.9%	0.61
원유	-67.9%	-4.4%	36.9%	-98.0%	-0.12
금 가격	347.9%	6.1%	15.8%	-43.4%	0.38
농산물	-85.1%	-7.2%	23.3%	-91.0%	-0.31
산업용 금속	47.0%	1.5%	19.9%	-61.3%	0.08

* 1995년 이후 백테스트 결과(세금 및 거래비용 제외)

출처 : 교보증권

보듯 한국형 올웨더 포트폴리오의 성과도 유사하게 발생한다. 주식 60%, 채권 40%의 전통적인 투자방식의 성과에 비해 수익률은 조금 높고 변동성은 오히려 조금 낮아지는 것을 확인할 수 있다. 앞서 살펴본 기본 올웨더와 유사하게 최대 하락폭이 단순 주식형 상품에 비해 매우 낮다. 장기적인 연금자산을 관리하는 방법으로 유용하다.

변액연금 활용 전략

　올웨더 포트폴리오와 유사하게 투자안을 안배해 장기로 유지하는 것이 연금성 자산관리에 합당하다. 단, 좋은 투자안도 일반투자자 입장에서 이해가 쉽고 실천이 쉬워야 한다는 문제가 있다. 그리고 결정적인 문제점은 장기로 유지하는 것이 매우 어렵다는 점이다. 연금의 소중함을 알지만, 살면서 급하게 목돈이 필요한 일들이 생기기 때문에 단순히 펀드나 ETF로 관리하기가 말처럼 쉽지가 않다. 그래서 가장 단순하면서도 쉽게 실천할 수 있는 연금자산 만드는 방법이 변액연금보험을 활용하는 것이다.

　변액연금은 일반적인 보험상품과는 다르게 고객이 불입하는 보험료를 펀드에 투자하기 때문에 보험과 투자가 결합된 상품이다. 보험상품의 단점이 중도해지 시 손해가 발생하는 점인데, 이 점이 오히려 연금관리에 적합하다고 생각한다. 연금은 수익률도 중요하지만 장기로 유지·관리하는 것 또한 매우 중요하기 때문이다. 따라서 단순히 펀드나 개별 상품을 가입하는 형태로 관리하다 보면 해지할 확률이 높지만 변액보험은 보험의 특성으로 손해 보지 않기 위해 일단 끝까지 유지할 확률이 높아진다. 게다가 연금 수령 시에 세법 요건을 충족하면 비과세도 가능하다.

마음 편하고 관리도 편한 '반반투자법'

앞에서 소개한 올웨더 투자법은 막상 장기로 실천하기가 생각처럼 쉽지 않다. 그래서 필자는 일반인이 가장 실천하기 쉬운 투자법으로 변액연금을 추천하며, 먼저 이를 통해 연금을 관리해보길 권하곤 한다. 포트폴리오도 쉽게 단순화해 반반투자다.

투자자산으로는 '주식 반, 채권 반'으로, 그리고 투자지역도 '국내 반, 해외 반'으로 4등분한다. 그래서 각각 25%씩 공평하게 투자한다. 해외 중에는 글로벌 주식시장의 절반 가깝게 점유하는 미국시장에 투자하는 것이 마음도 편하고, 관리도 편하다. 채권도 마찬가지로 안정성과 유동성 측면에서 미국채가 편리하다. 여러 보험회사마다 변액보험 내에서 제시되는 펀드가 다양하므로 가장 유사한 펀드를 선택하면 된다. 반반포트폴리오 방법은 다음과 같다.

국내주식 25%, 미국주식 25%, 국내채권 25%, 미국채권 25%

반반투자법을 1년에 한 번씩 리밸런싱하기

반반포트폴리오는 전통적인 자산배분 방법인 주식 60%, 채권 40% 비율에서 주식과 채권 비중을 반반으로 하면서 변동성은 줄이고, 기대수익률은 높인다. 그리고 이러한 투자비율을 1년에 한 번씩 리밸런싱을 시행한다.

리밸런싱은 애초에 정한 비율로 조정하는 것을 말한다. 예를 들어 주식시장이 활황이면 계좌 내에서 주식 비중이 커질 것인데, 이때 주식을 매도 채권으로 옮겨 다시 50%로 조정하는 것이다. 반대로 주식시장이 안 좋은 경우에 채권의 비중이 높아지면 이를 주식 부분으로 옮겨 다시 반반비율을 맞춘다. 이렇게 리밸런싱을 하는 이유는 주식시장이 항상 좋거나 항상 나쁜 것은 아니기 때문에 일정 정도 오르면 수익을 실현하고, 일정 정도 떨어지면 추가로 투자해 추후 반등 시 추가 수익확보를 기대할 수 있기 때문이다.

변액보험에서는 이런 리밸런싱을 투자자가 직접 1년에 한 번씩 지시할 필요 없이 자동으로 실행시킬 수 있다. 자동으로 리밸런싱을 실행하는 것을 '오토 리밸런싱'이라고 하고, 대부분의 변액보험 상품은 오토 리밸런싱 서비스를 제공하고 있으므로 이를 활용하면 매우 편리하다.

투자상품을 운영할 때 가장 힘든 순간이 경제위기 상황이다. 예를 들어 코로나 팬데믹과 같은 극심한 경제위기 상황이 오면 종합주가지수나 자산가격이 급락하게 된다. 이런 경우 어차피 경제위기를 예측해 미리 매도하지 못했다면 오히려 기회를 잡도록 노력하는 것이 좋다. 경기는 결국 반등하게 되기 때문이다.

경기 반등을 이용하는 쉬운 방법으로는 변액보험의 추가납입 기능을 활용하는 것이다. 극심한 경제위기 이후에 결국은 반등하는 시기가 오게 되므로 추가납입을 통해 수익률을 높일 수 있다. 추가납입은 개별 종목이 아닌 지수형 상품에 실행하는 것이 합리적이며, 종합주가지수가 고점 대비 대략 20% 이상 급락한다면 추가납입을 고려해볼 만하다.

마지막으로 한 가지 더 부탁하고 싶은 점은, 최종적으로 직접 실천해야 한다는 것이다. 공부하고 실행하지 않으면 변화는 없다.

종목과 기간을 분산해야 진정한 분산투자다

종목 분산과 기간 분산을 하는 것이 귀찮을 수도 있지만
더 행복한 노후를 위해 분산을 반드시 실천할 필요가 있다.

적립식 투자 방법은 이제 모르는 사람이 없다. 앞서 우리는 위험이 무엇인지 배웠고, 위험을 변동성으로 측정한다는 것도 이제 알고 있다.

변동성을 줄이는 기본적인 방법은 투자종목을 나누는 것이다. 여기에 더해 일정액을 주기적으로 투자하는 적립식 투자가 있다. 즉 분산에도 다양한 방법이 있는 것이다. 큰 틀에서 자산군을 분산한다. 그 자산군 안에서도 여러 종목으로 분산한다. 종목에 투자하는 시기까지도 분산한다. 이렇게 분산하게 되면 개별 변동성이 상쇄되면서 전체 변동성은 줄어들게 된다.

귀찮을 수도 있지만 조금이라도 더 행복한 노후를 위해 4050이라면 분산을 꼭 실천할 필요가 있다. 위험을 줄이면서 장기적으로 투

자할 수 있는 분산투자의 개념을 좀더 확장한 다양한 방법을 공부해 보도록 하자.

종목 분산, 이렇게 하면 된다

포트폴리오 이론의 핵심은, 같은 기대수익률을 가지는 대안을 나누어 투자하면 위험이 줄어든다는 것이다. '포트폴리오를 어떻게 구성하면 연금성 자산을 운영하기 적절한가'에 대해서는 앞선 글에서 배울 수 있었다. 변동성을 줄이는 좋은 방법은 연관성이 적은 종목으로 분산하는 것이다. 예를 들어 삼성전자와 SK하이닉스로 분산투자하는 것보다는 삼성전자와 KT&G로 분산투자할 때 변동성이 줄어든다. 이렇게 같은 업종보다는 다른 업종으로, 성장성이 좋은 종목과 배당을 많이 하는 종목과 같이 상관성이 낮은 종목으로 포트폴리오를 구성하면 변동성이 줄어들게 된다.

그래서 실물자산에서는 금이 있고 화폐자산에서는 달러가 있는데, 이 둘은 안전자산의 대표주자로 포트폴리오를 구성할 때 함께 투자하면 변동성을 줄이는 좋은 대안이 된다. 예를 들어 금 가격의 장기추이를 살펴보면 [자료 3-8]에서 보듯 장기적으로 우상향하는 모습을 보인다. 주가의 움직임보다는 위아래로의 등락이 적다는 것을 알 수 있고, 그러한 움직임의 특성 때문에 포트폴리오 투자에 금을 포함시키게 된다.

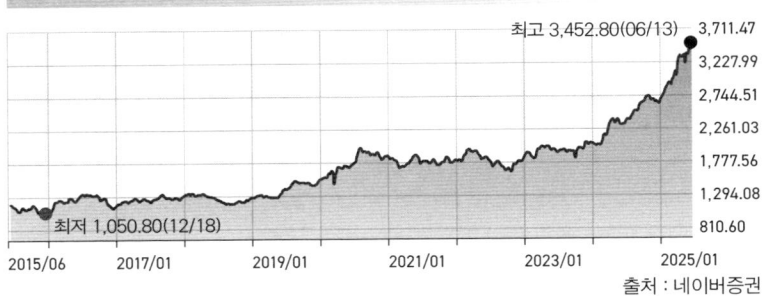

자료 3-8 금 가격 10년 추이

출처 : 네이버증권

    초보자 입장에서 연금과 같이 장기적으로 투자할 때 주식투자로 적정한 방법들은 무엇이 있을까?

    먼저 '주가지수'는 초보자에게 가장 적절한 투자방법이다. 지수 자체가 주식시장에 상장된 종목 전체에 분산투자하는 효과를 누릴 수 있기 때문이다. 그런데 조금 목표수익률을 높여서 개별 종목에 투자하고 싶다면, 쉽지만 강력한 방법이 업종의 1등주에 투자하는 것이다. 반도체산업이라면 삼성전자를, 철강산업이라면 포스코홀딩스를, 자동차산업이라면 현대차를 선택하는 방식이다.

    경기는 순환하므로 산업이 위축되는 순간이 오지만 해당 산업이 없어지지 않는다면 호황도 반드시 오기 마련이다. 위기에도 강하고 산업이 활황기에 들어서면 돈을 가장 잘 벌 수 있는 기업이 바로 업종 1등주다. 업종의 1등주를 찾는 것은 어렵지 않고 상승국면에 있는 산업만 찾으면 되므로 초보자가 개별 종목에 투자하는 가장 쉬운 방법이다.

그 외 개별종목에 투자할 때 혹은 자산 포트폴리오를 구성할 때 쉽고 유용한 방법이 있는데, 그것은 바로 국민연금의 포트폴리오를 참고하는 것이다. 국민연금 자체가 연금의 안정적인 운영을 목표로 하는 것이고, 한국의 가장 우수한 투자전문가들이 고심해 만든 포트폴리오이니 도움이 될 것이다. 국민연금의 운용현황은 국민연금의 홈페이지에서 운용현황, 그리고 기금포트폴리오 순서로 찾아 들어가면 쉽게 확인할 수 있다.

부동산 실물은 보통의 개인이 포트폴리오 운용 차원에서 조정하기가 현실적으로 힘들다. 그렇기 때문에 금융 부분으로 운용되는 국민연금의 운용 포트폴리오는 연금자산을 운용하는 데 좋은 사례가 된다.

자료 3-9 국민연금 포트폴리오 현황

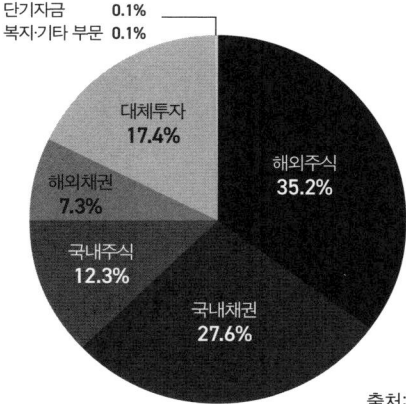

전체자산 1226.8조 원		
금융부분	1225.1조 원	99.9%
국내주식	150.9조 원	12.3%
국내채권	338.6조 원	27.6%
해외주식	431.4조 원	35.2%
해외채권	90.0조 원	7.3%
대체투자	213.6조 원	17.4%
단기자금	1.8조 원	0.1%

출처: 국민연금기금운용본부(2025년 3월 말 기준)

먼저 흥미로운 점은 채권과 주식의 비중인데, 여러분의 금융자산 투자 비중과 국민연금의 투자 비중을 비교해보기 바란다. [자료 3-9]를 보면 채권 비중보다 주식 비중이 높은데, 이를 보고 생각보다 주식의 비중이 높다고 느꼈을 수 있다. 가계자산의 경우에는 대부분 예적금이나 채권의 비중이 더 높기 때문이다. 이를 통해 여러분의 자산운용에서도 주식 비중을 조금씩 늘려가는 것을 고민하는 것이 필요하다.

주식 부분 안에서도 국내주식 비중보다 해외주식 비중이 매우 높다는 점도 눈여겨보길 바란다. 국민연금의 운용현황은 분기마다 발표하므로 분기별로 채권과 주식 비중의 변화와 국내 및 해외 비중 변화를 확인하고 이를 반영해 여러분의 자산운용에 참고하길 바란다. 참고로 국민연금의 홈페이지에 투자현황에 들어가면 가장 비중이 높은 개별종목도 공개하고 있다. 국내 및 해외주식 개별종목에 관심이 있다면 이를 참고하는 것도 도움이 될 것이다.

기간 분산, 이렇게 하면 된다

분산투자를 할 때 종목에 대한 분산뿐만 아니라 투자기간도 분산할 수 있다. 기간을 분산하는 대표적인 방법은 일정 주기로 투자하는 적립식 투자다.

목돈을 한꺼번에 투자하는 거치형은 시장가격 변동에 영향을 크게 받을 수밖에 없다. 이런 변동성을 줄이는 방법이 적립식인데, 일반적으로 매월 적립하는 방식을 주로 활용한다. 예를 들어 어떤 종목을 매월 같은 금액으로 적립식 투자를 하면 주가가 오를 때는 적게 매수되고, 주가가 떨어질 때는 많은 수량이 매수된다. 그래서 해당 종목의 매수 가격이 평준화되는데 이를 '코스트 에버리징(Cost Averaging)'이라고 한다.

적립식 투자의 장점은 가격이 떨어졌다가 다시 제자리로 오더라도 낮은 가격에 좀더 많은 수량이 매수되므로 최종적으로 수익이 날 수 있다는 점이다. 그렇다고 해서 적립식 투자가 꼭 유리한 것만은 아니다. 주가가 오르다가 다시 제자리로 가는 경우에는 반대로 마이너스 수익률이 발생한다. 또한 주가가 지속적으로 오르는 경우에는 거치형 투자 방식이 더 높은 수익률을 기록할 수 있다. 그럼에도 불구하고 적립식 투자를 권하는 이유는 장기투자에 어울리는 방법이기 때문이다. 연금이라는 목돈을 만들기 위해 차근차근 모아가는 가장 단순하면서도 적절한 방법이다.

그렇다면 연금을 만들기 위해 언제 투자를 시작하는 것이 좋을까? 적립식이라면 이런 걱정이 필요 없다. 결심을 한 지금부터 시작하면 된다. 장기로 적립식 투자를 하기 때문에 시작 시점은 그다지 중요하지 않다. 개별종목에 매달 투자하는 방식이 두렵다면 주식형 펀드를 매달 투자하는 방식으로 걱정을 줄일 수 있다.

'물타기'라는 말을 들어봤을 것이다. 물타기라는 것은 투자의 손실을 만회하기 위해 부정기적으로 추가 매수해 매수단가를 낮추는 방법이다. 물타기 투자가 꼭 나쁜 투자라고 볼 수는 없고, 나름의 경험과 자본력이 필요한 투자방식이다. 그렇지만 적립식 투자는 투자자산의 가격변화에 관계없이 일정 기간에 일정금액을 규칙적으로 투자하는 방법으로, 특별한 기술이 필요한 것은 아니므로 초보자에게도 적당하다.

적립식 투자 관리를 좀더 업그레이드해보자. 적립기간과 금액이 어느 정도 되어 투자금이 쌓이면 적립식의 장점인 가격의 평준화 효과가 미미해진다. 주식형 펀드를 적립식으로 투자하는 경우를 예로 들어보자. 장기간 투자하다 보면 어느 해 주가가 급등하는 경우도 있는데, 이렇게 어느 정도 연금이 쌓인 후에 주식시장이 급등한다면 이익을 실현해 채권형 상품에 넣고 다시 새롭게 주식형 펀드 적립을 시작하는 것도 괜찮은 방법이다. 단기에 악재로 급락할 때 추가 투자를 단행하는 것처럼, 급등할 때 이익을 실현해주는 것이다. 주식이란 것이 항상 오르거나 떨어지는 것만은 아니기 때문이다.

일반적인 주식형펀드와 같이 투자 자체에 여러 종목이 묶여 있는 경우에는 간편하게 적립식으로 하지만, 개별 주식종목과 같은 경우에는 좀더 조심스런 투자방법이 필요하다. 즉 매매 시기도 분할하는 것이다. 예를 들어 어떤 종목을 투자해야겠다고 마음을 먹었다면 해당 종목을 한꺼번에 매수하는 것이 아니라 분할해 매수하는 것이다. 분할하기 때문에 매매가격이 평준화되어 변동성이 줄어든다는 것은 이미 알고 있는데, 여기에 더해 실무적으로 장점이 있다.

세상 일이 내 마음 같지는 않다. 내가 기대했던 어떤 상황이 발생하지 않거나 생각보다 늦거나 심지어는 호재에 주가가 떨어지는 경우마저도 생기기 때문이다. 이런 현실 때문에 초보투자자가 가장 많이 하는 실수 중 하나가 '조급함'이다. 그러나 '내가 충분한 수량을 확보하기 전에 주가가 급등하면 어떻게 하지?'라는 걱정은 이제는 접도록 하자. 투자의 세계에서 그런 일은 잘 발생하지 않는다. 남이 모르는 고급정보가 내 귀에만 들린다는 것은 지나친 기대다. 그러니 느긋하게 최소 3회 이상으로 나눠 매수하자. 매도할 때도 마찬가지다. 최소 3회 정도로 나눠 매도하게 되면 분할매도 후 추가 상승의 기회도 노릴 수 있고, 분할매도 후 하락하더라도 앞선 매도에서 수익을 좀더 획득한 것이 있기 때문에 마음이 더 편하다.

그 외의 분할 관련 주식투자 팁을 공유하자면 다음과 같다. 주식계좌도 분할해 관리하는 것이다. 장기투자용 계좌와 단기투자용 계좌를 분할하는 것도 괜찮은 방법이다. 자산배분을 먼저하고, 그중 장기로 투자할 주식계좌에는 2차전지, 로봇, 인공지능, 바이오, 반도체 등 성장산업 위주의 대표종목으로 분산한다. 그리고 인생이 지루하지 않게 단기로 투자할 모멘텀이 있는 종목은 금액을 정해서 별도의 계좌에서 매매하는 것이다. 큰 틀에서 주식비중을 정하고, 그 그림들 안에서 장기와 단기를 구분하면 풍요로운 노후를 위한 목표도 흔들리지 않으면서 단기로 변화무쌍한 주식을 투자하는 재미도 즐길 수 있다.

자본주의의 속성상 기본적인 투자규모를 갖춰야
보다 더 유리한 투자환경을 만들 수 있고,
그만큼 수익도 안정적으로 나올 확률이 높다.
요즘은 펀드가 발전해 ETF가 다양해지면서
포트폴리오 구성이 너무나 편리해졌다.
그리고 파생상품을 활용한 상품들이 쏟아지고 있다.
파생상품 중 옵션은 조합 방식에 따라
다양한 수익전략을 구사할 수 있도록 구조화하기에 좋다.
파생상품을 다 이해 못 해도 기본 속성만 잘 이해하면
다양한 상품을 이해하는 데 큰 도움이 된다.

CHAPTER 4

4050을 위한 투자상품 공부

투자자 니즈에 맞춰 펀드도 발전중이다

투자자의 자금을 모아 주식이나 채권, 부동산과 같은
투자대상에 투자하고 그 성과를 받는 상품이 펀드다.

펀드가 투자상품으로 오랜 기간 활용되었고, IMF외환위기 이후 그 유명한 '바이코리아 펀드(1999년에 약 100%의 수익률을 기록한 펀드)'로 인해 펀드의 부흥과 펀드의 변동성을 경험한 4050 세대도 많을 것이다. 하지만 펀드에 대한 인기가 과거에 비해 많이 낮아진 느낌이다. 과거 개인이 직접 투자하던 시대에서 간접 투자로의 전환을 이루어낸 주인공이 바로 펀드인데, 이제는 스마트해진 개인투자자의 등장과 함께 다른 투자대안도 많아져 전통적인 펀드에 대한 관심이 줄어들었다.

그렇지만 펀드도 투자자의 니즈에 맞게 다양한 발전을 이루고 있어 4050에게 여전히 유용한 투자대안이라고 할 수 있다. 투자를 장기적이고 합리적으로 접근할 수 있는 펀드에 대해 공부해보자.

펀드투자의 3가지 장점

펀드라는 말에는 '자금을 모은다'라는 의미가 들어 있다. 투자자의 자금을 모아 주식이나 채권, 부동산과 같은 투자대상에 투자하고 그 성과를 받는 상품이다. 이때 펀드의 운용은 전문가인 펀드매니저가 담당한다. 펀드를 운용하는 회사를 자산운용사라고 한다. 펀드를 공부할 때 '신탁'이 자주 등장하는데, 펀드의 자산을 운용사가 직접 가지고 있지 않고 신탁사에 맡기도록 의무화하고 있기 때문이다. 이는 투자자를 보호하기 위한 장치다. 펀드투자의 장점은 다음과 같다.

1) 체계적인 시스템 관리

펀드는 전문가를 통한 간접 투자로, 개인이 직접 투자하는 것보다 체계적으로 관리된다. 아무리 뛰어난 개인투자자라도 지속적으로 시장을 분석하는 펀드매니저를 이기기는 어렵다. 또한 개인투자자가 실천하기 힘든 손절매와 같은 위험을 관리하는 시스템이 있는 것도 차별점이라 할 수 있다.

필자가 만나본 펀드매니저의 노력과 수고는 경이로울 정도였다. 요즘은 과거에 비해 펀드매니저의 자체 판단보다는 운용사의 시스템이 더욱 중요해진 듯하다. 이러한 변화로 인해 뭐랄까, 낭만이 좀 줄었다고나 할까? 물론 체계적인 운용이 필수이고 직감이나 펀드매니저 독단에 의해 운용이 좌지우지되면 안 되겠지만, 유명한 펀드매니저를 따라 펀드를 옮겨 타던 재미가 그리울 때도 있다.

2) 소액 분산 장기투자

증권회사에서 채권을 구매하면 투자 금액 단위가 크다. 주식의 경우 주당 100만 원이 넘는 종목도 있다. 그에 비해 펀드는 소액으로도 가능하다. 소액으로 다양한 종목에 분산투자하는 효과를 누릴 수도 있다. 투자자의 자금을 모아서 투자하는 펀드의 투자방식 때문에 가능한 장점이다.

펀드는 만기가 따로 없는 경우가 많으니 장기투자를 하기에도 편리하다. 그래서 투자 가능한 금액을 매달 적립식으로 투자하기에 가장 좋은 방법 중 하나가 된다. 앞서 말한 장점들 때문에 자녀용돈을 관리할 때 예금이나 적금에 가입하기보다는 주식형 펀드에 장기투자해보는 것을 권하고 있다.

3) 편리한 틈새투자

우리가 투자하고 싶어도 접근이 어려운 투자안들이 있다. 해외시장이나 특정 섹터, 특정 수익구조 등의 정보에 개인적으로 접근하기는 쉽지 않기 때문이다. 그런데 펀드로 투자하면 간단하다.

예를 들어 인도라는 국가의 성장성을 믿기에 투자를 결심한다 해도 어떤 종목에 어떻게 투자할지는 막막할 때 펀드로 접근하면 편리하다. 금이나 원자재 투자도 굳이 내가 금시장에서 골드바를 직접 구매하거나 미국선물시장에 참여할 필요 없이 해당 원자재에 투자하는 펀드를 선택하면 된다.

나에게 필요한 펀드를 찾는 방법

나에게 필요한 펀드를 찾기 위해 '펀드다모아' 사이트를 활용할 수 있다. 금융투자협회에서 운영하고 있기 때문에 특정 운용사 상품이 아닌 전체 펀드를 객관적 조건으로 찾을 수 있다. 해당 사이트에서 'My 펀드찾기'를 클릭하면 여러 조건식이 보여지는데, 여기에서 자신이 원하는 조건들을 클릭하면 수익률 위주로 여러 운용사의 펀드를 보여준다.

주식형펀드를 선택할 때 다양한 기준이 있겠지만 가장 중요한 기준인 '투자스타일'은 다음의 2가지로 나뉜다. 시장의 평균을 넘는 성과를 기대해 성장성이 높은 종목에 투자하는 '적극적인 스타일'과 장기적인 시각으로 저평가된 종목으로 안정적인 투자를 지향하는, '보수적인 스타일'이다.

일반적으로 이 2가지 스타일의 차이를 보여주는 종목을 '성장주'와 '가치주'로 구분해 부른다. 펀드의 안내장에 제시되는 운용 방향이 성장성에 중심을 두는지, 아니면 저평가에 중심을 두는지 구분한 후 자신의 스타일에 맞는 쪽을 선택하면 된다.

1) 미래 지향적인 성장주

성장주는 현재의 매출과 이익은 높지 않지만 향후 성장성이 기대되는 주식이다. 한국은 IT, 2차전지, 제약바이오, 인공지능, 로봇, 수소산업들이 대표적인 성장주 섹터다. 미국의 경우 엔비디아, 구글,

애플과 같은 빅테크 기업들이 이에 해당한다. 성장주는 주식시장이 활황일 때 성과가 좋은 경향을 보인다. 금리 측면에서 보면 금리가 낮은 상황, 즉 투자자의 요구수익률이 높지 않을 때 성장주는 좀더 높은 상승을 기대할 수 있다.

2) 저평가된 가치주

가치주는 성장성은 높지 않지만 주식의 본질적 가치에 비해 저평가된 주식을 말한다. 해당 업종에서 안정적인 매출과 이익이 발생하기 때문에 주가의 변동성도 낮은 경우가 많다. 주식시장에서 관심이 적어 주가가 저평가되어 있지만 장기적으로는 주가가 기업의 가치를 반영하게 되므로 점진적인 상승을 기대한다. 가치주는 매출과 이익이 안정적인 경우가 많아 금리가 오르는 상황이거나 주식시장이 불안정한 경우에 상대적으로 유리하다. 보통 필수 소비재, 금융, 통신, 식음료섹터가 해당된다.

단기금융집합투자기구(MMF)란 무엇인가?

단기자금을 운용할 때는 MMF(Money Market Fund)가 유리하다. MMF는 펀드 운용자산을 단기금융상품에 투자하는 펀드로, 보통 장부가로 평가하기 때문에 기준가격 변동성이 크지 않고 수익률이 꾸준하게 발생한다. 운용자산은 신용평가등급이 상위 2개 등급 이내로 제한되는 등 까다로운데, 까다로운 만큼 안전성이 높다. 익일출금제도가 원칙이나, 개인의 경우에는 당일 출금이 가능하므로 언제 쓸지 모르는 목돈이나 단기자금은 은행의 입출금통장에 남겨두기보다는 MMF가 적절하다.

MMF를 활용하는 또 하나의 방법이 있다. 예를 들어 주식시장 변동성이 확대되어 시장의 추이를 지켜본 다음 투자의사를 결정해야 하는 상황이 종종 생기는데, 이때 무리하게 시장에 남아 있기보다는 현금 비중을 늘리고 쉬면서 전체 시장을 관망하는 것도 좋은 방법이다. 즉 MMF에 현금을 넣어두고 기다리는 것이다. "떨어지는 칼날을 잡지 마라"는 증시 격언도 있다. 쉬는 것도 투자 중 하나고, 이때 MMF가 좋은 휴식처가 된다.

TDF란 무엇인가?

연금성 상품을 투자형으로 선택하는 경우가 많아 펀드를 어떻게 관리하는 것이 좋을지에 대한 고민도 많은데, 그러한 고민을 해결해주는 상품이 TDF(Target Date Fund)다. TDF는 은퇴 시점(Target Date)에 맞추어 위험자산과 안전자산의 투자 비중을 자산배분곡선(Glide Path)에 따라 투자자가 지시하지 않아도 공격적 운용에서 보수적 운용으로 자동 조정하는 자산배분 펀드다.

[자료 4-1]과 같이 은퇴 시점이 가까워질수록 주식 비중을 줄이

자료 4-1 TDF 자산배분 예시

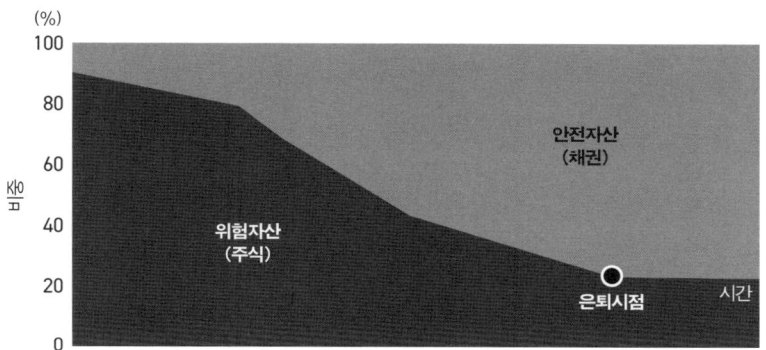

자료 4-2 미래에셋 TDF의 4가지 전략

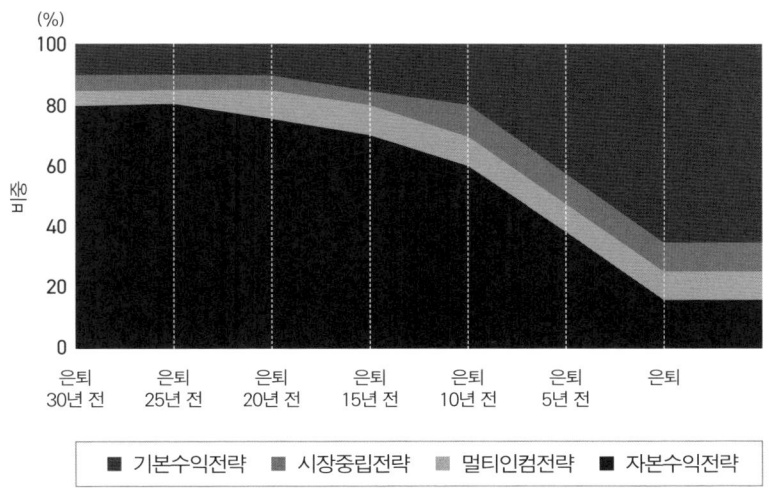

출처 : 미래에셋자산운용

고 채권비중을 반대로 늘리는 자산배분을 활용한다. 투자 시기에 여유가 있는 경우 주식으로 수익성을 노리고 은퇴 시점에는 채권 위주로 연금성자산의 안전성을 확보하는 방법이다. 운용사마다 조금씩 운용전략이 다를 수 있지만 국내 투자만 하기보다는 글로벌 자산배분을 한다. 장기로 운용되는 만큼 운용보수도 상대적으로 저렴하게 구성하는 경우가 많다. 미래에셋 TDF의 경우, 다음과 같이 4가지 전략으로 구분할 수 있다.

- 기본수익 전략 : 시중금리 + 알파. 기본적인 수익을 추구하는 전략
- 시장중립 전략 : 시장변동에도 지속적인 성과를 추구하는 전략
- 멀티인컴 전략 : 다양한 인컴수익을 꾸준히 쌓는 전략
- 자본수익 전략 : 투자자산의 가격 상승으로 자본수익을 얻는 전략

주식 비중이 높을수록 좀더 공격적인 연금운용 전략이라고 할 수 있으며, 해당 전략에 따라 다양한 펀드 중에서 전략에 상응하는 펀드로 선택 운용되는 방식이다.

ELS로 다양한 투자상품을 효과적으로 선택한다

구조화 금융상품(ELS)은 본격적인 투자상품에 진입하기 전에
투자를 익히고 공부하는 수단으로도 괜찮은 대안이다.

구조화 금융상품은 이름부터 뭔가 좀 이해하기 어려운 상품 같다. '구조'라고 하면 특정 수익조건을 만드는 데 파생상품을 활용하므로 괜히 어렵게 생각된다. 그런데도 인기가 있는 이유는 '구조를 어떻게 설계하냐'에 따라 다양한 상품을 만들어낼 수 있어 다양한 니즈를 가진 투자자를 만족시킬 수 있다는 강점이 있기 때문이다.

상품이 계속 개발되지만 상품 분석원칙은 동일하다. 금융상품 선택의 기준은 '위험과 기대수익의 비례관계 속에서 나에게 맞는 상품을 찾는다'는 것이다. 앞으로도 더 다양하게 변신할 구조화 상품 중에서 나와 궁합이 맞을 상품은 무엇일지 공부해보자.

구조화 금융상품은 일반적인 주식, 채권, 원자재 등과 같은 기초자산을 발행자와 투자자의 상호 니즈에 맞게 새로운 금융기법을 활용

해 구조화한 상품을 말한다. 주로 금융공학을 활용해 파생상품의 수익구조를 만들게 된다. 예컨대 고수익을 지향하는 주식을 기초자산으로 하는 경우에도 주식투자와는 다르게 수익과 손실구간을 제한해 '중위험, 중수익 상품'으로 만들 수 있다. 그래서 본격적인 투자상품에 진입하기 전에 ELS로 투자를 익히고 공부하기에도 좋다.

구조화 금융상품의 장점과 종류

구조화 금융상품의 장점은 다음과 같다.

- 금융기관인 발행자 입장에서는 자금조달비용을 감소할 수 있는 구조를 설계할 수 있다.
- 투자자의 입장에서는 시장수익률보다 기대수익률이 높거나 위험을 줄인 다양한 수익구조를 선택할 수 있다.
- 특이한 손익구조도 설계할 수 있어 다양한 상품의 개발이 가능하다.
- 특정한 위험을 줄이거나 제거 혹은 제한할 수 있다.
- 직접 투자가 곤란한 투자대안도 대체투자가 용이하다.

구조화 금융상품은 주식, 부동산, 금리, 통화, 원자재 등 다양한 투자대안을 효과적으로 선택할 수 있다. 그중에서도 주식연계상품이 가장 많고 고객의 가입이 많은 만큼, 주식연계상품을 먼저 살펴보자.

주식연계 금융투자상품은 주가 혹은 주가지수의 성과에 따라 상품의 수익률이 달라진다. 영문약어로는 ELS(Equity linked securities)라고 한다. Equity는 주식을 나타낸다. 그래서 다양한 상품약어가 있는데, E가 들어간 경우 기초자산이 주식이나 주가지수라고 생각하면 구분이 쉽다. ELS를 기본으로 다음과 같이 금융기관별로 상품이 만들어진다.

- 은행의 주가지수연동예금(ELD)은 정기예금과 결합
- 증권사의 주가지수연동채권(ELB)은 채권 형태로 보통 원금보전형
- 자산운용사의 주가지수연동펀드(ELF)는 펀드와 결합

ELS는 다양한 구조가 존재하지만 기본 구조를 이해하면 여러 상품의 구조도 유추할 수 있게 된다. ELS는 채권 부분과 주식파생상품 부분으로 만들어진다.

- 원금 부분(채권) : 원금 혹은 원금의 상당 부분을 운용해 원금손실 가능성 조절
- 수익 부분(파생상품) : 원금의 일부로 주식 관련 파생상품으로 수익률 조절

가장 많이 판매되는 원금보장형 KOSPI200지수 연계상품의 구조에 대해 파악해보자. 예시는 다음과 같다.

> [조건 : 원금보장형 만기 1년 ELS, 1년 후 KOSPI200지수에 따라 수익지급]
> * 투자금 100원, 채권의 시장수익률 5%
> * 원금 부분 : 원금보장을 위해 약 95원을 1년 채권에 투자해 만기에 100원을 만듦(정확하게는 '100/(1+0.05)=95.24원'이 채권에 투자된다.)
> * 수익 부분 : 5원을 가지고 KOSPI200지수에 대한 콜옵션 매수

위 예시의 경우 투자원금은 채권으로 만기에 보전을 받을 수 있다. 목표수익률을 상향하려면 원금 부분을 줄이고 수익 부분에 좀더 투자하면 된다. 이렇게 고객의 성향에 따라 다양한 수익구조를 만들 수 있다. 결론적으로, 주식시장에 직접 투자하기는 부담스럽지만 다소 보수적인 투자자라도 원금을 보전받으면서 주가가 오르는 경우에는 일정 부분을 수익으로 가져갈 수 있게 되므로 '중위험 중수익' 기회를 선택할 수 있게 되는 것이다.

아울러 주가 외에도 원자재 등 다양한 지수를 기초자산으로 하는 파생결합상품은 DLS(Derivatives Linked Securities, 파생결합증권)라고 한다. 예를 들어 유가나 금가격 혹은 금리에 연동하는 상품 등이 해당한다. 이를 은행에서 정기예금과 결합하면 DLD(Derivatives Linked Deposit, 파생결합예금)가 되고, 펀드에 넣어 만들면 DLF(Derivatives Linked Fund, 파생결합펀드)가 되는 방식이다.

주가지수연동 상품의 종류

주가지수연동 금융투자상품은 원금보장 여부에 따라 원금보장형과 원금손실가능형으로 구분된다. 은행의 주가지수연동예금은 전액 원금보장형이며, 증권사에서 주로 판매하는 ELS(주가지수연동 상품)는 2가지 유형이 다 가능하다.

주가지수연동 금융투자상품은 수익 실현 방식에 따라 녹아웃형, 강세스프레드형, 디지털형, 리버스컨버터블형 등으로 분류한다. 먼저 가장 기본이 되는 강세스프레드형(Bull spread)에 대해 간단하게 살펴보자.

강세스프레드형은 주식시장의 상승 방향에 투자하고자 하지만 하락위험은 피하고자 하는 보수적인 투자전략이다. 콜(Call)옵션을 이용하는 경우에는 불콜스프레드(Bull call spread)라고 하는데, 행사가격이 낮은 콜옵션을 매수하고 행사가격이 높은 콜옵션을 매도한다. 비싼 콜옵션을 매수하고 저렴한 콜옵션을 매도하므로 초기에 프리미엄 순지출이 발생한다.

이해하기 쉽게 예시를 들어보겠다.

> 사례) KOSPI200지수가 100포인트 수준에서 움직이고 있다고 보자. 이때 콜옵션 98을 3포인트로 1계약 매수하고, 동시에 콜옵션 102를 2포인트로 매도했다.

자료 4-3 콜옵션 매수(행사가격 98포인트)

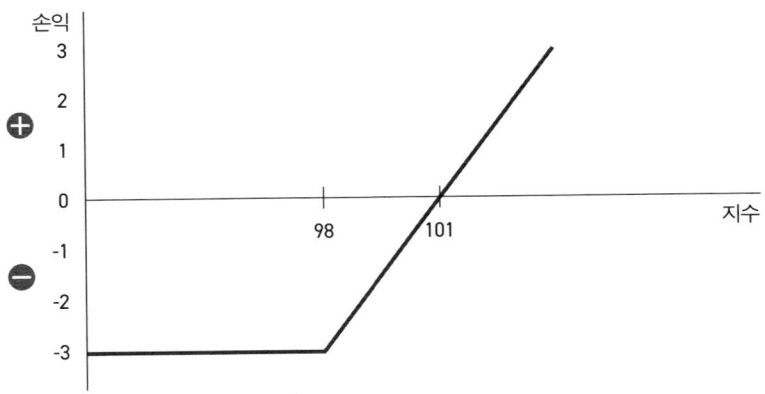

자료 4-4 콜옵션 매도(행사가격 102포인트)

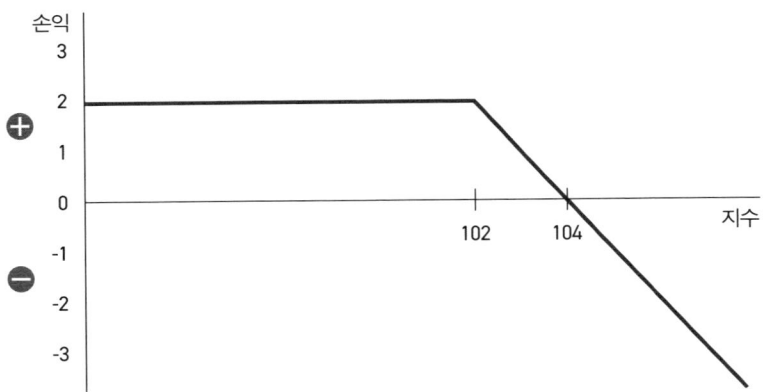

자료 4-5 강세 콜옵션 스프레드

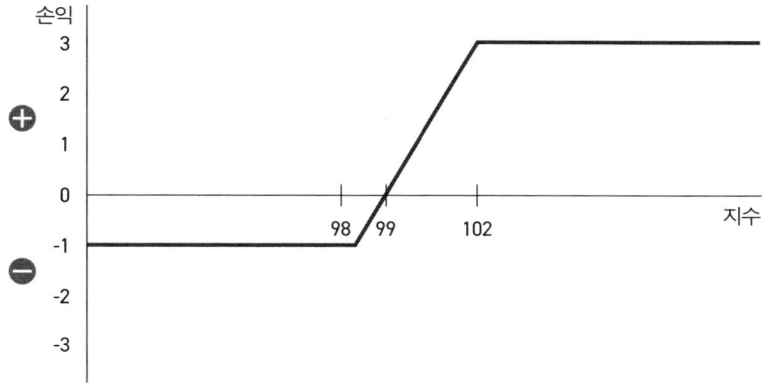

최종 수익구조는 [자료 4-5]와 같이 지수가 상승하는 경우 이익이 발생한다. 정확한 손익은 다음 표와 같다.

자료 4-6 강세 콜스프레드 전략의 손익

KOSPI200	98	99	100	101	102
call 98 매수	-3	-2	-1	0	1
call 102 매도	+2	+2	+2	+2	+2
합계	-1	0	+1	+2	+3

불스프레드형은 바로 이런 구조를 편입해 상품을 구성하는 것이다. 원금보장을 원한다면 만기에 원금이 될 수 있도록 채권에 투자하고, 나머지만 불스프레드 수익구조를 사오면 된다.

단순한 구조지만 우리가 파악해야 할 중요한 포인트가 있다. 불스 프레드는 하락위험을 제한하는데, 상승하는 경우에 수익이 발생하면 그 수익 역시 일정 수준에서 제한된다는 점이다. 파생상품의 기본원칙은 '손실을 제한하려면 어디에선가 이익 역시 제한해야 한다'는 것이다. 그래서 같은 논리에서 하락위험을 좀더 허용한다면 마찬가지로 상승의 폭도 더 높게 열리는 것이다. 따라서 상품은 원금보장형 혹은 비보장형으로 얼마든지 다양하게 만들어낼 수 있으며, 결국은 고객의 투자스타일에 따라 선택하면 되는 것이다.

ELS의 위험성에 대한 주의는 필수

ELS에 몇 번 투자해 높은 수익률을 거둔 경우, 과거 수익률에 취해 ELS의 위험성에 대해 간과하기 쉽다. 일반적으로 정기예금의 몇 배 이상의 목표수익률을 제시한다면 원금손실의 가능성도 열려 있는 경우가 대부분임을 명심해야 한다.

위험은 수학적으로 계산해 변동성으로 측정이 되며, 높은 수익을 제시하기 위해서는 '변동성'이라는 위험을 안게 된다. 따라서 종합주가지수와 같이 상대적으로 변동성이 제한된 기초자산은 하방경직성이 높지만, 개별종목에 연동하거나 변동성이 큰 지수에 연동해 수익이 지급되는 경우에는 특히 각별한 주의가 필요하다.

우리는 종종 좋은 주식과 좋은 회사를 혼동한다. 아무리 좋은 회사라 할지라도 업황은 변화무쌍하며, 초우량기업이라 할지라도 경기변동의 파고를 피할 수는 없다. 주가가 하락하면 뜻하지 않게 깊은 마이너스 수익률을 감당해야 할 수 있다는 점을 명심하자. 만약 구조화상품의 초기 투자자라면 원금 보존을 추구하는 ELB(Equity Linked Bond, 주가지수연동채권)나 ELD(Equity Linked Deposit, 주가지수연동예금), 혹은 손실이 제한된 ELS로 시작하는 것이 안정적이다.

자료 4-7 주가지수연동 금융상품의 비교

구분	ELS (주가지수연동증권)	ELD (주가지수연동예금)	ELF (주가지수연동펀드)
발행주체	증권사(인가 증권사)	은행	자산운용사
투자형태	증권	예금	펀드
자금운용구조	채권, 주식워런트증권, 주가지수옵션, 주가지수선물	대출금, 채권, 증권, 주가지수옵션	펀드(금융공학기법으로 포트폴리오 조정)
수익상환방법	사전에 정해진 조건에 따라 결정(원금보장형, 원금비보장형)	사전에 정해진 조건에 따라 결정(원금 100% 보장형)	운용성과에 따라 실적배당(원금보존추구형, 원금비보장형)
상환보장 여부	발행사가 지급을 보장 (발행사 신용도 중요)	초과수익은 은행이 지급을 보장(원금 보장)	신탁재산 신용도 및 운용성과에 따라 지급
중도해지가능 여부	중도해지 가능, 원금손실 가능	유가증권시장에서 매도, 원금손실 발생 가능	중도환매 가능, 원금손실 가능
장점	증권사가 제시한 수익을 달성할 수 있도록 상품구성	은행이 제시한 수익보장	추가수익 발생 가능
단점	추가수익 없음	추가수익 없음	제시수익 보장 없음
예금자보호 여부	없음	보호	없음

특별한 형태의 구조화 금융상품

다양한 구조화 금융상품이 쏟아지고 있지만, 그중 조기상환형 상품과 월수익지급식 상품이 대표적이다.

1) 목표수익률이 비교적 높은 조기상환형 상품

증권사에서 주로 판매하는 조기상환형 중에서 현재 일반적인 유형은 총 만기가 3년이나, 6개월 단위로 조기상환 기회를 부여하는 6 Chance형이다. 발행 당시 정해진 조기상환 조건 충족 여부를 매 6개월 단위로 비교해, 조기상환 시 고수익 이자율과 원금을 지급하고 종료되나, 그렇지 않은 경우 다음으로 상환 기회가 이월된다. 이런 방식으로 총 5번(2년 6개월)의 조기상환 기회가 주어지며, 만기(3년) 시에는 만기상환 조건에 의해 만기금액을 지급하고 상품이 종료된다.

개별종목보다는 주가지수가 좀더 안정적이다. 주가지수의 경우에도 변동성이 큰 경우나 지수가 가파르게 상승한 경우에는 가입을 좀더 신중하게 따져봐야 한다.

2) 주가지수연계 월수익지급식 상품

일정한 현금흐름을 선호하는 4050 투자자에게 인기가 많은 월수익지급식 상품이다. 두 나라의 주가지수를 기초지수로 상품을 만들거나, 목표수익률을 좀더 높이기 위해 좀더 많은 나라의 주가지수를 기초지수로 설정하기도 한다.

월수익지급식은 고객의 만족도는 높으나 해당 주가지수 중 하나라도 일정 수준 이하로 하락하는 경우 원금손실이 발생할 수 있다는 점을 주의해야 한다. 다만 월수익지급식 상품의 경우 일반적으로 50~60% 이상 하락하는 경우 손실조건(낙인조건)에 해당된다면 손실 확률은 높지 않다. 그러나 '분명히 리스크가 있다'는 점은 인지하고 있어야 할 부분이다.

구조화 금융상품의 확대

구조화된 금융상품의 장점은 유연한 확장성에 있다. 다양한 고객의 니즈에 맞춘 다양한 상품을 설계할 수 있기 때문이다. 인구 고령화에 따른 많은 은퇴자를 대상으로 연금형 상품 및 연금을 대체하기 위해 정기적인 현금흐름을 가지는 상품들이 계속 개발될 것이다. 은퇴자에게는 원금손실은 시간적으로 회복하기 힘들 수 있기 때문에 제한적인 위험을 취하려고 하는데, 구조화된 금융상품은 이런 '중위험 중수익'을 추구하는 고객 요구에 충분히 대응할 수 있다.

따라서 원금손실위험을 줄인 구조화상품(ELS, DLS)을 포트폴리오에 편입하는 것은 효과적이다. ELS, DLS는 다양한 형태의 월수익지급식 상품으로 개발될 것이다. 다만 상품구조에 대한 정확한 공부와 이해가 필요하다.

그리고 한 가지 더, 주가지수가 상승하는 경우 ELS 발행이 늘고 주가지수가 하락할 때 ELS가 줄어드는 경우가 많은데, 사실 주가가 충분히 하락한 경우가 더 안전한 상황이 될 수 있다는 점도 고려하는 것이 좋다. 주가가 고점에 이르면 관심이 높아지지만 그만큼 위험도 높아지게 된다. 그러므로 부지런히 공부하는 것이 투자시대의 생존비법이다.

ETF와 ETN으로
지수에 투자한다

ETF로 지수에 투자하는 장점과 합리성을 이해한다면
투자 경험이 적은 4050에게도 적절한 투자대안이 된다.

지금은 ETF(Exchange Traded Funds)에 투자하는 것이 자연스럽다. 지수에 투자하는 장점과 합리성을 이해한다면 투자 경험이 다소 적은 4050에게도 적절한 투자대안이 된다. 포트폴리오로 투자하기에도 적절하거니와 상대적으로 이해가 쉬워 연금성 자산을 운용하는 데도 탁월하다.

게다가 상품의 개발이 지속적으로 이루어지면서 선택의 폭도 넓어지고 있다. 보수적인 투자자뿐만 아니라 공격적인 투자자까지 만족시킬 수 있는 ETN(상장지수증권, Exchange Traded Note)까지 등장해 단순 지수투자가 아닌 투자전략을 실현하는 간편한 방법으로 이용할 수 있게 되었다.

ETF의 개념과 특징

ETF는 일반적으로 주식, 채권과 같은 기초자산의 가격이나 지수의 변화에 연동해 운용하는 것을 목표로 하는 펀드다. 과거에는 펀드를 구매하기 위해 주로 증권사나 은행 창구를 찾았다면, ETF는 거래소 시장에 상장되어 있어 주식과 동일한 방법으로 쉽게 매매할 수 있다. 이를 직관적으로 이해하기 쉽게 한마디로 표현하자면 '인덱스 펀드를 상장'한 것이라고 할 수 있다. 그래서 ETF를 '상장지수펀드'라고도 한다.

ETF의 특징은 다음과 같다.

1) ETF는 인덱스 펀드

ETF의 개념은 간단하다. ETF는 '특정지수를 대표하는 인덱스와 동일한 수익을 얻고, 인덱스와 동일한 위험을 부담하는 것'을 목표로 운용되는 인덱스 펀드다.

2) ETF는 시장에서 거래가 이루어지는 펀드

ETF는 기존의 인덱스 펀드와는 달리 거래소(시장)에 상장되어 있기 때문에 일반 주식과 같은 방법으로 거래를 할 수 있다. 따라서 ETF를 가입하고자 하면 금융기관에 방문하는 것이 아니라 주식과 같이 거래소의 거래시간에 전화주문을 하거나 HTS에 접속해 주문을 해야 한다.

3) ETF는 인덱스 펀드이면서 주식의 기능을 갖춘 신개념 투자대상

ETF는 인덱스 펀드를 시장에서 거래할 수 있도록 설계되어서 기존의 인덱스 펀드의 단점을 최소화했다. 즉 ETF 1주를 매수함으로써 ETF가 추종하는 특정지수의 전 종목을 매수한 것과 동일한 효과를 가지며, 시장 내 매도로 현금화의 방법이 수월하면서 더 빠르다. 그리고 일반적인 지수형 인덱스 펀드보다 하루 더 빨리 현금화할 수 있다.

인덱스 펀드는 시장의 전체 흐름을 추종하는 전통적인 펀드다. 그래서 펀드에 가입하는 것도 기존의 펀드에 가입하듯이 은행이나 증권사 창구에서도 가능하다. ETF는 거래소에 상장되어 있어 마치 주식을 매매하듯이 거래할 수 있어 편리하다. 환매에 걸리는 시간도 인덱스 펀드보다 ETF가 일반적으로 더 적게 소요된다. ETF의 여러 장점 때문에 인덱스 펀드를 ETF가 대체하는 추세다.

자료 4-8 ETF와 인덱스 펀드의 비교

구분	ETF	인덱스 펀드
분산투자	○	○
시장거래	○	X
신용거래	○	X
차익거래	○	X
공매도	○	X
실시간 거래	○	X

ETF의 4가지 장점

ETF의 장점은 다음과 같다.

1) 저렴한 비용

보통의 펀드들이 1% 이상의 펀드 보수를 적용하는 것에 비해 상대적으로 낮은 보수율이 적용된다. 포트폴리오 변경 횟수가 적어 펀드가 부담하는 매매 비용이 적으며, 주식은 아니므로 ETF 매도 시 거래세가 면제된다. 펀드의 수수료와 비교하면 다음과 같다.

- 펀드보수 : ETF 〈 인덱스 펀드 〈 성장형 펀드
- 펀드회전율 : ETF 〈 인덱스 펀드 〈 성장형 펀드

인덱스 펀드를 만기일 이전에 해지할 경우 수익의 일정 부분에 해당하는 환매 수수료를 지불해야 하는 것과 달리, ETF는 거래소에 상장되어 있기 때문에 일반 주식처럼 매매하므로 환매 수수료도 발생하지 않는다.

2) 운용의 투명성

일반 펀드의 운용 성과 및 포트폴리오는 매 분기 및 매달마다 발표되는 데 비해, ETF는 매일 공시하기에 투명성이 높다. 펀드 내 투

자금이 어디에 어떻게 투자되고 있는지 실시간으로 확인할 수 있어 투자 판단에 도움을 주며, 실시간 가격변동을 확인할 수 있어 투자 수익 여부를 쉽게 판단할 수 있다.

3) 소액으로도 분산투자 용이

ETF를 1주만 매수해도 지수를 구성하는 모든 종목에 투자하는 것과 유사한 효과를 볼 수 있다. 따라서 소액으로도 시장 전체에 투자할 수 있을 뿐만 아니라, 채권이나 원유와 같이 접근하기 힘든 자산에도 투자를 가능케 하기 때문에 분산투자 효과를 더욱 극대화할 수 있다. ETF가 단순히 '주식형 인덱스보다 저렴하다'는 이유로 투자하던 고객도 다양한 분산투자의 매력 때문에 ETF 투자로 이어지는 경우가 많다.

4) 매매의 적시성

ETF는 특정지수의 움직임을 추종한다는 점에선 인덱스 펀드와 동일하지만, ETF는 거래소에 상장되어 있기 때문에 일반 주식처럼 언제든지 쉽게 매매할 수 있어 시장 상황에 따른 탄력적인 매매가 가능하다. 즉 ETF는 급락시점에 매수한 후 당일에도 시장 반등 시 즉시 매도가 가능하다. 선물이나 옵션거래가 어려운 일반 투자자 입장에서는 선물이나 옵션의 대용상품으로도 훌륭한 기능을 할 수 있는 것이다.

ETF의 운용구조를 이해하자

일반 펀드의 경우, 투자자들이 판매회사를 통해 현금을 납입하고 펀드의 설정을 요청하면, 판매회사는 펀드에 현금을 납입하고 펀드의 수익증권을 발급받아 투자자에게 전달한다. 하지만 ETF는 일반 펀드와는 달리 발행시장을 통해 설정된 ETF가 일반투자자 및 기관투자자들을 통해서 일반 주식처럼 실시간으로 거래가 이루어진다. [자료 4-9]는 개별주식 투자의 경우와 ETF 투자의 비교다.

인덱스펀드는 시장의 전체 흐름을 추종하는 전통적인 펀드다. 그래서 펀드에 가입하는 것도 기존의 펀드에 가입하듯이 은행이나 증권사 창구에서 가능하다. ETF는 거래소에 상장되어 있어 마치 주식을 매매하듯이 거래할 수 있어 편리하다. 환매에 걸리는 시간도 인덱스펀드보다 ETF가 일반적으로 더 적게 소요된다.

자료 4-9 개별주식 투자와 ETF 투자 비교

구분	개별주식	ETF
거래소시장에서 실시간 거래 가능 여부	○	○
투자위험	시장위험 + 개별종목 위험	시장위험
위험분산 효과	위험분산을 위해서는 일정수준 이상의 투자규모가 필요	소액투자를 통해서도 높은 분산효과 창출
거래비용	주식 매도 시 증권거래세 부과	증권거래세 면제
Sector 및 스타일 투자	투자목표 달성을 위해서는 일정수준의 투자규모가 필요	전략실행이 용이

ETF의 다양한 투자전략

ETF의 투자전략은 다음과 같다.

1) 효과적인 섹터투자

일반적으로 ETF는 투자하는 기초자산 혹은 특정 시장을 추종하므로 시장의 평균수익을 추구하는 간편한 방법이 된다. 여기에 더해 섹터ETF 등의 비중을 조절해 시장 대비 초과수익을 추구할 수 있다.

예를 들어 2차전지 산업이 상승기에 들어섰다고 판단되어도 정보분석력이 낮은 개인투자자가 포스코홀딩스, LG에너지솔루션, 삼성SDI, 에코프로비엠 등 어떤 종목에 투자할지 판단하기가 쉽지 않다. 이런 경우 2차전지에 관계되는 ETF로 투자하면 배터리 업계의 성장에 쉽게 동참할 수 있다. 특정 개별종목의 상승을 맞추는 것보다 업황의 상승을 맞추기가 상대적으로 쉽기 때문이다.

이를 핵심-주변 투자전략(Core-Satellite 전략)이라고 한다. 핵심포트폴리오로서 종합주가지수 및 시장지수를 추종할 수 있는 ETF를 배치하고 섹터나 테마 ETF 등을 시가총액 비중 또는 투자 비중에 따라 적절하게 구성해 시장수익률을 추적함과 동시에 시장지수 대비 초과수익을 추구하는 전략이다.

2) 선물투자의 대안

레버리지 및 인버스 ETF 등 신종 ETF를 이용해 대안적인 선물투

자료 4-10 ETF와 선물의 비교

구분	ETF	선물
만기일	만기일 없음	만기일 있음
융통성	유동성이 풍부(유동성공급자)한 발행시장과 유통시장	만기일이 될수록 유동성 풍부
Roll Over	Roll Over 없음	Roll Over Risk
최소투자	1주 단위 세밀한 조정 가능	위험액 기준으로 큼
증거금	주식과 동일	개시증거금, 유지증거금 없음
상품구분	현물	선물

자 전략을 구사할 수 있다. 선물거래 시 나타나는 계약이월위험(Roll Over Risk)이 없고, 공격적인 배수투자를 하거나 시장의 하락을 기대하는 인버스투자를 간편하게 실행할 수 있다.

3) 채권 ETF 활용

개인투자자가 채권 실물에 투자할 때 일정 금액 이상의 투자가 요구되는 경우가 많다. 그래서 금리의 하락이나 상승을 예측해 채권에 투자하려는 경우, 이런 투자금액 제약 때문에 투자가 쉽지 않다. 그런데 채권 ETF는 거래소에 상장되어 거래되기 때문에, 장내거래를 통해 장외시장 상품인 채권에 대한 투자효과를 쉽게 누릴 수 있다. 자산배분 차원에서 투자하기 위해 개별 채권을 매매하지 않고 채권 ETF를 통해 간단하게 포트폴리오를 구성할 수 있게 된다.

정기예금보다 수익률이 조금 더 높으면서 안정적인 수익률을 추구하는 채권 ETF가 많다. 좀더 수익률을 높여보고 싶다면 금리 하락을 예상하고 장기채권에 투자해볼 수 있다. 30년 정도의 장기채권 ETF를 선택하면 금리 하락기의 채권가격 상승효과를 누릴 수 있다.

4) 해외투자 ETF

해외투자가 일반화되어 미국주식을 직접 투자하는 경우도 많다. 다만 미국과 같은 해외시장은 아무래도 개인투자자가 접할 수 있는 정보도 부족하고, 환전 등 관리가 만만치 않은 것이 현실이다. 이런 경우 해외지수를 추종하는 ETF를 구매하면 편리하다.

예를 들어 인도라는 한 국가의 성장을 기대한다면 인도시장에 투자되는 ETF를 고르면 된다. 이로써 인도 주식시장에 상장되어 있는 수많은 개별 종목들을 연구하는 별도의 수고 없이 인도라는 나라의 성장성에 투자할 수 있다. 아울러 배당주를 편입하거나 하이일드채권에 연동하는 월지급식 스타일로도 투자가 가능해 4050 세대의 노후생활자금 용도의 투자로 활용할 수 있다.

다만 해외지수를 추종하는 ETF는 환율 요소를 추가적으로 고려해야 한다. 또한 거래 금융기관의 전문가와 과세문제에 대해서도 본인의 상황에 맞는지를 확인하는 것이 좋다.

5) 다양한 투자전략 구사

대표적인 실물자산 투자는 금에 투자하는 것이다. 실물자산에 투자하고 싶어도 직접 투자는 어렵기에 ETF를 활용하면 간편하다. 예컨대 대표적인 안전자산인 금에 투자하기 위해서 금을 실물로 구매하는 것은 거래비용, 보관비용 등 여러모로 신경 쓸 것이 많아 불편하다. 하지만 금 가격에 연동하는 ETF에 가입하면 이를 쉽게 해결할 수 있다.

연금성 자산을 운용하는 데 있어서도 ETF는 매력적이다. 다양한 자산운용사의 홈페이지에서 연금성 상품으로 ETF를 제시하고 있다. 개별 상품의 변동성을 완화하면서 장기로 투자할 수 있어 노후 대비를 위한 합리적 선택이 된다.

랩어카운트로
다양한 투자전략을 실천하자

일반적인 펀드보다는 좀더 다이내믹한 운용을 바라는
4050이라면 랩어카운트라는 상품에 도전해볼 만하다.

랩(Wrap)은 '둘러싸여 포장하는 것'을 말하는 것으로, 투자 분야에서는 여러 상품을 묶어서 투자하는 것을 의미한다. 랩은 랩어카운트(Wrap Account)의 약자로, 증권사에서 '자산을 종합적으로 관리한다'는 콘셉트로 만든 상품이다.

원칙적으로 투자상품의 매매는 고객의 주문이 있어야 할 수 있지만, 랩어카운트에서는 사전에 약정된 방법으로 고객의 주문이 없어도 매매·관리하게 된다. 랩계좌 계약에 따라 다르지만 아무래도 시장을 포괄적으로 투자하는 공모형 펀드보다는 좀더 좁은 범위에서 매매하므로 시장수익률보다는 좀더 높은 기대수익률을 추구하는 경우가 많다.

랩어카운트의 개념과 종류

랩어카운트는 증권회사가 투자자의 투자목적과 투자성향을 파악하고 투자자 맞춤형으로 주식, 채권, 펀드 등 다양한 상품을 포트폴리오로 묶어서 관리하는 종합자산관리계좌다. 투자자의 입장에서 공모형 펀드는 아쉽고 직접 투자에 나서기는 부담스러운 고객에게 적절한 상품이다.

투자자가 미리 약정한 스타일에 맞게 운용되므로 개별 고객의 니즈가 반영된 투자실행이 용이하다. 아울러 운용되는 상품도 랩계좌 내에서 매우 폭넓게 선정할 수 있으므로 자산배분이나 집중투자 등 다양한 투자전략을 실천하는 데 도움이 된다.

랩어카운트의 종류는 크게 자문형 랩어카운트와 일임형 랩어카운트로 나뉜다.

1) 자문형 랩어카운트

자문형 랩어카운트는 말 그대로 투자를 위한 자문을 하는 상품이다. 일반적으로 투자자문계약을 맺은 투자자문사로부터 자문을 받아 증권사가 해당 자문을 실행하는 형태로 이루어진다. 최소 가입금액으로 5천만 원에서 1억 원 정도의 일정 금액 이상을 요구하는 경우가 많다.

자문사의 자문능력은 당연히 중요하다. 단순한 주식이나 채권이 아닌 주식과 채권을 결합한 자산배분형태로 자문하는 경우도 있고,

파생상품까지 함께 구조화해 안정적인 수익률을 추구하기도 하므로 다양한 투자전략 중에서 본인에게 맞는 자문상품을 선택하는 것이 바람직하다.

2) 일임형 랩어카운트

일임형 랩어카운트의 종류는 2가지다. 증권사 본사의 운용역이 운용하는 본사운용형이 있고, 증권사 지점의 직원이 운용하는 지점운용형이 있다. 아무래도 지점에서 운용하는 주식형 랩의 경우 투자종목을 10개 종목 내외로 운용하는 경우가 많아 본사운용형보다 변동성이 조금 더 클 수 있다.

수수료도 일반 펀드의 1~2% 수준보다는 조금 높은 경우가 많다. 일정 운용성과 이상을 달성하는 경우 성과수수료를 별도로 약정하는 경우도 있다.

랩어카운트의 장단점

약간은 미묘한 문제인데, 증권사의 경우 매매수수료가 주요 수입원 중 하나이므로 고객에게 활발한 매매를 권하는 경우가 많다. 랩어카운트는 자산기준으로 수수료를 받기 때문에 꼭 필요하지 않은 매매는 할 이유가 없다. 이를 금융소비자보호법과 같은 법 입장에서는 '이익상충 우려가 낮다'라고 표현한다. 만약 매매를 거의 하지 않고 단순 장기투자하는 투자자라면, 랩에서는 매매가 없더라도 자산 규모에 따라 수수료가 발생하므로 불필요한 수수료라고 생각할 수도 있다.

주식에 투자하는 경우 주식형 펀드는 자산운용회사가 다수의 투자자로부터 투자금을 받아 주식에 분산투자한 후 수익을 분배하는 구조다. 따라서 펀드에 편입되는 종목이 많고, 대형주 위주로 운용되어 주가지수와 유사하게 움직이는 경우가 많다.

반면에 랩어카운트는 투자자와 협의해 투자자의 투자목적에 적합한 주식 포트폴리오로 운용하기 때문에 편입되는 종목 수가 소수인 경우가 많다. 즉 주식시장에 영향을 받을 수밖에 없지만 랩어카운트는 탄력적으로 시장에 대응할 수 있다는 장점이 있다. 물론 운용수익률의 변동성도 함께 커질 수 있다. 이런 부분은 장점이 될 수도 있고 단점이 될 수도 있으므로, 최종 결정은 순전히 투자자의 투자성향과 목적에 달려 있다.

랩어카운트는 집중투자 전략 및 시황에 유연하게 대처가 가능해, 시황이 좋지 않을 경우 현금 비중을 매우 높여 운용할 수 있는 부분은 장점이라고 생각한다. 일반 개미투자자의 상당수는 시장이 어려울 때 주식을 마냥 들고 가는 경우가 많은데, 랩은 과감히 현금비중을 높였다가 저점을 잡아보는 매매도 실행할 수 있다.

이해하기 쉽게 실제 증권사 지점에서 운용하는 랩어카운트 사례를 살펴보자.

〔랩상품 이름 : DB Alpha + 시그니처 PB wrap (DB금융투자)〕

- 운용전략
  1) 실적을 바탕으로 성장이 전망되는 기업에 선별 투자
  2) 시장의 주목을 받는 주도산업을 선별해 주가지수 대비 알파 수익률을 추구
  3) 단순 buy and hold 전략이 아닌 시장상황에 따라 buy and trade 전략을 병행함으로써 유연한 투자전략을 추구

- 리스크 관리
  1) 종목별로 분산투자를 하고, 종목의 비율 및 현금비율을 시장 상황에 맞게 비중조절
  2) 실시간 모니터링을 통해 개별종목의 돌발변수에 빠르게 대응

랩상품은 운용현황을 고객이 언제든지 확인할 수 있으므로 전문가들이 시장을 보는 시각을 참고하는 수단도 된다. 일반적으로 일정액 이상 투자를 요하는 경우가 많고 목표수익률이 시장수익률보다 높으므로, 일반적인 펀드에 재미를 느끼지 못하고 좀더 다이내믹한 운용을 바라는 4050이라면 도전해볼 만하다. 단, 공부는 필수다.

자산 관리는 모으고 불리고 지키는 3단계로 구성된다.
종잣돈을 모으고 굴리는(불리는) 과정에 있어
우리는 다양한 금융상품과 제도를 활용해야 한다.
자산을 꾸준히 모을 수 있도록 소비를 통제하고,
우발적으로 발생되는 지출로부터
저축과 투자를 지속할 수 있게 방어선이 되어줄
'비상자금'을 관리하는 시스템을 만들자.
자산을 꾸준히 모을 환경을 구축했다면,
이제는 그 자산을 잘 굴리기 위해
여러 수단과 대상을 지혜롭게 활용해야 한다.

CHAPTER 5

종잣돈을
모으고 굴리는 비법

자산 증식에 꼭 필요한
3개의 통장

3개의 통장으로 지출통제가 잘되었다면 비상예비비 계좌에 잔고가 계속 늘어나게 되는데, 연말에 비상예비비 계좌 잔액을 체크해보라.

40대와 50대는 인생에서 가장 바쁘고 가장 복잡한 하루를 보내는 시기다. 30대 때와는 달리 업무에 있어서도 중요한 의사결정을 하거나 수행하는 일이 많고, 자녀 교육과 집안 대소사도 부지런히 챙겨야 한다.

하루를 바쁘게 살아야 하는 만큼 한 달의 고정적인 지출과 변동성이 있는 지출을 동시에 관리하기가 녹록지 않다. 자연스레 재정관리에 대한 스트레스가 쌓일 수밖에 없고, 통제하기 어려운 지출로 인해 재정적인 불안감에 시달리기 쉽다.

40대 이후부터는 지출이 통제되지 않으면 저축과 투자를 지속하기 어려워진다. 따라서 자산을 관리하기 위해 '지출 통제'는 가장 우선시되어야 하는 숙제다.

지출을 효율적으로 관리하려면 '3개의 통장'을 준비하자. 그동안 3개의 통장을 통해 통제되지 않았던 지출이 관리되기 시작할 것이다. '해봤는데 안 되던데…'라고 생각하는 독자도 있을 것이라 생각한다. 여기서 제안하는 방법으로 실천해보라. 이번에는 확실히 다를 것이다.

소비통장을 2개로 나눠라

해마다 연말이 되면 지출예산을 다시 설정하고, 그 안에서 소비를 조절하려고 노력한 경험이 있을 것이다. 실제 고객과 재무상담을 하다 보면 지출을 통제하기 위해 노력했지만 예산을 벗어나는 달이 지속되면서 결국 지출관리를 포기한 고객을 만나는 일이 많다. 통장을 분리해서 관리해보려고 하지만, 미리 정해둔 지출 외에도 꼭 필요한 지출이라서 소비하지 않을 수 없었던 경험이 있을 것이다. 그러므로 지출이 잘 관리되도록 하기 위해서는 소비통장을 2개로 분리해 관리하는 것이 좋다.

지출은 발생 주기를 기준으로 정기지출과 비정기지출로 구분할 수 있다. 정기지출은 매월 정기적으로 발생하는 지출로 주택담보대출 상환금, 공과금, 보험료, 자녀 학비와 같은 필수 지출이 해당된다. 비정기지출은 외식비, 쇼핑, 여가활동, 경조사와 같이 수시로 발생하게 되는 지출이 해당된다.

자료 5-1 정기지출 vs. 비정기지출

정기지출	비정기지출
주택 관련 비용(월세/대출원리금)	가전제품 구입
공과금(전기, 수도, 가스)	집 수리/리모델링/가구 등 유지보수 비용
통신비(휴대폰, 인터넷)	자동차 유지비(수리/정비)
보험료(건강보험, 주택화재, 자동차, 연금 등)	의료비(비정기 검진, 치료)
교육비(학원, 학비, 자녀 용돈)	여행 경비
교통비(대중교통, 주유비)	명절/기념일 비용
생활비(식비, 생필품)	쇼핑(의류 등)
정기의료비(약값, 건강검진)	취미/여가/자기계발

지출예산을 정해서 관리하려고 노력하지만 실제 발생된 지출이 예산을 초과하면서 스트레스를 받게 되는 이유는 무엇일까? 그 이유는 의외로 간단하다. '월 단위'로 예산을 책정했기 때문이다.

정기지출은 '월 단위'로 예산을 정해 통제하는 것이 가능하지만, 비정기지출은 '연 단위'로 예산을 정해야 효과적으로 관리할 수 있다. 항목마다 비정기지출 예산을 연 단위로 정한 뒤 월 환산한 금액을 비정기지출 관리 통장에 자동이체로 설정하고, 미리 정해진 예산 내에서 소비하도록 관리해보자.

하나의 소비통장으로 모든 지출을 관리하면, 잔고가 소비욕구를 자극해 예산을 초과하기 쉽다. 반면에 소비통장을 정기지출통장과 비정기지출통장으로 구분해서 관리하면 매월 총 지출이 들쭉날쭉해도 연간 지출예산을 크게 벗어나지 않게 관리하는 것이 가능해진다.

지출 통제를 위한 진행 절차는 다음과 같다.

> 1. 지출 항목을 정기/비정기지출 기준으로 구분한다. ([자료 5-1] 참조)
> 2. 정기지출은 월 단위로, 비정기지출은 연 단위 지출예산을 정한다.
> 3. 전년도 항목별(정기/비정기지출 구분) 소비총액을 더한다.
> 4. 2)와 3)의 금액을 비교해 현실적인 지출예산을 정한다.
> 5. 정해진 지출예산을 매월 정해진 날짜에 맞춰 각 계좌에 자동이체 되도록 미리 설정한다.
> 6. 정기지출은 신용카드로, 비정기지출은 체크카드로 지출한다.

비정기지출은 정기지출에 비해 상대적으로 예산을 초과해 지출하게 될 가능성이 있으므로 체크카드로 소비하는 것을 권장한다. 대형가전이나 가구 등을 구매할 때 신용카드 무이자 할부 적용 항목이 있는 경우라도 가급적 체크카드로 소비해서 초과 지출이 발생할 가능성을 아예 차단하는 것이 좋다.

이렇게 소비통장을 이원화해 관리하더라도 비정기지출 관리계좌에 자금이 쌓이기 전에 지출을 해야 하는 경우가 발생하거나 갑작스러운 경조사, 의료비같은 우발적인 지출로 지출통제를 하기 어려운 상황이 발생할 수 있다. 그래서 우리는 하나의 통장을 별도로 더 준비해야 한다. 이 통장은 예기치 못한 지출이라는 거센 파도를 막아주는 '재정의 방파제' 같은 역할을 해주어 우리의 소중한 자산을 지키고 저축과 투자를 지속할 수 있는 든든한 방어막이 되어줄 것이다.

비상금 말고 비상예비비 관리 통장!

A씨는 급하게 200만 원이 필요해 800만 원 정도 쌓인 적금을 깼다. 다시 예금을 가입하려고 보니 예금액이 400만 원으로 줄어 있다. 어떻게 된 일일까? 아뿔싸, 거실에 있던 TV를 화면 사이즈가 더 큰 TV로 교체했기 때문이다.

개인의 소비를 목적으로 하는 비상금도 필요하다고 생각한다. 하지만 가정의 재정안정을 위해서 반드시 비상예비비 관리 통장이 필요하다. 만약 보험사고가 발생하더라도 보험금을 청구해 돌려받으려면 우선은 지출이 선행되어야 할 경우가 있고, 보험으로 해결되지 않거나 꼭 지출해야 하는 이슈가 발생할 수도 있기 때문이다. 이럴 때 비상예비비가 없다면 그간 모아두었던 적금을 깨거나 주식을 매도해 자금을 마련해야 하는 경우가 발생하게 된다. 이때 억눌렸던 소비욕구가 우리의 소중한 자산을 쉽게 축소시킬 수 있다.

비상예비비는 월 평균 지출예산의 3배수 정도를 쌓아두는 것이 좋다(수입이 불규칙한 자영업자, 프리랜서, 비정규직이라면 월 평균 지출예산의 6배수 적립을 권장한다). 매월 수입에서 5% 정도를 비상예비비 관리계좌에 자동이체를 걸어두고, 매년 비정기지출 계좌에 남아 있는 잔고가 있다면 그것도 비상예비비 계좌로 옮기자.

지출통제가 잘되었다면 비상예비비 계좌에 잔고가 계속 늘어나게 되는데, 연말에 비상예비비 계좌 잔액을 체크해보라. 만약 월 평균 지출예산의 3배수를 초과하는 금액이 쌓여 있다면, 1배수 정도를 인출해 투자 재원으로 활용하거나 한 해 동안 고생했던 가족에게 성과급으로 지급하는 것도 좋다.

그런데 월 평균 지출예산이 400만 원이라면 비상예비비 목표 적립액은 1,200만 원에 육박한다. 결코 적지 않은 이 자금을 수시입출이 되는 보통예금에 넣어두기에는 아깝다.

비상예비비 계좌로 어떤 계좌를 활용해야 할까?

재테크에 관심이 있다면 한 번쯤 '파킹통장'이나 'CMA'라는 단어를 접한 적이 있을 것이다. 비상예비비를 관리하기에는 이 2가지 계좌가 활용하기에 적합하다. 각 계좌의 특징은 다음과 같다.

1) 파킹통장

시중은행과 저축은행에서 개설할 수 있는 파킹통장은 일명 '돈을 잠시 주차해두는 통장'으로 불린다. 짧은 기간 동안 자금을 안전하게 보관할 수 있는 계좌인데, 단기간 예치되어도 이자를 받을 수 있어 보통예금보다 비상예비비 관리계좌로 활용하기에 좋다. 특히 최근에는 파킹통장의 금리가 낮지 않은 편이고, 정기예금 이상의 이자를 지급하는 경우도 있다. 또한 언제든지 돈을 인출할 수 있다. 게다가 예금자보호의 적용을 받기 때문에 원금손실에 대한 걱정을 하지 않아도 된다.

2) CMA

CMA(Cash Management Account)는 증권사에서 개설할 수 있는 자산관리 상품이다. 자산을 현금처럼 보관하면서도 동시에 증권사에서 제공하는 다양한 금융상품에 투자해 소액의 수익을 얻을 수 있는 기능을 갖추고 있다. CMA는 5가지 유형으로 나뉘는데, 각 유형별 특징은 아래의 [자료 5-2]와 같다.

CMA를 개설하면서 어떤 계좌로 설정할지 정하는 것은 사실 크게 고민하지 않아도 된다. CMA를 어떤 유형으로 운용할지는 계좌를 개설한 후에도 변경이 가능하기 때문이다. 단, 종금형 CMA는 종합금융회사에서만 개설이 가능하다.

비상예비비 관리계좌로 어떤 계좌를 선택하는 것이 좋을까? 파킹통장과 CMA 계좌 중 어느 것을 선택할지 고민된다면 안정성과

자료 5-2 CMA의 각 유형별 특징

유형	특징	안정성	수익률 및 금리
종금형	원금보장 가능	예금자보호 대상	상대적으로 금리 낮음
RP형	환매조건부 채권에 투자, 고정 금리 적용	원금 손실 위험 적음	약정수익률 제공
MMF형	단기금융상품에 투자	유동성 높음	시장상황에 따라 수익률 변동
MMW형	한국증권금융 예수금으로 운용	안정성 높음	시장 금리에 연동된 금리 제공
발행어음형	증권사가 발행한 어음에 투자	증권사 신용에 의존	상대적으로 높은 금리

수익(이자)을 고려해 선택하면 된다. 현재 네이버에서는 파킹통장과 CMA 계좌별 수익(이자) 조건을 금융사별로 최신화해 업데이트 해주고 있다. 네이버페이 예적금 비교 사이트(new-m.pay.naver.com/savings)에 들어가면 비교 내용을 한눈에 확인할 수 있다. 네이버 서비스를 통해 각 계좌별 특징과 이자(수익)율을 잘 참조하길 바란다.

비상예비비 통장을 선택했다면, 꾸준히 적립해서 적정 수준의 비상예비비가 유지되도록 관리하자. 비상사태를 대비해 우리 가족의 자산을 지켜줄 든든한 지원군이 되어줄 것이다.

3개의 통장 만들기, 꼭 실천해보자

'바쁜 일상 속에서 예상치 못한 일들의 연속'이다 보니 지출통제가 어려운 것은 당연하다. 하지만 소비(지출)통장을 정기지출 통장, 비정기지출 통장으로 구분해 관리해보자. 우발적인 지출이 생기거나 비정기지출에 충분한 예산이 없는 상태에서 비정기지출을 해야 하는 경우를 대비해 비상예비비 계좌까지 3가지 이름표를 붙인 통장을 만들어 관리한다면 큰 어려움 없이 지출에 대한 통제가 가능하다.

지출통제가 되어야 저축과 투자를 지속할 수 있다는 점을 꼭 기억하고 실천해보길 바란다. 거듭 강조하건대 지출통제가 먼저다!

ISA 계좌를
똑똑하게 활용하자

*정부가 개인의 세후 수익률을 최대화하기 위한 도구로
ISA 계좌를 야심차게 도입했으니 이를 잘 활용해보자.*

조삼모사, 겉으로 보기에는 다르지만 실제로는 같은 결과를 가져오는 상황을 의미하는 사자성어다. 이 사자성어의 뜻과 교훈을 대부분 알고 있을 것이다. 이 사자성어는 자산관리 측면에서도 매우 중요하다. 더 많은 수익을 내기 위해서 노력했고 수익을 달성했더라도 세금을 제외한 세후 수익률은 그보다 낮아질 수 있기 때문이다. 특히 장기적인 자산 증식을 목표로 하는 경우에 이는 더욱 중요한 요인이다.

배당금, 이자 수익 등 다양한 금융소득을 발생시킬 수 있지만 이러한 수익은 대부분 과세 대상이다. 한국의 과세 체계에서는 금융상품에 따라 다르게 세율이 적용되기 때문에 세후 수익률까지 신경써서 자산을 관리하는 것은 개인에게 쉽지 않다. 자산관리에 있어서도 조삼모사가 되지 않아야 한다는 것을 알아도 정작 실천하기 어려운 이유다.

그렇지만 세후 수익률, 즉 '진짜 수익'을 높이고 지키는 가장 확실하고 쉬운 방법이 있다. 그것은 바로 ISA를 활용하는 것이다. 개인종합자산관리계좌(ISA)는 '진짜 수익'을 지키는 데 매우 적합하다. ISA는 개인이 다양한 금융 상품에 투자하면서 세금혜택을 받을 수 있도록 만들어진 제도다. 이번 칼럼에서는 ISA의 종류별 특징을 알고, 잘 활용하는 방법에 대해서 공부해보자.

ISA의 종류별 특징과 차이

ISA 계좌는 개인의 종합적인 자산 관리와 재산 형성을 지원하기 위해 정부가 도입한 제도로 절세 혜택, 손익통산, 금융 약자 지원 등의 취지로 도입되었다. ISA 계좌의 가입조건을 일목요연하게 정리해보면 [자료 5-3]과 같다.

ISA 계좌는 세제 혜택을 통해 세후 수익률을 높일 수 있다. 따라서 나 또는 가족 구성원 중 계좌개설이 가능하다면 반드시 활용해볼 것을 권장한다. ISA를 잘 활용하기 위해서는 나에게 적합한 ISA의 종류를 선택하고 유형을 파악해 내가 원하는 스타일에 맞게 자산을 운용하면서 세제혜택을 극대화하는 것이 필요하다.

자료 5-3 ISA 계좌의 가입조건

구분	내용
가입자격 및 계좌개설	* 19세 이상(근로소득자는 15세 이상)의 대한민국 거주자 - 단, 직전 3개년 금융소득종합과세 대상자는 제외 * 1명당 1계좌 개설 가능
납입한도	* 연간 2천만 원 * 5년간 최대 1억 원까지 납입 가능(납입한도 이월 가능)
의무가입기간	3년

세제혜택	* 계좌 내 상품 간, 기간 간 손익통산 후 순수익에 대해
	  - 200만 원(서민형 400만 원)까지 비과세
	  - 비과세 한도 초과 금액에 대해 9.9% 분리과세(지방소득세 포함)
	* 만기 이후 60일 이내에 연금계좌 이전 시 추가 세액공제 가능

중도인출	* 납입 원금 이내 자유로운 중도인출 가능 - 단, 납입 원금 초과 인출 시 '중도해지'로 간주

*상기 기재된 사항은 세법 개정에 따라 변경될 수 있음.

자료 5-4 ISA 계좌의 특징

구분	주요 특징	투자가능 상품	금융기관
중개형 ISA	투자자가 원하는 상품을 직접 선택해 운용	국내 상장주식, ETF/ETN, 펀드, ELS/DLS, 채권, 리츠, RP, MMF 등	증권사
신탁형 ISA	투자자가 정한 상품으로 운용 지시	ETF/ETN, 펀드, 예금, ELS/DLS, 리츠, RP 등	은행, 증권사, 보험사
일임형 ISA	전문가에게 상품 선정과 관리 등 운용을 위임	ETF, 펀드 등	은행, 증권사

먼저, ISA 계좌의 종류와 특징을 알아보자. ISA 계좌의 종류는 '중개형, 신탁형, 일임형'의 3가지이며, 각 계좌의 특징은 앞의 [자료 5-4]와 같다. 투자자가 투자 가능한 상품이 가장 많은 중개형 ISA에 대한 관심이 높은 것 같다. 하지만 각 계좌별 특징을 고려해 선택하는 것이 좋다. 만약 예금에 반드시 투자하길 원한다면 신탁형 ISA를 활용할 수 있고, 직접 관리하기 어려워 전문가에게 자산관리를 맡기면서 절세혜택을 누리고 싶다면 일임형 ISA를 선택해보는 것도 방법이다. 선택의 폭이 넓다는 것은 더 큰 수익의 기회를 의미하기도 하므로 중개형 ISA 계좌 활용을 권장한다.

자료 5-5 ISA 계좌의 유형별 조건

구분	일반형	서민형	농어민
가입대상	• 19세 이상 거주자 • 15세 이상 19세 미만 근로소득자	• 총급여액: 5천만 원 이하 근로자 • 소득금액: 3,800만 원 이하 사업	농어민 (소득금액 3,800만 원 이하)
가입금액	연간 2천만 원 한도(총 1억 원, 이월 가능) *재형저축, 소득공제장기펀드 보유고객은 총 한도에서 해당상품의 잔여 한도 차감		
가입기간 연장	가능(만기일 3개월 전부터 만기일 전일까지)		
최소 가입금액	일임형 ISA: 1만 원/신탁형 ISA: 1만 원 단위		
비과세 한도	200만 원	400만 원	400만 원
의무기간	3년	3년	3년

*소득세법 등 관련 법령의 개정 등에 따라 변경될 수 있음.
*출처 : 국민은행 홈페이지

참고로 해외주식이나 채권에 투자를 하고 싶다면, 각 ISA 계좌에서 펀드나 ETF를 활용해 해외자산에 투자하는 것도 가능하다. (미국 증시에 상장된 ETF나 주식에 직접 투자할 경우, 22%의 양도소득세가 과세되고 환차손이 발생할 수 있는 점은 한국증시에 상장된 미국주식 ETF로 보완이 가능하다.) ISA 계좌 종류 중 나에게 적합한 것을 선택했다면, 더 많은 혜택을 받을 수 있는지 [자료 5-5]의 구체적인 유형별 조건을 통해 확인해보자.

ISA 계좌의 유형은 가입자의 조건에 따라 '일반형/서민형/농어민'으로 구분된다. 서민형과 농어민으로 개설하는 것이 가능하다면 더 많은 비과세 한도를 적용받을 수 있으므로 반드시 유형별 조건을 확인하고 개설하는 것이 좋다.

이렇게 어떤 종류의 ISA 계좌를 어떤 유형으로 개설할지를 선택했다면, 잘 활용하기 위한 방법을 구체적으로 알아보자.

어떤 ISA 계좌를 활용해야 할까?

ISA 계좌를 활용하기에 앞서 어떤 ISA 계좌를 활용해야 할지 고민이 될 수 있는데, 투자목표를 기준으로 선택하는 것을 추천한다. 앞서 소개한 ISA 계좌의 종류별 특징을 고려하면 다음과 같이 구분할 수 있다.

> - 안정적인 수익을 원하는 경우 : 신탁형 ISA. 예금에 편입하는 것이 가능하므로 수익보다 안정성을 요하는 투자자에게 적합함
> - 적극적인 수익을 원하는 경우 : 중개형 ISA. 국내 주식에 직접 투자하는 것이 가능하고, 다양한 금융상품을 활용해 능동적인 투자전략의 실행이 가능함
> - 전문가의 도움을 원하는 경우 : 일임형 ISA. 전문가의 도움을 받아 자산 관리가 가능함

개인적으로는 앞서 이야기했던 것과 같이 선택의 폭이 넓은 중개형 ISA 계좌를 활용하는 것을 적극 권장하고 싶다. 중개형 ISA 계좌에서도 RP와 국채에 투자하거나 금리형(파킹형) ETF에 투자하면 안정성을 확보할 수 있고, 자사배분형펀드를 활용하면 전문가의 도움을 받는 것과 비슷한 효과를 낼 수 있기 때문이다.

예를 들어 KODEX 1년 양도성예금증서 액티브(합성) ETF를 활용하면 1년 CD 이자에 0.5%(연) 추가금리 기회를 얻을 수 있고, 원하는 기간 동안 자유롭게 투자하면서 시중은행 예금 이자 수준의 수익을 확보하는 것이 가능하다. 전문가를 통해 자산을 안정적으로 운용하기 원하는 투자자의 경우도 EMP 펀드(ETF Managed Portfolio)에 투자해 여러 종류의 ETF에 다양한 자산으로 분산투자하는 효과를 얻을 수 있다.

중개형 ISA 계좌를 활용해 적극적으로 자산을 효율적으로 운용하고 싶다면, ETF를 활용한 포트폴리오를 구성하고 관리하는 것을 추

천한다. 투자 경험이 적은 사람도 연 5~6% 수준의 안정적 수익을 기대할 수 있는 '영구포트폴리오'를 예시로 소개하겠다.

영구포트폴리오란 무엇인가?

영구포트폴리오란 다양한 경제 상황에서도 안정적인 성과를 추구하는 자산배분 전략이다. 1980년대에 해리 브라운(Harry Browne)에 의해 고안되었으며, 경제의 변화에 상관없이 균형 잡힌 포트폴리오 유지를 목표로 한다. 서로 다른 경제상황에서의 강점을 가진 자산들을 균형 있게 편입하면, 어느 한 자산이 부진하거나 손실이 발생하더라도 전체 포트폴리오의 충격이나 손실을 완화할 수 있다.

영구포트폴리오는 일반적으로 다음과 같은 4가지 자산군으로 구성되고, 각 자산에 부합하는 ETF를 선별해 총 투자금액에서 25%씩 배분한다.

- 주식 : 경제 성장과 번영기에 수익 창출
- 채권 : 경기 침체 시 안전한 수익 확보 가능
- 금 : 인플레이션이나 경제 위기 시에 가치 보존
- 현금 : 유동성을 확보하고 금리가 오를 때 손실을 최소화

이처럼 서로 다른 경제상황에 강점을 가진 4가지 자산을 균형 있게 편입하면, 어느 한 자산이 부진하거나 손실이 발생하더라도 전체 포트폴리오의 충격이나 손실을 완화할 수 있다(채권의 경우 안정성 확보를 위해 국채를 기반으로 참고).

[자료 5-6]과 같이 각 자산군에 해당하는 대표적인 ETF를 선별해 25%씩 분산한 후, 1년에 한 번씩 자산의 비중을 재조정한다. 비중을 재조정할 때는 최초 설정한 25%로 복귀하도록 한다. 가치가 상승한 자산은 일부 매도해 수익을 실현하고, 하락한 자산은 추가 매수해 비중을 조절한다. 자산재배분을 하는 과정에서 자연스럽게 부분적인 '저가 매수+수익실현'을 반복하게 되어 안정적인 자산증식이 가능해진다.

영구포트폴리오 이외에도 다양한 투자포트폴리오를 본인의 투자스타일에 맞게 구성해 중개형 ISA 계좌에서 관리한다면, 절세혜택을 통해 실질수익을 높이는 것이 가능하다.

자료 5-6 ETF 영구포트폴리오 예시

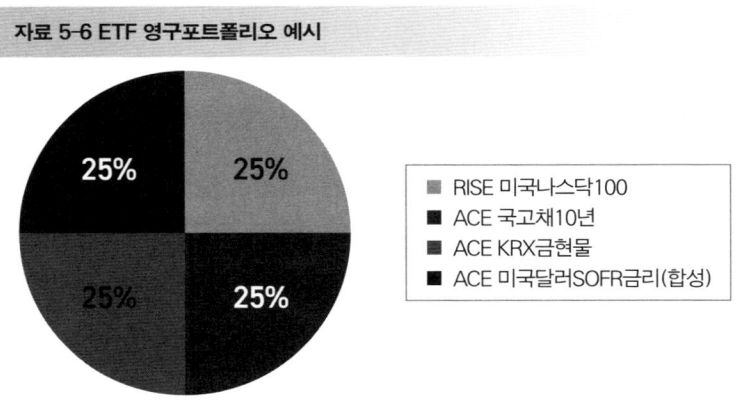

중개형 ISA 계좌 활용 팁

중개형 ISA 계좌는 의무가입 기간이 3년이지만 만기는 별도로 설정할 수 있다. '의무가입 기간에 맞춰 만기를 3년으로 정하고 필요할 때 연장하면 될 것'이라고 생각할 수 있지만, 만기를 연장할 때 신규 계약처럼 자격을 따지기 때문에 최초 가입 시에 만기를 길게 정해두는 것이 좋다. 만기를 길게 정했더라도 의무가입 기간이 지난 다음에는 언제 해지하든 비과세 혜택과 분리과세 혜택을 받을 수 있기 때문이다.

계좌 개설 후 만기 이전까지는 투자 대상을 언제든 매매할 수 있기 때문에 시장상황에 맞게 투자포트폴리오를 변경하며 관리하는 것이 좋다. 예를 들어 경기 침체기에는 앞서 알려준 영구포트폴리오 같은 저위험 중수익 포트폴리오로 관리하고, 경기 회복기에는 위험자산비중을 높이고 성장주 위주로 포트폴리오 구성을 변경해 관리하는 것을 추천한다.

또한 만기가 된 중개형 ISA 자금을 연금저축계좌로 이전하면 '연금저축+IRP'의 한도를 다 채웠더라도 최대 300만 원(중개형 ISA 전환금액의 10%)까지 추가로 세액공제 한도를 받을 수 있다.

미국 직투 시대를 맞아
미국 ETF에 도전하자

4050 세대도 시대의 변화에 발맞춰 글로벌한 투자를 통해
자산을 키울 수 있는 기회를 놓치지 않길 바란다.

　유튜브를 통해 전 세계의 영상을 볼 수 있고, 넷플릭스를 통해 글로벌 영화와 드라마를 즐길 수 있고, 인스타그램에서 전 세계의 트렌드를 경험할 수 있는 글로벌 시대를 살아가고 있는 지금, 투자도 국내에 국한되어서는 안 된다. 미국 주식시장은 전 세계에서 가장 크고 활발한 시장이다. 세계를 선도하는 기업들에 투자할 수 있는 기회도 있다. 하지만 개별기업에 투자하기에는 한국 주식시장과 달리 상한가와 하한가가 없기 때문에 너무 큰 변동성에 노출될 수 있다.

　자산을 빠르게 늘리는 것보다 지키는 것이 더 중요한 4050 세대에게는 ETF를 활용한 분산투자가 특히 적합하다. 지금부터는 미국 ETF를 활용한 투자를 위해 대표적인 ETF에 대해 공부해보고, ETF를 활용한 투자 포트폴리오 구성 방법을 제안하고자 한다.

자산군 및 섹터별 주요 미국 ETF

미국 상장 ETF를 활용하면 자산군 및 산업 섹터별로 잔략적인 분산투자가 가능하다. 투자에 참고할 수 있도록 자산군과 섹터별로 추천할 만한 ETF를 정리해보았다. 크게 4가지 범주로 분류되는데, '주식·채권 기준 대표 미국 ETF' '섹터별 대표 미국 ETF' '배당주 ETF' '원자재 및 원자력 섹터 ETF'다.

첫 번째, '주식·채권 기준 대표 미국 ETF'는 다음과 같이 정리할 수 있다.

1) VOO(Vanguard S&P500 ETF), 수수료 0.03%

S&P500지수를 추종하며, 미국 상위 500대 기업에 투자하는 대표적인 대형주 ETF다. 동일한 지수를 추종하는 SPY ETF에 비해 수수료가 더 낮은 것이 장점이다. 저비용으로 미국 대형주에 분산투자할 수 있어 장기적으로 미국 주식시장의 성장을 기대하는 투자자에게 적합하다.

2) VTI(Vanguard Total Stock Market ETF), 수수료 0.03%

미국 전체 주식시장에 투자하며, 대형주뿐만 아니라 중소형주까지 포함해 시장 전체에 분산투자할 수 있다. 미국 전체 주식 시장의 성장을 기대하고 포트폴리오의 다각화를 추구하는 투자자에게 적합하다.

3) TLT(iShares 20+ Year Treasury Bond ETF), 수수료 0.15%

미국 장기 국채에 투자하는 ETF로, 금리 하락 시 채권 가격 상승을 기대할 수 있다. 안정적인 자산에 투자하고자 하며, 금리 하락기에 국채 가격 상승에 의한 수익을 기대하는 투자자에게 적합하다.

4) SHV(iShares Short Treasury Bond ETF), 수수료 0.15%

단기 국채에 투자하며, 금리 변동에 상대적으로 덜 민감해 안정성을 추구할 수 있다. 단기 자산에 투자해 금리 상승 시 리스크를 줄이자 하며, 안정적인 현금 흐름을 유지하려는 투자자에게 적합하다.

두 번째, '섹터별 대표 미국 ETF'는 다음과 같이 정리할 수 있다.

5) QQQ(Invesco QQQ Trust), 수수료 0.20%

나스닥 100 지수를 추종하며 주로 기술주, 헬스케어, 소비재 등 성장 잠재력이 높은 산업에 투자한다. 기술주에 집중 투자하고자 하며, 나스닥 상위 100개 기업의 성장성을 믿고 장기적으로 투자하려는 투자자에게 적합하다.

6) VGT(Vanguard Information Technology ETF), 수수료 0.10%

미국 IT 섹터에 집중 투자하며, 주요 기술 기업들로 포트폴리오가 구성된 ETF다. IT 산업의 장기적인 성장 가능성을 기반으로 기술주에 집중 투자하고자 하는 투자자에게 적합하다.

7) XLV(Health Care Select Sector SPDR Fund), 수수료 0.10%

미국 헬스케어 섹터에 투자하며, 제약, 의료 서비스, 생명공학 등에서 주요 기업으로 구성되어 있다. 안정적인 헬스케어 산업에 장기 투자하고자 하며, 특히 고령화 사회에서의 성장 가능성을 기대하는 투자자에게 적합하다.

8) VNQ (Vanguard Real Estate ETF), 수수료 0.12%

미국 상업용 부동산 및 리츠에 투자하며, 안정적인 배당 수익을 제공하는 부동산 ETF다. 부동산 섹터에 투자해 인플레이션 방어와 안정적인 수익을 추구하려는 투자자에게 적합하다.

9) SCHH(Schwab U.S. REIT ETF), 수수료 0.07%

상업용 부동산 및 리츠(REITs)에 투자하며, 저비용으로 안정적인 배당을 제공하는 부동산 ETF다. 부동산 투자에 대한 안정성과 저비용을 선호하는 투자자에게 적합하다.

세 번째, '배당주 ETF'는 다음과 같이 정리할 수 있다.

10) SCHD(Schwab U.S. Dividend Equity ETF), 수수료 0.06%

미국 우량 배당주에 투자하며, 배당 성장이 기대되는 종목들로 포트폴리오가 구성된 ETF다. 안정적인 배당 수익과 장기적인 성장을 기대하는 투자자에게 적합하다.

11) VYM(Vanguard High Dividend Yield ETF), 수수료 0.06%

고배당주에 집중 투자하며, 대형주 중심으로 포트폴리오가 구성된 ETF다. 고배당 수익을 추구하고, 장기적인 배당 성장을 기대하는 투자자에게 적합하다.

12) JEPI(JPMorgan Equity Premium Income ETF), 수수료 0.35%

주식과 옵션을 혼합한 포트폴리오로 높은 배당 수익을 제공하는 ETF다. 고배당을 목표로 하며, 옵션 전략을 통해 주가 변동성을 헤지하려는 투자자에게 적합하다.

13) DVY(iShares Select Dividend ETF), 수수료 0.39%

미국 고배당주에 투자하며, 배당 성장이 기대되는 종목들로 포트폴리오를 구성한다. 안정적인 배당 성장을 기대하는 장기 투자자에게 적합하다.

네 번째, '원자재 및 원자력 섹터 ETF'는 다음과 같다.

14) GLD(SPDR Gold Shares ETF), 수수료 0.40%

금 가격을 추종하며, 인플레이션 방어와 안전 자산으로 인기를 끄는 대표적인 원자재 ETF다. 금에 투자해 포트폴리오의 리스크를 분산하고자 하며, 인플레이션 대비를 원하는 투자자에게 적합하다.

15) DBC(Invesco DB Commodity Index Tracking Fund), 수수료 0.85%

에너지, 금속, 농산물 등 다양한 원자재에 분산투자하는 ETF로, 포트폴리오 다각화에 유리하다. 원자재 전반에 대한 노출을 원하며, 글로벌 경제의 자원 수요 증가를 기대하는 투자자에게 적합하다.

16) URA(Global X Uranium ETF), 수수료 0.69%

우라늄 및 원자력 관련 기업에 투자하며, 핵 에너지 산업의 성장성을 반영한 ETF다. 원자력 에너지의 장기적 성장 가능성을 믿기에 원자력 관련 기업에 투자하려는 투자자에게 적합하다.

예시한 16개의 ETF를 활용해 투자성향을 고려해 자산배분을 한다면 상대적으로 안정적인 자산증식을 기대할 수 있다. 물론 위에 소개한 16개 외에도 다양한 미국 ETF를 통해 자산군과 산업 분야에 폭넓게 투자할 수 있다.

투자 성향별 미국 ETF 포트폴리오

자신의 투자 성향에 따라 투자포트폴리오는 다르게 구성될 수 있다. 왜냐하면 변동성이 큰 자산과 변동성이 상대적으로 적은 자산을 본인이 어떻게 배분하느냐에 따라 총 보유자산 가치의 변동성이 달라질 수 있기 때문이다.

지금부터는 '안정적, 적극적'인 2가지 성향을 기준으로 자산군 및 섹터별 대표적인 ETF를 활용한 포트폴리오 예시를 제시하고자 한다. 안정적인 투자자는 안정적인 자산에 더 높은 비중을 두는 방식으로, 적극적인 투자자는 성장성이 높은 자산에 비중을 두는 방식으로 구성했다.

이 2가지 투자포트폴리오 구성 예시를 통해 나에게 맞는 투자포트폴리오 구성을 검토해보자. 투자포트폴리오가 잘 구성되었는지에 대한 확신이 없다면 구글파이낸스를 통해 모의 투자포트폴리오를 만들어보는 것도 좋다.

1) 안정적 투자자를 위한 미국 ETF 포트폴리오

안정적 투자자는 장기적으로 안정적인 수익과 낮은 변동성을 목표로 하며, 채권과 대형주에 높은 비중을 두고, 원자재와 배당주도 일부 편입해 리스크를 분산하도록 구성했다. 포트폴리오 구성은 다음과 같다.

안정적 투자자 포트폴리오라고 하면 '채권 40%, 대형주 30%, 배당주 20%, 원자재 10%'로 구성할 수 있다. 해당 포트폴리오를 통해 금리 변동과 시장의 불확실성에도 안정적인 수익과 장기적인 자산 성장, 그리고 배당 수익을 기대해볼 수 있다.

① 채권 : 40%
- TLT(iShares 20+ Year Treasury Bond ETF)에 20%
  : 장기 미국 국채에 투자해 금리 하락 시 가격 상승을 기대
- SHV(iShares Short Treasury Bond ETF)에 20%
  : 단기 국채에 투자해 금리 상승 시에도 안정적인 현금 흐름을 유지
② 미국 대형주 : 30%
- VOO(Vanguard S&P 500 ETF)에 30%
  : 미국 상위 500대 대형주에 투자해 안정적인 시장 성장을 기대
③ 미국 배당주 : 20%
- SCHD(Schwab U.S. Dividend Equity ETF)에 10%
  : 안정적인 배당을 제공하는 미국 우량 배당주에 투자
- VYM(Vanguard High Dividend Yield ETF)에 10%
  : 고배당주에 집중 투자해 꾸준한 배당 수익을 추구
④ 원자재 : 10%
- GLD(SPDR Gold Shares ETF)에 10%
  : 금에 투자해 인플레이션 대비 및 포트폴리오 리스크 분산

2) 적극적 투자자를 위한 미국 ETF 포트폴리오

적극적 투자자는 기술주 및 신재생 에너지 같은 성장 산업에 높은 비중을 두고, 변동성이 큰 자산군에도 투자해 더 높은 수익률을 목표로 하는 것이 적합하다.

포트폴리오 구성은 다음과 같다.

① 기술주: 30%
- QQQ(Invesco QQQ Trust)에 20%
  : 나스닥 100 지수를 추종하며 기술주 중심의 성장 잠재력을 노림
- VGT(Vanguard Information Technology ETF)에 10%
  : 미국 IT 섹터에 집중 투자해 장기적인 기술주 성장을 기대

② 미국주식 전체: 20%
- VTI(Vanguard Total Stock Market ETF)에 20%
  : 대형주뿐 아니라 중소형주까지 포함된 포트폴리오로, 미국 주식 시장 전체 성장을 추구

③ 신재생 에너지 및 원자력: 20%
- URA(Global X Uranium ETF)에 10%
  : 원자력 관련 기업에 투자하며, 원자력 에너지 산업의 장기적 성장성을 기대
- ICLN(iShares Global Clean Energy ETF)에 10%
  : 신재생 에너지 기업에 투자해 친환경 에너지 산업의 성장을 추구

④ 원자재: 10%
- DBC(Invesco DB Commodity Index Tracking Fund)에 10%
  : 다양한 원자재에 투자해 자원 가격 상승의 기회를 노리고 포트폴리오를 다각화

⑤ 채권: 20%
- TLT(iShares 20+Year Treasury Bond ETF)에 20%
  : 단기 미국 국채에 비해 높은 가격변동성으로 초과 수익 기대

적극적 투자자 포트폴리오는 '기술주 30%, 미국주식 전체 20%, 신재생 에너지와 원자력 20%, 원자재 10%, 채권 20%'로 구성할 수 있다. 해당 포트폴리오를 통해 금리인하로 수혜를 받을 수 있는 성장주와 미국 국채 장기물, AI와 전기차 시장의 확대로 늘어날 전력 수요를 대비한 신재생 에너지와 원자력에 투자하면서 원자재 가격 상승에 대한 초과 수익을 기대할 수 있다.

알아두면 좋은 미국 ETF 투자 팁

한국에 있는 개인투자자가 미국 ETF에 투자할 때 주의할 것은 크게 '환율'과 '세금'으로 구분할 수 있다.

미국주식을 거래해야 하므로 USD/KRW환율(원달러환율)의 영향을 받는 것을 고려해 투자해야 한다. 또한 환전을 위한 수수료가 추가적으로 발생할 수 있으므로, 각 증권사마다 환전 우대를 적용할 수 있는지, 그리고 해외주식 거래 수수료 할인 이벤트를 적용받을 수 있는지 체크해보면 좋다.

미국 ETF에 직접 투자하는 경우, 매매차익에 대해 22%의 양도소득세가 과세된다. 한국에서 해외주식 ETF를 거래했을 때 발생하는 15.4%의 배당소득세보다 높은 세율이지만, 연간 250만 원의 기본공제가 적용된다. 매년 1회 정기적으로 수익 구간의 ETF와 손실구간의 ETF를 매매해 손익 상계를 하면 세금도 줄일 수 있다.

주식의 변동성이 두렵다면
채권투자가 적격이다

금융이 발전하는 만큼 채권도 주식의 특성을 포함하거나
수익률이 물가와 연동하기도 하는 등 상품이 다양화하고 있다.

　채권은 만기에 확정된 이자와 원금을 받는 상품이다. 그렇기 때문에 4050 세대뿐만 아니라 투자 경험이 부족하더라도 주식에 비해 접근이 쉬운 투자대안이다.

　그렇지만 채권도 알고 보면 역동적일 수 있으며, 단순한 만기보유가 아닌 다양한 투자기법을 활용할 수 있다. 금융이 발전하는 만큼 채권도 주식의 특성을 포함하거나 수익률이 물가와 연동하는 등 상품이 다양화하고 있다.

　채권투자는 보수적인 투자자에서 공격적인 투자까지 다양한 선택의 폭을 가져갈 수 있다. 그래서 더욱 공부가 필요한 부분이기도 하다.

채권에 투자하는 이유

정기예금의 수익률에는 만족하기 어렵고, 주식의 변동성은 두려운 4050 세대 투자자에게 채권은 장점이 많다. 일반적으로 채권은 증권회사를 통해 매매되지만, 은행에서도 특정금전신탁에 채권을 담아 판매할 수 있다. 이렇듯 채권을 접할 기회가 많으므로 채권에 대해 공부를 많이 해야 한다.

채권은 만기 원리금이 확정되어 있지만 발행주체가 부실화되면 원리금을 회수하지 못할 가능성이 있기 때문에 발행자의 신용도 확인이 무엇보다도 중요하다. 발행주체가 부도나지 않는다면 가격 하락의 위험이 있는 주식과는 달리 만기에 정해진 원리금을 회수할 수 있다.

따라서 채권은 부도위험을 제외하면 금리변동이 중요한 투자 포인트가 된다. 공부를 하고 적절한 수준의 위험을 선택하면 정기예금보다 더 높은 수익률로 안정적인 자산운용이 가능한 것이 채권이다.

채권의 개념과 특징

채권은 정부, 공공기관, 특수법인과 주식회사가 일반 투자자들로부터 비교적 장기의 자금을 집단적·대량적으로 조달하기 위해 부담하는 채무를 표시하는 유가증권(有價證券)이다. 쉽게 말하면 '금융시장에서 유통되는 차용증서'라고 할 수 있다. 보통의 차용증서와는 다르게 유통성을 확보하기 위해 공신력이 높은 정부, 금융기관 또는 상법상의 회사가 일반 투자자를 대상으로 발행한 것이므로 다음과 같은 법적인 제약과 보호를 받게 된다.

- 채권을 발행할 수 있는 기관과 회사가 법률로 정해진다.
- 발행자격이 있더라도 정부는 국회의 동의를 받으며, 회사는 금융당국에 신고 등의 절차를 밟아야 한다.
- 증권거래법이 정하는 바에 따라 유가증권시장에서 거래된다.

채권의 특징은 다음과 같이 3가지로 정리할 수 있다.

1) 확정이자부 증권

채권은 발생 시에 채무자가 지급해야 할 이자와 상환금액이 확정되거나 그 기준이 확정된다. 그렇기 때문에 투자원금에 대한 수익은 금리수준에 따라 변동이 생기는 것 외에는 발행 시에 이미 결정된다. 따라서 채권투자에서는 발행자의 원리금 지급능력이 가장 중시된다.

이와 같이 채권은 확정이자부 증권이므로 채권발행은 다른 확정이자부 금융자산인 정기예금 등과 경합하게 된다. 따라서 발행자는 채권발행 시 항상 당시 금리수준을 고려하게 된다.

2) 이자지급증권

채권은 주식과 달리 발행자가 발행주체의 수익 발생 여부와 관계없이 이자를 지급해야 한다. 이 점이 주식과 채권의 큰 차이점이라고 할 수 있다. 채권의 이자지급은 채권발행자가 부담하는 금융비용 중에서 큰 비중을 차지하므로 기업의 손익과 성장에 많은 영향을 주게 된다.

또한 채권은 일반 투자자에게 안정적인 저축수단을 제공하고, 통화에 대한 대체성을 가진다. 이러한 특징 때문에 정부는 통화량 조절수단인 공개시장 운영에 채권을 매개물로 이용한다.

3) 기한부증권

채권은 원리금 상환기간이 사전에 정해져 있는 기한부증권이다. 극히 예외적으로 영구채가 발행되기도 하지만, 그야말로 예외적인 경우다. '만기가 있다'는 채권의 특성으로 인해 만기까지의 잔존기간이 투자결정요소로서 중요성을 가진다.

시장금리는 경제상황에 따라 수시로 변하는데, 잔존기간이 장기인지 단기인지가 채권투자수익에 영향을 미치게 된다. 단기채권보다는 장기채권이 시장금리에 민감하게 반응한다. 금리 하락기에 단기채권보다 장기채권의 채권가격 상승효과가 커지므로 만기가 많이 남은 국채의 인기가 높아진다.

채권은 종목별로 발행조건이 다르다

채권이 발행되는 시점에 결정되는 변수들을 채권의 발행조건이라고 부른다. 채권발행 조건에는 발행주체, 액면가(일반적으로 10,000원), 만기, 표면이자율(발행금리), 이자지급 방식, 그리고 기타 부가옵션들이 있다.

채권은 종목별로 발행조건이 다르며, 이에 따라 발행주체, 이자지급 방식, 만기 등 몇 가지 기준으로 분류할 수 있다.

발행주체에 따른 채권의 분류

채권을 발행해 자금을 빌려 쓰는 주체가 누구인가에 따라 채권의 종류가 구분되며, 이렇게 구분된 채권들은 발행주체의 채무상환 능력에 따라 신용평가사들로부터 부여된 신용등급을 기준으로 다시 분류된다.

1) 국채

국채는 정책을 위해 국회의 동의를 받은 후 정부가 발행하는 채권이다. 국채 중에는 매월 기획재정부에서 시행하는 정기적인 입찰을 통해 3년, 5년, 10년, 20년, 30년 등의 만기물을 발행하는 국고채가 대표적이다. 정부가 원리금 지급을 보장하기 때문에 신용도가 가장 높은 무위험채권으로 간주된다. 물가가 오를수록 지급되는 이자가 많아지는 물가연동국채는 물가 상승 시기에 유리하다. 국채는 거래가 활발하고 실세금리를 민감하게 반영하는 등 채권시장에서 차지하는 비중이 높다. 따라서 시장을 대표하며 지표채권으로서의 역할을 한다. 일반적으로 잔존만기 3년 국채의 금리를 대표금리로 많이 사용한다.

2) 지방채

중앙정부가 아닌 지방자치단체가 지방재정법, 도시철도법 등의 규정에 의거해 특수 목적의 자금을 조달하기 위해 발행하는 채권이다. 서울도시철도 채권 등 각 지방 도시철도 채권들과 지역개발 채권들이 대표적인 지방채다. 또한 자동차를 매입해 등록할 때 의무적으로 구입해야 하는 첨가소화채가 바로 이 지방채다. 지방채는 국채에 비해서는 신용도가 다소 떨어진다고 볼 수 있으나, 국가로부터 재정적으로 완전히 독립되지 않은 채 보조를 받는 지방자치단체가 원리금을 지급하므로 최고 수준의 신용도를 지니고 있다.

3) 특수채

예금보험공사, LH공사, 한전, 도로공사, 수자원공사, 가스공사 등 특별법에 의해 설립된 법인들이 발행하는 채권이며, 대부분이 공사에서 발행하기 때문에 공사채라고도 한다. 일반적으로 특별법에 의해 설립된 금융기관이 발행한 채권은 금융채로 분류한다. 공사채의 대부분은 국가의 보증 또는 신용보강을 수반하고 있기 때문에 최고 등급인 AAA를 부여받는다.

4) 금융채

은행, 카드, 캐피탈사, 리스 등의 금융기관들이 발행하는 채권이다. 금융채는 다시 한국은행의 통안채, 산업은행의 산금채, 중소기업은행의 중금채, 시중은행채, 카드나 캐피탈 등의 기타 금융채로 세분된다. 은행이 발행하는 후순위채권은 장기로 이자수입을 받을 수 있어 4050에게도 괜찮은 투자안이다. 은행이 아닌 저축은행의 후순위채권은 장기이므로 저축은행의 부실 가능성을 면밀히 확인하는 것이 좋다. 카드회사나 은행그룹 계열의 캐피탈회사가 발행하는 채권은 신용도도 높고 수익성에 비해 위험이 크지 않아 초보 개인투자자들도 접근하기 좋다.

5) 회사채

상법상의 주식회사가 발행하는 채권이다. 국공채와 달리 회사채는 각 발행기업의 원리금 상환 능력이 채권 발행기업마다 차이가 크다. 따라서 회사의 채무이행 능력에 따라 AAA부터 D까지의 다양한 신용등급을 부여받는다. 투자등급으로 BBB까지를 인정하며, 당해 등급 내에서 상대적 위치에 따라 + 혹은 – 부호를 더해서 표시한다. 일반적으로 금융기관은 BBB+ 등급까지를 투자상품으로 제시하는 경우가 많다.

투자한 회사채 채권자들은 기업이 도산하거나 청산할 경우, 주주 우선으로 기업 자산에 대한 청구권을 인정받게 된다. 당연하지만 발행회사의 상환 능력에 대해 면밀한 확인이 필요하다. 고수익에 취해서 원금이 다치면 그간의 수익은 물거품이 될 수 있기 때문이다.

보수적인 투자자는 대기업 채권에 투자하는 것이 적절하며, 공격적인 투자자는 건설회사 채권이나 브라질국채와 같은 채권 등의 선택지가 있다. 최근에는 여러 유형의 자산 및 자산구조를 담보로 하는 ABS(Asset Backed Securities)도 발행되고 있다. ABS는 담보로 제시되는 자산을 잘 확인하면 위험 대비 좋은 수익률을 거둘 수 있다.

이자지급 방식에 따른 채권의 분류

채권은 이자지급 방식에 따라 이표채, 할인채, 복리채로 나뉜다.

1) 이표채(Coupon Bond)

이표채는 3개월 또는 6개월 등으로 정해진 단위 기간마다 표면금리(채권에 명시된 이자율)만큼의 이자를 정기적으로 지급받게 되는 채권을 말한다. 회사채의 대부분이 이표채로 발행되고 있다. 또한 공사채와 2년 이상 금융채의 상당 부분이 3개월 이표채로 발행되고 있으며, 국채 일부가 6개월 이표채로 발행되고 있다.

채권을 채권자가 직접 보유하던 시절에는, 정해진 날짜가 되면 채권증서에 붙은 이표(Coupon)를 떼어 발행자로부터 이자를 지급받았기 때문에 이표채라고 한다. 지금은 대부분 채권을 보유하고 있는 증권계좌로 이자금액이 지급된다. 이표채 중 회사채는 대부분 분기마다 주기적으로 정해진 이자가 입금되므로 4050 입장에서 이를 계획적으로 활용하기에도 좋다.

> 이표채 사례) 액면가 1만 원, 표면이율 연 5%, 연 1회 이자지급 조건

이표채 1만 원의 경우는 매년 '10,000원 × 5%(1년에 1회 지급)'인 500원씩의 세전 이자를 지급받게 된다.

현재	1년 후	2년 후	3년 후
-10,000	500	500	10,500

같은 금리, 같은 만기의 이표채라고 할지라도 이자주기가 더 짧은 3개월 이표채의 실효수익률이 연이표채의 실효수익률보다 높다. 좀 더 일찍 받은 이자로 다시 돈을 굴릴 수 있는 기간만큼 복리효과가 생기기 때문이다.

2) 할인채(Discount Bond)

할인채는 만기일까지의 이자를 미리 할인한 금액으로 발행하는 채권을 말한다. 1년 이하 만기 통안채와 은행채의 대부분은 할인채

로 발행되며, 2년 이상의 채권이 할인채로 발행되면 만기 이자지급액이 지나치게 커지는 효과가 발생하므로 장기의 경우는 할인채가 거의 없다.

3) 복리채(Compound Bond)

복리채는 이자가 발행이율만큼 복리로 재투자되어 만기일에 원금과 재투자된 이자를 함께 상환받는 채권이다. 국민주택채권과 지역채들이 대표적인 복리채다.

만기에 따른 채권의 분류

채권 만기까지의 기간을 기준으로 분류한다. 일반적으로 1년 이하의 채권을 단기채권이라고 하며, 1년에서 5년 이하의 채권을 중기채라고 하며, 5년을 넘어가면 장기채권으로 분류한다.

원래는 장기채이더라도 발행 이후 시간이 경과해 만기까지의 잔존기간이 줄어들면 단기채가 된다. 따라서 채권의 발행일과 만기일을 잘 확인하고 투자해야 한다. 장기채 시장이 발달한 미국·유럽에서는 잔존만기가 10년을 초과하는 경우 장기채로 분류하고 있다.

만기가 없이 영원히 일정한 이자액을 지급하는 초장기채권인 영구채도 있다. 자본시장이 성숙해지고 있는 한국의 경우에도 점점 장기채권 시장이 확대되고 있다.

채권시장의 장외거래

국내 채권시장에서는 이미 여러 채권이 발행되고 있고, 같은 조건의 채권이라 할지라도 발행일이 다르면 또 다른 개별 종목이 발행되는 셈이다. 다양한 채권이 시시각각 유통되고 있으며, 거의 매일 만기가 도래한 종목들이 사라지고 있다. 그래서 채권은 주식처럼 체계화하거나 단일화해서 장내시장을 형성하기는 어렵다. 이런 이유로 지표종목 등과 같은 소수의 종목을 제외하고는 대부분 거래소 거래가 아닌 장외시장에서 거래가 이루어지고 있다.

채권시장은 거래단위 규모가 크기 때문에 연기금, 보험사, 자산운용사, 증권사, 은행 등 기관투자자들의 거래가 거의 대부분이다. 기본 거래단위가 수십억 원일 정도로 거액의 거래들이 주로 기관투자자들 간에 이루어진다. 따라서 일반적으로 일반 개인투자자의 채권투자는 증권사의 창구에서 거래되는 것이 보통이다. 그래서 현실적으로 채권거래를 많이 하는 투자자는 은행보다는 증권사에서의 거래가 많게 된다. 채권에도 한국거래소를 통한 장내시장이 존재하는데 개인투자자도 참가할 수 있는 시장이 있다. 즉 일반채권시장과 국민주택채권과 같은 첨가소화채를 거래하는 소액채권시장이 있다.

장내 시장에서 거래되는 국공채나 신용등급이 높은 회사채는 비교적 안정적인 수익을 추구하는 개인투자자에게 적합하다. 그리고 소액채권시장은 상대적으로 거래단위가 작고 진입 장벽이 낮아 개인투자자도 채권 투자를 시작하기에 유용하다.

발행시장과 유통시장의 차이점

채권시장은 크게 발행시장과 유통시장으로 나뉜다. 발행시장이 발행자가 자금을 조달하기 위해 발행한 채권들이 투자자들에게 최초로 교부되는 시장이라면, 유통시장은 이미 발행된 채권들이 투자자들 사이에서 서로 합의된 가격으로 매매되는 시장이다.

발행시장에서는 증권사가 발행기관이 되어 발행자와 투자자 사이에서 채권발행에 대한 주간 업무(사무처리 및 총괄 업무), 인수 업무(발행채권의 도매 역할), 그리고 판매 업무를 수행한다. 주로 복수의 증권사가 발행기관으로 참여해 주간사, 인수사, 판매사 역할을 분담하거나 공동으로 수행한다.

유통시장에서는 주로 증권사가 중개기관이 되어 거래의 성사와 결제 업무 등을 수행한다. 이때 채권투자자는 당연히 채권의 신용위험을 직접 부담한다는 점에서 은행 예금 투자자와는 법적 성질이 다르다. 즉 채권을 매수한다는 것은 채권을 발행한 주체에게 직접 돈을 빌려준 것과 같은 의미가 된다.

채권투자 전략과 금리의 관계

채권은 금리향방이 중요한 투자열쇠다. 시장금리가 낮아지면 할인율이 하락하는 셈이니 채권가격은 오르게 된다. 따라서 금리 하락기에는 가격변동성이 큰 장기채권이 유리하게 된다. 반대로 금리가 상승하는 시기에는 할인율이 상승하니 채권가격이 약세가 된다. 이런 경우에는 금리 상승효과를 누리기 위해 만기가 짧은 채권으로 계속 재가입하는 것이 좋다.

- 금리 하락기 : 장기채권투자
- 금리 상승기 : 단기채권투자

채권투자에 있어서 금리의 향방은 그 무엇보다도 중요하다. 금리가 오를지 내릴지 향방은 경기에 영향을 받으므로 경기상황으로 살펴보자.

경기가 좋아지고 소득이 늘어나 수요가 증가하면 더 많은 사람이 돈을 빌려서 사업을 시작하거나 설비 투자를 확대하거나 주식에 투자하려고 할 것이다. 이렇게 돈의 수요가 많아지면 금리가 높더라도 돈을 빌리려 하므로 시중금리가 상승하게 된다. 반면에 경기가 나빠지면 돈을 빌려서 생산이나 투자하려는 사람이 줄어들면서 돈의 수요가 감소한다. 그러면 금리가 낮더라도 돈을 빌리려는 사람이 줄어들기에 시중금리는 하락할 것이다.

다시 말해, 경기가 악화되어 하락하면 상대적으로 안전한 국채가격이 상승하고, 경기가 좋아져 상승하면 상대적으로 회사채 투자수요가 증가한다.

- 경기 상승 → 소비·생산 증가 → 자금수요 증가(대출·투자 증가) → 금리 상승
- 경기 하락 → 소비·생산 감소 → 자금수요 감소(대출·투자 감소) → 금리 하락

자료 5-7 시장금리의 주요 변동 요인

시장금리 상승 요인	시장금리 하락 요인
경기 상승	경기 하락
물가 상승	물가 하락
확장 재정정책(국채발행 증가)	축소 재정정책(국채발행 감소)
시중자금 부족	시중자금 풍부
미국 등 선진국 금리 상승	미국 등 선진국 금리 하락

이외에도 금리 변동 요인은 많다. 금리의 변동은 은행 예금상품뿐만 아니라 채권형 펀드의 수익률에도 직접적인 영향을 미치므로 잘 정리해서 기억할 필요가 있다.

자본주의가 성숙할수록 금리는 낮아지는 경향이 있다. 그럼에도 경기는 순환하기 때문에 금리는 요동을 치게 된다. 정확한 금리 전망은 어렵지만 금리의 큰 흐름은 알 수 있다. 금리의 전반적인 향방에 따라 포트폴리오에 채권의 비중과 만기 시기를 조절하는 것으로도 꽤 수익을 얻으면서 안정적인 자산운용이 가능하다는 점을 기억해야 한다.

감내할 수 있는 범위 내라면
주식투자는 바람직하다

초보자도 실천할 수 있는 많은 주식투자의 방법이 있으니
각자 정한 원칙에 따라 꾸준히 공부하면서 주식투자를 해보자.

주식투자는 어렵지만 매력이 있다. 물론 4050에게 섣부르게 직접 투자를 권하기는 조심스럽다. 그렇지만 우리는 포트폴리오를 배웠기 때문에 투자에서 비율조정을 통해 본인의 투자스타일 내에서 위험자산을 운용할 수 있다. 즉 금융자산의 일부로 본인이 충분히 감내할 수 있는 정도까지만 주식에 투자하는 것은 바람직하다. 저성장과 고령화 시대에 주식만큼 성장성이 좋은 자산에 투자할 수 있는 기회가 많지 않기 때문에 더 필요하다.

그리고 한 가지 더, 주식을 투자하다 보면 세상이 돌아가는 모습을 확인할 수 있다. 나이가 들수록 젊게 살고 싶다면 주식에 투자하기를 권한다.

주식이란 무엇인가?

주식은 유가증권의 한 종류이며, 유가증권은 재산적 권리를 표시한 증서다. 세분하면 유가증권 중에서도 자본증권에 해당한다.

주식의 정의는 '출자지분을 나타내는 유가증권'이다. 주식은 주식회사에 있어서는 출자지분의 단위가 되며, 주식회사의 주인이 되는 지분이다. 즉 주식을 소유한 만큼 해당 기업의 주인이 되는 셈이다. 이 점이 채권자의 지위에 서는 채권과의 명확한 차이라 할 수 있다.

자본을 장사의 밑천이라고 이해하면, 주식투자자는 자본에 투자한 지분만큼 주주총회에 참여하고 의견을 표시할 수 있는 의결권이 있다. 이와 달리 채권은 채권자로서 우선적인 원리금 지급을 받을 권리가 있다.

또한 자본시장법에서 증권은 '취득과 동시에 어떤 명목으로든 추가적인 지급의무를 부담하지 아니하는 금융투자상품'이라고 정의하고 있다. 따라서 투자한 기업에 문제가 생기더라도 주식투자자는 주

자료 5-8 주식과 채권의 비교

구분	주식	채권
자금 조달	자기 자본	타인 자본
존속 기간	영구 증권	기한부 증권
원금 상환	의무 없음	의무 있음
경영 참여	참여권 있음	참여권 없음
원금상환 권리	잔여재산분배 청구권	우선적으로 원리금 지급

식에 투자한 투자금까지가 최대 손실이 된다. 이 점이 바로 주식회사 제도의 장점인 '투자자의 유한책임'이다.

주식투자 마인드, '성장을 공유하라!'

고객 중에서 카페를 열고 싶어 하는 이들이 꽤 있었다. 내가 이들에게 하는 질문은 "스타벅스보다 커피장사를 잘 할 수 있겠나요?"이다. 대부분 "그 정도는 아니다"라고 대답하는데, 그렇다면 "커피장사라는 위험한 사업을 하지 말고(실제로 5년 내에 70%가 사업을 접는다) 세상에서 커피를 가장 잘 파는 기업에 투자하라"고 말한다. 바로 여기서 주식투자가 시작된다.

새로운 사업기회와 아이디어가 있으나 자금이 부족한 사업가는 주식회사를 통해 주식이나 채권을 발행해 여러 투자자(주주, 채권자)를 모집할 수 있게 되고, 그 경영의 성과에 따라 주주에게는 배당을, 채권자에게는 확정된 이자를 지급하게 된다. 회사의 경영을 전문 경영인이 맡게 되면 회사의 주인과 운영자의 분리도 가능하다. 좋은 기업은 해당 사업을 가장 잘 하는 기업이고, 이를 찾기는 간단하다. 해당 업종의 1등 기업에 투자하면 된다. 카페를 예로 들면 내가 힘들게 커피전문점을 운영하기보다는 스타벅스에 투자해 매분기 배당을 받고, 커피가 잘 팔리는지와 주가가 오르는지만 확인하면 된다.

식음료업은 성장성이 제한되어 있어 선호하지 않는다면 성장산업에 투자하는 것도 어렵지 않다. 인공지능, 빅데이터, 2차전지, 로봇, 자율주행, 바이오, 수소전지, 원격진료, 가상현실, 우주항공 등 미래 성장성이 높은 산업을 우리는 이미 알고 있다. 성장산업 중에서 마음에 드는 산업을 고르고, 상장된 기업 중 해당 산업에서 가장 잘하는 기업들로 포트폴리오를 구성하면 생각보다 쉽게 우리의 자산을 성장성이 높은 곳에 묻어두게 되는 것이다.

꼭 기억하길 바란다. 주식투자의 핵심은 성장을 공유하는 것이다. 특히 저성장의 시대에서는 성장성이 더욱 소중하다. 성장성을 찾는 가장 쉬운 방법이 바로 주식투자다.

투자와 투기의 차이를 제대로 알자

주식투자가 '미래 성장의 공유'라는 투자의 핵심을 보지 않고 단순히 단기 고수익만 생각하고서 접근하게 되면 투기화될 확률이 높아진다. 한국 주식시장은 배당에 인색하기 때문에 단기매매에 치중하는 투자자가 많다. 마음이 급한 4050 중에서도 이런 투자자를 찾기는 어려운 일이 아니다.

투자(投資)라는 단어에서의 '투'는 '던지다'라는 뜻이다. 던진다는 것은 '투자가 일단 이루어지면 내 마음처럼 진행되지 않는다'는 의미를 내포한다. 주식시장은 단기에 쉽게 돈을 벌어가도록 할 만큼 어수룩하지 않다. 마음이 급하면 더욱 어렵다. 내가 사면 떨어지고,

내가 팔면 오른다. 부지런히 공부하고 나름의 소신을 가져야 시장이 요동쳐도 견딜 수 있다. 좋은 주식을 발굴하고 투자한 후 기다리면, 내가 직접 사업을 하지 않지만 그 사업 기회를 간접적으로 취할 수 있다. 투기가 아닌 투자의 세계에 빠져보도록 하자.

그런데 어떻게 종목을 발굴할 것인가? 내가 해당 사업을 한다고 생각하고서, 누구와 함께 그 사업을 하면 좋을지 생각해보자. 어떤 기업이 떠오른다면 바로 그 기업이 투자할 종목이 된다. 투자에서는 다음의 3가지 핵심 요소를 함께 고려해야 한다.

- 수익성 : 수익을 줄 수 있는 정도
- 안전성 : 미래의 불확실성에 대한 정도
- 유동성 : 손실을 최소화하면서 현금화할 수 있는 정도

투자의 3요소 중에서 어떤 것이 더 중요한가는 투자자의 성향과 스타일에 따라 달라진다. 나이로 구분하자면 젊을수록 은퇴까지 시간적 여유가 있으니 '수익성'에 치중하고, 나이가 들수록 '안전성과 유동성'에 무게를 두는 방법이 일반적이다.

우리가 금융을 공부하는 이유는 '안정성이 중요하지만, 안전한 자산으로만 자산 포트폴리오를 구성한다는 것은 고령화 시대에 풍족한 노후를 보장받기 어렵기 때문'이다. 그러므로 금융을 공부해서 합리적으로 위험을 인수하고 수익률을 높여보고자 함이다.

수익성과 안전성의 조화를 잘 이해한다는 것은 '세상에 공짜는 없다'는 이치를 수용하는 것이다. '높은 수익률에는 높은 변동성, 즉 위험이 있다'는 상호완충 속에서 나에게 맞는 투자원칙을 세워간다면 주식투자에서 성공할 확률이 높아질 것이다.

4050은 투자에 크게 실패하면 이를 복구할 시간적 여유가 많지 않기 때문에 주식투자와 같은 변동성이 큰 투자 안에서는 나름의 통제가 필요하다. 포트폴리오 내에서 주식투자 자산의 비율을 조절하는 방법이 가장 기본적인 위험통제 방법이다. 예를 들어 2천만 원 정도의 장기로 운용할 수 있는 여유자금이 있고 위험중립 성향이라면, 절반은 채권에 넣고 나머지 절반은 주식에 운용하는 방식이다. 이를 정형화하면, 주식투자를 하면서 초보자도 쉽게 실천할 수 있는 '포뮬러 플랜(Formula Plan)'이라는 방법이 된다.

포뮬러 플랜이란 무엇인가?

포뮬러 플랜은 '미리 형식(form)을 짜놓고 실천한다'는 것이다. 일정한 규칙에 따라 기계적으로 매매를 하는 방법이다. 가령 주식과 채권으로 포트폴리오를 구성한다고 할 때, 주가가 낮을 때 주식을 매수하고 높을 때 매도하면서 경기 변동에 따라 위험자산인 주식과 안전자산인 채권에 번갈아가면서 투자하는 방법이다. 이 방법은 어느 정도 위험부담이 있는 금융시장의 변동에 탄력적으로 대응하는 방식이다. 매매 타이밍은 금액을 기준으로 정할 수도 있고, 비율로 정할 수도 있다. 개별 종목을 대상으로 활용할 수도 있다.

1) 금액법

금액법은 주식투자 금액을 일정하게 유지하는 방법이다. 따라서 주가가 상승해 주식평가액이 높아지면 미리 정한 금액 이상은 팔아서 이를 채권으로 옮긴다. 반대로 주가가 하락하면 채권을 매각해 주식투자 금액을 채우는 방법이다. 예를 들어 1천만 원을 직접 주식투자로 배분했는데 주식평가액이 1천만 원을 넘어가면 주식을 매도하고, 1천만 원 미만이 되면 주식을 추가로 매수하는 방법이다.

이를 개별종목 투자에 적용할 수도 있다. 현재 1만 원인 투자종목을 매수하면서 '12,000원이 되면 이익실현을 하고, 9,000원이 되면 손실확정을 하겠다'와 같이 정할 수도 있다. 흔히 말하는 손절매와 익절매 라인을 미리 설정해 이익과 손실을 제한하는 것이다.

일반적으로 이익금액을 손실금액보다 조금 높게 설정한다. 금액 설정은 어렵지 않지만, '실천을 기계적으로 할 수 있는가'는 다른 문제다. 손실을 확정하기는 생각보다 고통스럽다. 그러나 고수일수록 손절라인을 잘 지킨다는 점은 염두에 둘 필요가 있다.

2) 비율법

비율법은 주식과 채권의 비율을 항상 일정하게 유지하는 방법이다. 가령, 주식과 채권 비율을 5:5로 정했다면 이 비율이 유지되도록 주가가 빠지면 채권을 팔아 주식을 보충하고, 주가가 오르면 주식을 매도해 채권을 매입한다.

이런 방법이 의외로 괜찮은 이유는 주가가 항상 오르거나 항상 떨어지는 것은 아니기 때문이다. 변액보험과 같은 상품은 미리 이 비율을 정하고 일정 기간마다 정한 비율로 조정할 수 있는 선택권이 있으니, 장기 연금성 상품은 이를 활용하는 것도 좋은 방법이다.

건강한 주식투자자가 되자

주식시장이 활성화되면 기업은 자금이 필요할 때 자금을 조달하기 쉽다. 기업이 적시에 자금을 조달하고 성장해 고용을 늘리면 경기가 좋아진다. 이것이 자본시장의 바람직한 선순환구조다. 미국의 경우 개인투자자의 주식투자 비중이 상당하고, 이를 통해 장기적으로 미국주가지수가 높아진다. 지금도 미국이 세계자본시장을 호령하는 것이 결코 우연은 아닌 것이다.

손절매나 익절매든, 포뮬러 플랜이든, 초보자도 실천할 수 있는 여러 가지 방법이 있으니 정한 원칙에 따라 꾸준히 배우면서 주식투자를 실천해보길 권한다. 건강한 주식투자자가 늘어날수록 한국의 자본시장도 튼튼해진다. 그리고 주식투자자는 주식시장을 통해 세상이 어떻게 돌아가는지 배우게 된다. 올바른 주식투자로 나라의 경제도, 가계의 자산도 모두 함께 건강해진다.

보험은 쉽게 접할 수 있는 금융상품이지만,
제대로 알기 어려운 복잡한 금융상품이기도 하다.
나에게 필요한 금융상품이라 가입하는 것이 아니라
'서로 돕고 사는' 관점에서 가입하는 경우도 흔하다.
학창시절 동창이나 가족구성원 내에서도
보험설계사를 쉽게 만날 수 있기 때문이다.
그러다 보니 내 상황에 맞는 보험을 가입하기가 매우 어렵다.
스마트폰이 매년 바뀌듯 보험상품도 빠르게 진화하고 있다.
보험을 과소비하지 않고, 나에게 꼭 맞게 준비하자.
열 자식 부럽지 않은 든든한 재정 지킴이가 되어줄 것이다.

CHAPTER 6

똑똑한 보험, 열 자식 안 부럽다

보험 과소비,
이렇게 막아야 한다

과도한 보험 지출은 노후 준비에 부정적인 영향을 미치기 때문에
적정 수준의 보험료로 잘 가입할 수 있도록 하는 것이 필요하다.

혹시 우리 가족의 보장성 보험료가 매달 얼마씩 지출되고 있는지 알고 있는가? 모르고 있다면 '보험 과소비'를 하고 있을 가능성이 매우 높다.

자동차를 새로 구입한다고 생각해보자. 해당 차량의 옵션, 연비, 인테리어 등 다양한 조건을 비교해보고 구입하지 않는가? 월 20만 원의 보험료가 20년간 납부된다면 총 납입보험료 원금은 4,800만 원으로 고급 승용차 가격에 준하는 수준이다. 하지만 보험은 상대적으로 쉽게 가입하고, 가입 후에도 관리에 신경을 쓰지 않는 경우가 일반적이다.

한국에 거주하고 있는 40~50대의 경우 보험 가입이 주변 인간관계에 의해 시작되는 경우가 많다. 가까운 가족 중에 보험설계사가

있거나, 친한 친구나 친구의 부모님이 보험설계사로 일하는 경우도 많다. 그렇기 때문에 가족이나 친구의 추천으로 보장성 보험에 가입하게 되기도 한다.

이처럼 가족이나 지인의 추천에 의해 가입했거나 보험설계사를 도와줄 목적으로 가입했던 보험 계약들이 쌓이다 보면 부담되는 수준까지 보험료가 늘어나기 쉽고, 보장 내용이 나와 우리 가족에게 부적합할 가능성도 높다. 이런 상태라면 과도한 보험료를 지출하기 쉽다.

40~50대가 되면 청년층에 비해 보장성 보험의 중요도가 높아지기 때문에 '보장성 보험을 통한 보험료'와 '노후 대비를 위한 저축과 투자' 사이의 균형을 잘 지켜야 한다. 이번 칼럼에서는 보험 과소비를 막고, 보장과 노후 대비 간의 균형을 잡기 위해 반드시 알아야 할 내용들을 공부해보자.

보장성 보험의 종류와 보장 내용

보장성 보험을 현명하게 소비하려면 보험을 통해 어떤 보장을 준비할 수 있는지를 알아야 한다. 현재 민영보험사를 통해 가입할 수 있는 보험상품의 특성을 알고, 우리 가족에게 필요한 보장을 적정한 보험료로 유지할 수 있기 위해서 '보장성 보험료는 위험을 관리하기 위한 비용'이라는 점을 인지하는 것에서 시작해야 한다. (물론 적립보험료가 설정되어 있어 중도해지하거나 만기 시 환급되는 보험도 있지만, 이것과

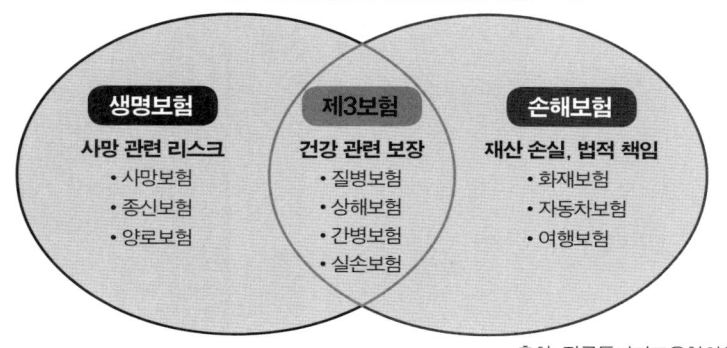

출처: 전국투자자교육협의회

관련해서는 이후에 별도로 다루기로 한다.)

보장성 보험을 통해 우리는 다음과 같은 다양한 상황에 대비한 보장이 가능하다.

생명보험, 손해보험, 제3보험을 기준으로 위와 같이 구분할 수 있는데, 이는 보험사(공급자) 관점에서 정리된 것이다. '소비자 관점'에서는 보장성 보험을 통해 어떤 보장을 준비할 수 있는지 알아보자.

1) 사망보장

질병, 상해(재해) 등의 원인으로 사망하면서 잃게 되는 미래 소득과 장례비용을 보장한다. 그리고 대출 상환이나 상속세 등 사망으로 인한 재정적 리스크에 대해서도 보장된다.

2) 상해(재해) 후유 장해 보장

급격하고 우연한 외래의 사고(상해) 또는 우발적인 사고나 제1급 감염병(재해)으로 인해 남은 후유 장해로 장기간 치료가 이루어질 때 치료비와 기존의 직업을 유지하기가 어려워 발생하는 재정적 리스크(상해는 손해보험에서 준비가 가능하고, 재해는 생명보험에서 준비가 가능함)를 보장한다.

3) 중대한 질병 및 수술 보장

암, 심혈관, 뇌혈관 질환과 같이 장기간 치료를 요하는 질병의 진단으로 발생되는 고액 치료비나 생명에 영향을 줄 수 있는 수술 또는 중대한 수술 시 발생하는 의료비용, 그리고 치료 기간 동안 상실된 소득과 같은 재정적 리스크를 보장한다.

4) 의료비 보장

질병·상해로 의료기관에 입원, 수술, 통원해 발생하는 의료비용에 대해 보장한다.

5) 장기간병 보장

피보험자의 질병이나 노화, 사고 등으로 인해 신체 기능이 저하되어 발생하는 간병인 사용, 또는 요양시설 이용 등과 같은 장기 간병 비용을 보장한다.

6) 재산손실&법적책임 보장

주택화재사고, 자동차사고(운전자 민형사상 책임), 여행사고 등으로 인해 발생하는 재산손실, 그리고 일상생활 또는 영업활동 간 발생할 수 있는 배상책임으로 인한 재정적 리스크를 보장한다.

보장의 종류별 특징을 보면 나와 내 가족 구성원 개개인에 맞는 보장의 종류와 보장금액이 달라질 수 있다는 것이 느껴지는가? 개인별 맞춤 보장을 위해서는 어떠한 보장을 준비할 수 있는지를 알아야 한다. 그리고 가족력과 소득에 따라 보장 수준도 달라지는 것이 당연하다. 이렇듯 개인의 상황에 맞추기보다는 보험설계사의 추천에 의해 가입하다 보니 필요한 보장이 준비되어 있지 않거나 과도하게 중복 가입되어 있지 않은지 살펴봐야 한다.

이해하기 쉽게 예를 들어보겠다. 집에 냉장고가 오래되어 교체해야 하는데, 일반 냉장고가 아니라 김치 냉장고를 새로 구입했다면 어떨까? 결국엔 우리 집에 필요한 일반 냉장고를 구입하기 위해 김치 냉장고를 저렴하게 되팔거나 환불하느라 비용이 발생할 수 있다. 그나마 김치냉장고를 잘못 산 거라면 다행이다. 10만 원짜리 보험을 잘못 가입했다면 2,400만 원짜리 제품을 잘못 구입한 것과 다름없기 때문이다.

가족 구성원별로 위 보장 내용을 기준으로 각각 어떤 보장을 얼만큼 준비해야 할지 표로 정리해보면 보험 과소비를 방지하는 데 큰 도움이 된다.

자료 6-2 보장성 보험 체크리스트

구분		가이드
보장 내용	상해사망	사망 시 상실소득과 부채현황, 장례비
	질병사망	ex) 연봉x3배+대출잔액+장례비
	상해(재해) 후유장해	상해(재해)후유장해로 인한 상실소득 ex) [연봉x3배]와 1억 원 중 작은 금액
	암	상실소득+고액 치료비 ex) [연봉x1배+약물 치료비+수술비]와 3천만 원 중 작은 금액
	뇌혈관	
	심혈관	
	의료실비	의료실손은 필수 가입. 보험료 여유가 있으면 입원·수술 특약. 그 외 치아보험 등 준비 검토
	간병	고령자: 시설, 재가 급여 시 생활비 받는 보험 중장년층: 간병인 사용 기준 검토
	배상책임	가족 구성원 기준: 가족일상생활배상책임, 자동차 소유주 기준: 자동차보험, 운전자 기준: 운전자보험

[자료 6-2]를 참고해 개인별로 어떤 보장이 얼마나 필요한지 체크해보자. 필요한 보장이 적정 수준으로 준비되어 있는지 체크할 수 있게 체크리스트로 만들어보았다. 필자가 2008년부터 보험상담을 해오면서 개인적으로 느끼는 보장별 적정 보장 수준을 정리해본 것으로, 나와 우리 가족에게 적합한 보장성 보험을 구성하고 관리하는 데 도움이 될 것이다. (단, 이 가이드는 절대적인 기준이 아니니, 현재 본인의 상황이나 가족력 등을 고려해 가입 여부와 보장금액 수준을 검토하길 바란다.)

보험료 절약 방법

내가 민영보험사의 보험상품을 통해 어떤 보장을 준비할 수 있는지, 나와 내 가족에게 맞는 보장은 무엇인지 검토해보았다면, 이제 가성비 있게 보장을 준비할 차례다. 이미 가입되어 있는 보험의 보험료 부담이 있거나 이 책을 계기로 추가 보험가입을 검토하고 있다면, 아래의 내용을 참고해 가성비 있게 보장성 보험을 소비하자.

1) 건강체(우량체) 신청하기

건강체 또는 우량체란, 보험 가입 시 건강 상태가 양호한 사람을 일컫는 용어다. 회사와 상품마다 적용 여부와 조건이 다르지만 일반적으로는 '비흡연(통상 1년 이상), 정상 혈압(수축 139 이하, 이완 89 이하), 정상 체중(BMI지수 17~26 사이)'의 조건을 만족하는 경우에 사망 위험도나 질병 발병률이 낮아 보험사에서 우대 대상으로 적용한다. 건강체로 인정받을 경우에 보험료 할인 혜택을 받을 수 있으며, 할인율은 보험사와 상품마다 다르지만 생명보험사의 종신보험과 CI보험의 경우는 10% 안팎의 할인을 적용해준다.

필자가 만난 한 고객은 삼성생명에 가입해 내고 있던 월 22만 원의 납입보험료가 19만 원대로 할인 적용되었고, 기납부한 보험료도 소급 적용해 환급받은 사례가 있다. 신청방법은 간단하다. 콜센터에 전화해 내가 가입한 상품이 건강체나 우량체 할인이 적용가능한 상품인지 확인하고 신청 방법을 안내받아 접수하면 된다.

2) 적립보험료 줄이기

손해보험사에서 가입한 건강보험 또는 종합보험의 경우, 보험료에 적립보험료를 설정할 수 있다. 과거에 가입한 보험은 향후 환급받을 수 있는 환급률을 높일 수 있다는 것을 이유로 적립보험료가 높게 설정되어 있는 경우가 있다.

보험사의 공시이율이 높았던 과거에는 꽤 유의미한 방법이었으나, 현재는 보험사의 공시이율이 3%를 넘지 못하는 경우가 많다. 은행 금리에 비해 낮고 적립보험료에서도 사업비를 차감하고 적립되기 때문에 앞으로 금리가 계속 낮아진다면 적립보험료를 높게 설정하는 것은 비효율적이라 생각한다. 따라서 손해보험에 가입되어 있는 건강보험이나 종합보험 중에 적립보험료가 설정되어 있다면, 보험사를 통해 현재 적용 공시이율과 최저보증이율을 확인하고 적립보험료를 최소 수준으로 설정해 보험료 부담을 낮춰보자.

3) 자동차보험 할인특약 챙기기

자동차보험을 가입할 때 할인특약을 놓치는 경우가 많다. 주행거리에 따라 할인 적용을 받을 수 있는 마일리지 할인특약은 잘 챙기지만, 갱신시점에 차량 주행거리 확인이 가능한 계기판 사진을 기한 내에 제출해야 적용받을 수 있으니 시기를 놓치지 않도록 하자.

안전하게 운전하는 습관이 있다면 할인받을 수 있는 안전운전점수 할인 특약도 잊지 말고 챙겨야 하는 특약이다. 적게는 5%에서 많게는 16%까지 할인적용을 받을 수 있으며, 티맵 운전점수가 일정 수준 이상이면 적용받을 수 있으며, 네이버 내비게이션 앱의 운전점수를 반영하는 보험사도 있으니 참고하자.

태아부터 최대 15세 이하인 자녀가 있다면 추가로 할인받을 수 있는 자녀 할인 특약도 있다. 보험사마다 적용 나이와 할인율이 크게 차이 나므로 자세한 조건을 꼭 체크해보기 바란다.

이 외에도 다양한 제도성 할인 특약을 활용해 보험료를 낮출 수 있으니 가입한 보험사 홈페이지나 앱을 통해 확인해보기 바란다.

4) 유니버셜 보험 자유납입 기능 활용하기

이미 가입되어 있는 보험의 이름에 '유니버셜' 또는 '유니버설'이라는 단어가 포함되어 있다면, 해당 보험은 보험료 자유납입이 가능한 상품이다. 보험료를 더 내거나, 덜 내거나, 그만 낼 수 있고, 중도인출이 가능한 경우도 있다. 그만 낼 경우는 해지환급금이 줄어들다가 계약이 해지될 수 있고, 중도인출을 할 경우 해지환급금도 줄지만 보장금액도 같이 줄어들기 때문에 덜 내는 방법을 활용하는 것을 추천한다.

그럼 얼마나 덜 내야 할까? 해지환급금이 유지되는 수준의 보험료를 확인하고 해당 보험료만큼만 납입하는 것이다. 보험 담당자나 보험사 콜센터를 통해 현재 자유납입 기능을 활용할 수 있는지를 확인한 후, 해지환급금이 줄어들지 않는 수준의 보험료는 얼마인지 확인해보라. 생각보다 꽤 많은 보험료를 절감할 수 있다.

단, 이 경우 해지환급금이 늘어나는 속도가 느려진다는 것은 감안해야 한다. 따라서 해당 상품의 최저보증이율이 높다면 보험료를 유지하는 방안으로 검토해보는 것이 유리할 수도 있으니 참고하자.

5) 까다로운 보험으로 갈아타기

보장성 보험은 가입을 할 때 보험대상자의 병원치료 이력을 고지하는 '고지의무'를 이행해야 한다. 4050 세대라면 5년 이내에 병원치료를 받으면서 보험금 청구를 한 경우가 많다. 그래서 이 경우 보험 가입이 상대적으로 덜 까다로운 간편보험을 가입하게 되는데, 간편보험은 가입조건이 덜 까다로울수록 보험료가 비싸다. 가입조건에 따라 일반보험에 비해 2배 이상 비싸질 수 있다.

당장의 보장이 필요해 간편보험으로 가입했다면, 매년 더 까다로운 보험으로 재설계를 받아보는 것이 좋다. '초경할증'이라고 불리우는 간편보험은 일반보험에 준하는 수준으로 보험료가 저렴해질 수 있기 때문에, 기존에 유병자 보험을 가입한 경우에 적극적으로 검토해볼 만하다.

만약 너무 건강해서 5년 이내가 아니라 10년 이내에 병원 치료 이력이 없다면 건강고지 할인형 보험의 가입을 검토해볼 수 있다. 일반적으로 5년 이내의 입원 또는 수술이력을 고지하지만, 5년 이상 10년 이내에 입원 또는 수술이력이 없는 경우에는 훨씬 저렴한 보험료로 보험 가입이 가능하다. 표준체 일반심사 보장성 보험에 비해 20~30% 수준으로 저렴하게 가입할 수 있다. 때문에 20년 납입 기준으로 2년 이내에 가입한 보험이라면 재가입이 더 저렴할 수 있다.

이제는 보험도 가성비 있게 준비하자

보장성 보험은 나와 우리 가족에게 발생할 수 있는 보험사고로 생기는 재정적 리스크를 대비할 수 있는 금융 상품이다. 재정적 위험의 일부를 보험사에 전가하기 위해 보험사에 보험료라는 비용을 지불하는 금융 상품이고, 결코 저렴한 상품이 아니라는 것을 알았다. 장기간 납입해, 길게는 생애 전 기간에 걸쳐 보장을 받을 수 있는 만큼 가성비 있게 준비하는 것이 좋다.

과도한 보험 지출은 노후를 대비하기 위한 재원에 부정적인 영향을 미치기 때문에 적정 수준의 보험료로 잘 가입하는 것이 필요하다. 가급적 보장성 보험료의 지출은 월 평균 소득의 10%를 넘지 않는 선에서 준비하는 것을 권장한다.

우리는 다양한 보장을 크게 준비하길 희망하지만, 보험료가 부담된다면 비갱신형 보험과 갱신형 보험을 혼합해 준비하는 것도 좋은 방법이 된다. 단, 갱신형 보험은 갱신 시 보험료가 설계서 예시와 다르게 더 큰 폭으로 상승할 가능성도 있다는 점은 참고하자. (비갱신형 보험과 갱신형 보험에 대해서는 뒤에서 더 자세히 다루겠다.)

나와 우리 가족에게 필요한 보장을 고려하고 적정 수준의 보험료 내에서 보장을 준비할 때, 동일한 보장을 더 저렴하게 준비할 수 있도록 알려준 5가지의 보험료 절약법을 적극 활용해보기 바란다.

보험 가입 후
방치하지 말고 관리하자

40대가 넘어가면 정기적으로 건강검진을 받곤 한다.
보험도 정기 검진을 통해 점검하고 관리해주는 것이 좋다.

"예전에 가입한 보험은 손대지 말고 유지해야 한다"는 말을 들어본 적이 있는가? 개인적으로는 이 말이 반은 맞고 반은 틀렸다고 생각한다. 나에게 맞는 보험이라면 당연히 유지해야 하지만, 현재 나에게 맞는 보험이 아니라면 비용 절감을 위해 정리하거나 보완하는 것이 필요하다.

월세를 받을 목적으로 건물을 매입했다고 생각해보자. 주변 상권이 변하거나 유행에 따라 인테리어를 변경해야 할 수도 있고, 노후화로 인해 유지보수를 해야 할 수도 있다. 보장성 보험도 이와 마찬가지로 정기적인 관리가 필요하다.

그렇다면 보장성 보험에서의 관리는 어떻게 해야 할까? 이번 칼럼에서는 실질적인 보험료 대비 보장금액을 합리적으로 관리하기 위해서 가입 후 방치하지 말고 꼭 점검해봐야 할 갱신형 보험과 변액보험을 관리하는 방법에 대해 정리해보았다. 다음의 내용을 꼼꼼히 읽고 실행한다면, 정작 중요할 때 보험을 유지하지 못해 보장을 받지 못하는 사태를 방지하고 풍요로운 노후를 맞이하는 데 도움이 될 것이다.

갱신형 보험과 비갱신형 보험의 차이점

보험 상담을 하다 보면 가입한 보험이 갱신형인지 비갱신형인지도 모르고 있는 경우가 많다. 갱신형 보험은 장점과 단점이 명확하고, 그 단점이 4050 세대에겐 매우 치명적일 수 있기 때문에 반드시 인지하고 있어야 한다. 하지만 갱신형 보험이라고 해서 무조건 나쁜 것은 아니기 때문에 장점과 단점을 알고 난 후, 현 상태에 맞게 갱신형 보험을 잘 활용해야 한다.

갱신형 보험의 장점은 초기 보험료가 낮다는 점이다. 그렇다면 갱신형과 비갱신형 보험의 보험료의 차이는 어느 정도일까? 40세 남성의 경우 '20년 갱신형 보험으로 암 진단 시 3천만 원, 4대 유사암 진단 시 600만 원'을 지급받는 보장을 설계했을 때의 보험료는 월 13,299원이다. 한편 20년납 100세 만기 비갱신형으로 동일 보장 설계 시 월 보험료는 60,150원으로 확인되었다. 즉 초기 보험료 차이가 월 46,851원이나 발생한다. 확실히 갱신형 보험을 활용하면 필요

자료 6-3 40세 남성 암 보험 예시

40세 남성 암 보험 예시	월 보험료	보험료 차액	납입완료 시 해약환급금
20년 갱신형	13,299원	46,851원	0원
20년 납입, 100세 만기	60,150원	-	11,902,398원(82.4%)

한 보장을 저렴한 보험료로 준비하는 것이 가능하다. 4050 세대는 청년기에 비해 소득수준이 높긴 하지만 자녀 양육비나 노후준비를 위한 필요저축금액이 높다. 때문에 보장성 보험의 가입이 필요하지만 보험료가 부담되어 그동안 준비를 해두지 못한 경우에는 갱신형 보험이 분명 도움이 될 수 있다.

비갱신형 보험에 비해 갱신형 보험은 보험료가 현저히 낮다는 장점이 있지만 2가지 단점도 존재한다. 첫 번째 단점은 갱신형의 경우 보장을 받고자 하는 기간(만기)까지 보험료를 납부해야 한다는 점이다. 예를 들어 100세까지 갱신하면서 보장받을 수 있는 10년 갱신형 보험을 가입했다면 10년마다 달라진 보험료를 100세까지 납부해야 한다.

두 번째 단점은 갱신 시 보험료가 인상될 수 있다는 점이다. 홈쇼핑 등에서 갱신형 보험 상품에 대해 "10년간 변하지 않는 보험료로…"라고 설명하곤 하는데 그 이후에는 보험료가 변한다는 얘기다. 앞서 설계한 암 보험과 동일 조건으로 60세가 보험을 가입한다고 했을 때 보험료는 61,017원으로 확인된다. 40세의 월 13,299원에서

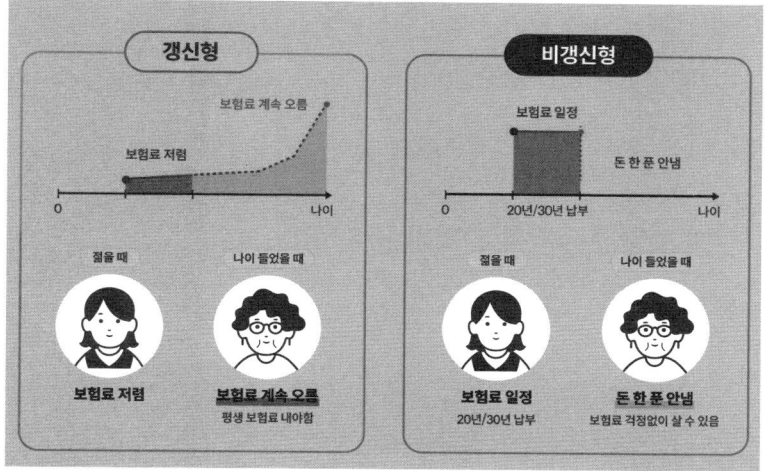

출처: 시그널플래너 공식블로그

무려 47,718원이 올라가는 것이다. 그런데 진짜 문제는 따로 있다. 갱신 시 보험료를 예측할 수 없다는 점이다. 보험상품을 만들 당시에 예상했던 보험금 지급률과 갱신 시점 보험금 지급률이 다르다면, 최초 보험 상담을 받으면서 전달받은 보험설계서에 있는 갱신보험료 예시보다 훨씬 높은 보험료를 납부해야 할 수도 있다.

따라서 갱신형 보험을 잘 알고 활용해야만 보험료 대비 보장을 효율적으로 준비하는 것이 가능하다. 평생보장이 필요한 보장범위와 보장금액은 비갱신형으로 가입하고, 그 외에 부족한 보장을 갱신형 보험으로 준비하는 것을 권장한다. 이미 갱신형 보험으로 가입되어 있는 경우라면 비갱신형 보험으로 가입을 했을 때 보험료가 얼마나 되는지를 검토한 후 리모델링하는 방안을 검토해보길 바란다. 이후 더 자세히 다루겠지만 더 저렴한 보험료로 비갱신 보험을 가입할 수 있는 방법이 있으니 꼭 점검해보자.

변액보험은 수익률 관리가 중요하다

실질적인 보험료 부담 대비 보장을 효율적으로 준비하기 위한 방법으로, 흔히 '보험 리모델링'을 통해 추가 가입하거나 필요 없는 특약을 삭제하는 것만 생각할 수 있다. 그런데 진짜 소비자에게 영향을 크게 줄 수 있는 것이 바로 '변액보험 수익률 높이기'다. 나와 내 가족이 가입한 보험 중에 '변액'이라는 단어가 들어가 있는지 살펴보고, 만약 있다면 이번 내용을 꼼꼼히 읽어보고 적용하길 바란다.

변액보험은 전통적인 보험과 투자 기능을 결합한 금융 상품이다. 기본적으로 생명보험의 보장기능을 제공하고 보험료의 일부를 투자해 수익을 얻을 수도 있다는 특징이 있다. 종류는 보장성 보험과 저축성 보험이 있고, 변액CI 보험이나 변액GI 보험, 변액종신보험 또는 변액연금 보험을 가입하는 경우가 많다.

변액보험은 투자성과에 따라 해지환급금이 달라지고, 보장금액이 달라질 수 있기 때문에 수익률 관리가 매우 중요하다. 하지만 변액보험 가입 이후에 변액보험을 제대로 관리하는 경우가 거의 없다. 보험 소비자가 해당 상품을 관리하는 방법을 모르기도 하지만 보험

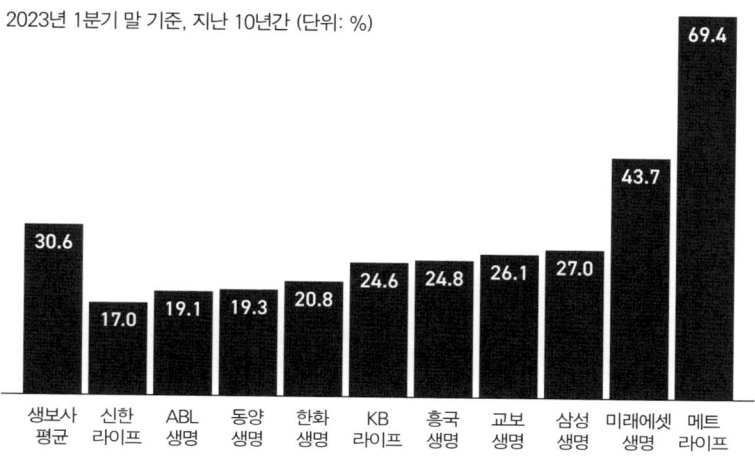

자료 6-5 생명보험사의 변액보험 펀드 수익률

2023년 1분기 말 기준, 지난 10년간 (단위: %)

출처: 생명보험협회

설계사도 변액보험에 대해 조언해줄 수 있는 수준의 투자 관련 지식을 갖추지 못한 경우도 많기 때문이다.

전문가의 조언을 따로 받을 수 있으면 좋겠지만 주변에서 변액보험에 대한 관리방법을 알려줄 수 있는 전문가를 만나기도 쉽지 않고, 관리를 위한 방법을 따로 공부하는 것도 어려운 것이 사실이다. 그렇지만 변액보험의 수익률을 관리할 방법은 있다.

먼저, 내가 가입한 변액보험에서 성과가 좋은 펀드나 ETF를 찾는 것부터 시작하자. 콜센터를 통해 펀드성과 자료를 요청해도 되지만, 여러 보험사의 펀드 수익성과를 한 번에 빠르게 비교해보려면 생명보험협회의 공시실을 활용해볼 수 있다. 내가 가입한 보험사의 변액상품을 키워드로 검색 후 상품명을 클릭하면 해당 상품에서 운용할 수 있는 펀드나 ETF들의 기간별 성과를 확인할 수 있다. 각 펀드를 위험자산인 '주식형 펀드'와 안전자산인 '채권형 펀드'로 구분해 투자 비중을 결정해보자. 평균적으로 각 보험사의 편입대상 펀드 중 장기 투자 시 성과가 우수한 펀드는 배당주식형 펀드인 경우가 많으니 참고해보길 바란다.

자산배분 비중을 결정했다면 콜센터나 앱, 홈페이지를 통해 자산배분 비중 변경을 신청하자. 단, 각 상품별로 위험자산 최대 편입 비중이 30% 이하까지 제한되는 경우도 있다.

변액 보험의 자산배분 비중신청을 할 때 추가적으로 고려할 사항이 있다. 적정 비중으로 펀드구성을 나누고 정기적으로 투자 비중을 재배분하는 '리밸런싱 옵션'을 사용해보는 것이다. 대부분의 변액 보험은 주식편입 비중이 일정 수준을 넘어가면 채권 자산으로 이전해주는 자산운용 옵션을 신청할 수 있다. 삼성생명의 경우 '오토 리밸런싱'이라는 이름으로 주식형적립액자동이전을 선택할 수 있는데, 이 옵션을 활용하면 주식 성과가 높을 때 자산을 안전자산인 채권으로 이전해주기 때문에 주식이 급락했을 때를 대비하고 꾸준한 자산증식을 기대할 수 있다.

위와 같이 직접 자산 비중을 결정하고 관리하기 어려운 경우가 대부분이라 생각한다. 이 경우는 보험사에서 제공하는 별도 서비스를 활용하거나 자산배분형 펀드를 선택하는 것도 방법이다. 현재 많은 보험사가 변액 보험 자산관리 서비스나 AI알고리즘 기반 포트폴오 제안 서비스를 제공하고 있다. 보험설계사를 통하지 않고 보험사의 콜센터를 통해 변액보험 자산관리를 해주는 서비스가 있는지를 먼저 확인해보고 신청하는 것도 좋다.

생명보험협회 공시에 따르면, 미래에셋생명 플래그십 펀드 '미래에셋생명 글로벌 MVP 주식형'은 2024년 8월 9일 기준으로 누적수익 84%의 우수한 성과를 보여주고 있다. 미래에셋생명뿐만 아니라 다양한 보험사들이 자산배분형 펀드를 변액 보험에 탑재하고 있기 때문에, 내가 직접 관리하기 어려운 경우에는 가입되어 있는 변액보험에서 자산배분형 펀드 편입이 가능한지 살펴보고, 각 펀드들의 특징을 검토한 후 활용해보길 바란다. 그렇게 하면 방치되는 것보다는 훨씬 더 안정적으로 수익을 관리해줄 것이다.

보험 정기 검진을 반드시 실시하자

40대가 넘어가면 정기적으로 건강검진을 받는다. 보험도 정기적으로 검진해 현재 상태를 점검하고 관리해주는 것이 좋다. 가능하면 3년마다 점검하는 것을 추천한다. 그 이유는 3년 이내에 생긴 보험 사고에 대해 보험금 청구가 가능하므로 놓친 보험금도 신청해볼 수 있기 때문이다. 3년마다 가입된 보험의 보장내용, 갱신형 보험 유지 여부, 변액보험 펀드수익률을 관리해 납입보험료 대비 보험혜택을 더 많이 받길 바란다. 보험 정기 검진은 선택이 아니라 필수다.

4050 세대를 위한
최신 보험 트렌드

'보험관리를 트렌디하게 한다'는 것의 진정한 의미는,
변화하는 나의 삶과 니즈에 보험을 맞추라는 것이다.

우리는 매일 변화하는 세상 속에서 살아간다. 패션, 음식, 기술 등 다양한 분야에 트렌드가 있듯 보험에도 트렌드가 존재한다. 의학 기술 발전과 우리의 라이프 스타일 변화는 보험 상품의 진화를 이끌어내기 때문이다.

일반적으로 보장성 보험은 납입기간을 20년 전후로 설정하기 때문에 4050 세대라면 더욱 신중히 검토해야 한다. 또한 4050 세대에게 보험은 단순히 '만약'을 준비하는 것을 넘어 가족의 미래를 지켜줄 방패다. 그렇기에 보험 트렌드를 놓치지 않아야 한다. 4050 세대를 위한 3가지 보험 트렌드를 살펴보며 재정 방패를 업그레이드할 시간이다. 일반적으로 보장성 보험의 납입기간을 20년 전후로 설정하기 때문에 4050 세대라면 더욱 신중히 검토해야 한다.

건강하면 보험료가 싸진다고?

매일 아침 조깅을 하고 식단을 관리하며 건강관리에 진심인 4050 세대를 주변에서 심심치 않게 만날 수 있다. 이러한 노력이 단순히 건강 증진을 넘어 실질적으로 금전적 이익이 되는 시대가 되었다.

보험료를 절약하는 방법 중 건강체(우량체)를 신청함으로써 보험료를 할인받으면서 이미 납부한 보험료에 대해서도 부분환급받는 방법에 대해 앞서 언급한 바 있다. 이번에 이야기하는 '건강하면 보험료가 저렴해진다'는 것은 건강체 할인의 업그레이드 버전이라고 볼 수 있다.

건강하면 보험료를 할인해주는 건강증진형 보험 상품을 보험사들이 잇달아 출시하고 있다. 보험회사는 비교적 건강한 고객을 유치할 수 있고, 가입자는 건강관리 노력을 통해 저렴한 보험료로 보험 가입을 할 수 있다는 장점이 있어 상호 유리하다. 표준체로 가입했다가 '가입 후 1년 이상 입원, 수술 및 3대 질병(암, 뇌졸중, 심근경색)으로 진단'받지 않는다면 매년 상품전환을 통해 보험료를 절감하는 것이 가능한 상품도 있다. 표준체가 5년간의 병력을 고지하는 반면, 건강고지 할인형 상품은 최대 10년간의 병력을 고지해 30% 전후의 보험료를 절감하는 것이 가능하다.

그러나 건강관리를 한다고 해도 자연스럽게 작은 질병들이 생기기 마련이다. 건강할수록 보험료가 할인되는 상품은 유병자 간편보험에도 존재한다. 고혈압, 고지혈증, 당뇨 등으로 유병자 보험료 할

증을 받아 보험가입을 망설여왔거나 이미 비싼 유병자 보험에 가입되어 있다면 '초경증 간편보험'에 관심을 가져보길 바란다.

　최근 보험사들은 유병자 초경증 간편보험 유치에 적극 나서고 있으며, 앞다퉈 보험료를 낮춘 상품을 출시하고 있다. 초경증 간편보험은 고혈압, 고지혈증, 당뇨병을 앓고 있어도 다른 질병이 없다면 무사고 할인을 받을 수 있고, 심사는 간소화하면서도 보험료 할인을 제공하고 있다. 간편보험의 무사고 계약 선택지가 6가지에서 12가지로 늘어났고, 가입 나이 확대와 함께 보장금액도 커지고 있기 때문에 소비자에게 유리한 상황이다. 따라서 직전에 6년 이상 특별히 병원에 간 적이 없거나 고혈압, 고지혈증, 당뇨 등의 병력으로 비싼 보험료를 납부하는 것이 부담된다면 '건강할수록 저렴해지는 보험이 있다'는 점을 참고해보길 바란다.

달라진 보장범위를 알아두자

　과거의 보장성 보험 중에서 3대 질병을 보장하는 보험은 대체로 '암, 뇌출혈, 급성심근경색'을 기준으로 설계하는 경우가 많았다. 그러나 최근 판매되고 있는 보험에서는 뇌출혈을 넘어 뇌혈관질환으로, 그리고 급성심근경색을 넘어 심장질환으로 보장범위가 더 넓어진 상품이 판매되고 있다.

　예전에 가입했던 보험의 2대 질환(뇌혈관, 심장질환) 보장범위가 다

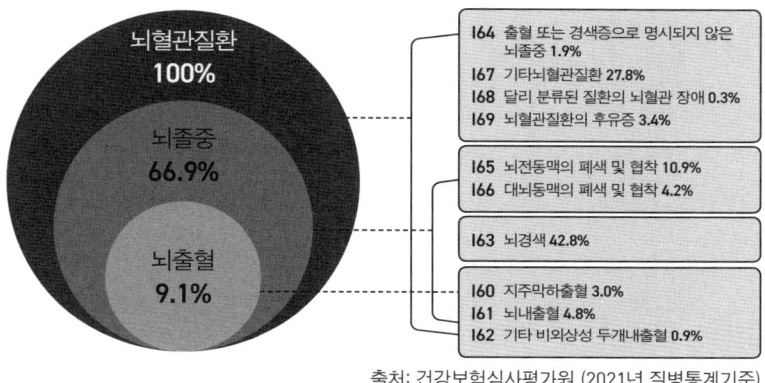

출처: 건강보험심사평가원 (2021년 질병통계기준)

소 좁다면, 이는 비 오는 날에 큰 구멍이 뚫린 우산을 들고 외출해야 하는 상황이라고 볼 수 있다. 따라서 기존에 가입된 보험의 보장 범위를 파악해 구멍 난 보장을 보강해야 할 필요는 없는지 검토해볼 것을 추천한다.

최근의 트렌드 중 하나가 '특화된 보험의 등장'이다. 여성만이 갖고 있는 질환에 대한 보장을 강화한 형태의 여성특화 보험을 보험사마다 앞다퉈 출시해 판매를 이어가고 있다. 유방암이나 갑상선암, 생식기암같이 여성과 관련된 암이나 임신을 위한 준비부터 출산 후까지 대비하는 보장을 탑재한 보험들이 그것이다. 하이푸 수술, 맘모톰 수술, 자궁내막증 수술 등 여성 특화된 치료나 수술에 대한 보장을 강화한 상품들이 판매되고 있으니 새롭게 보험 가입을 검토하고 있는 여성은 해당 상품을 기준으로 검토해보는 것도 좋겠다.

농림축산식품부에서 실시한 '2022년 동물보호에 대한 국민의식조사' 결과, 2022년 기준 반려동물은 799만 마리로 추산된다고 한다. 2023년 말 펫 보험 가입건수는 10.9만 건에 달하면서 점차 증가하고 있는 추세다. 반려동물이 있는 가구가 증가함에 따라 반려동물을 위한 펫 보험에도 관심을 가져볼 만하다. 펫 보험은 반려동물의 입원, 통원, 수술비 부담을 줄여주는 보험으로, 별도 특약에 가입한다면 반려동물이 타인에게 끼친 손해나 반려동물 사망 위로금 등을 보상한다. 생후 2개월이 지난 반려 동물을 대상으로 가입이 가능하고, 자기부담률을 0~50% 안에서 선택할 수 있다. 자기부담률이나 본인부담금의 조율을 통해 보험료 조절이 가능한 것도 펫 보험의 특징이다. 국가동물보호정보시스템에 반려동물을 등록하면 2~5%의 보험료 할인혜택을 받을 수 있으니 참고하길 바란다.

우리나라의 실손보험 변천사

실손보험은 보장성 보험에서 빼놓을 수 없는 보험이고, '다른 보험은 몰라도 실손보험은 꼭 들어야 한다'고 할 정도로 가격 대비 활용도가 높은 보험이다. 그런데 실손보험도 시대에 따라 계속 변화해 왔다. 1세대부터 4세대까지 변천사에 따른 실손보험의 특징을 알아보고 4세대 실손으로 전환하는 것이 좋을지도 검토해보자.

1) 1세대 실손보험(2009년 9월 이전)

1세대 실손보험은 입원과 통원 치료 시, 급여와 비급여의 구분 없이 한도 내에서 100%를 보장했다. 통원 치료 시 자기부담금이 매우 적고, 보험사마다 보장내용이 상이해서 일부는 상해 관련 특약이 포함된 경우도 있었다. 자기부담금이 없어 보장이 크다고 볼 수 있으나, 갱신 주기에 따라 보험료 인상폭이 커 장기적으로 유지하기 어려운 경우가 많다.

2) 2세대 실손보험(2009년 10월~2017년 3월)

2세대 실손보험부터는 보험사가 표준약관을 적용했기 때문에 어느 보험사에 가입하더라도 같은 보장을 받을 수 있다. 입원의료비의 경우 10~20%의 자기부담금이 있고, 통원치료의 자기부담금도 병원 급수에 따라 달라졌다. 표준화로 인해 보험 상품 선택이 쉬워졌고, 보장범위가 합리적으로 조정되었다. 단, 1세대에 비해 자기부담금이 생겼고, 2013년 1월 이후 가입자는 '15년마다 재가입'하는 조건이 생겨, 해당 시기에 가입한 가입자는 15년 후에 보장 내용이 변동될 수 있다.

3) 3세대 실손보험(2017년 4월~2021년 6월)

'착한 실손'이라고 불리며, 급여는 90%까지, 비급여는 80%까지 보장한다. 3대 비급여 항목(도수치료, 비급여 주사료, 비급여 MRI)이 별도 특약으로 분리되었고, 해당 특약은 자기부담금이 30%로 설정되었다. 3세대 이전 보험가입자 중 도수치료나 비급여 주사료의 보장을 역이용하는 경우가 발생해서 이를 방지하기 위해 추가된 조치다. 3세대 실손보험은 2세대에 비해 보험료가 저렴하지만 비급여 항목의 보장이 줄었다.

4) 4세대 실손보험(2021년 7월 이후)

급여와 비급여 의료비를 기준으로 비급여 의료비에 대한 보험금 청구에 따라 갱신 시 보험료가 달라진다. 개인별 할증이나 할인이 될 수 있다. '비급여 진료'란 건강보험에서 보장하지 않는 진료를 말하며 MRI, CT, 도수치료 등이 해당된다. 기존 실손보험에 비해 보험료가 저렴해졌으나 병원 이용이 많은 경우에는 자기부담금 부담이 높아지고, 보험금 청구에 따라 갱신 시 보험료가 최대 300%까지 할증될 수 있다.

자료 6-7 비급여 보험금 수령액에 따른 보험료 할인·할증 구간

구분	1등급(할인)	2등급(유지)	3등급(할증)	4등급(할증)	5등급(할증)
할인·할증률	-5%(잠정)	-	+100%	+200%	+300%
직전 1년간 비급여 수령액	보험금 無	100만 원 미만	100만 원 이상 150만 원 미만	150만 원 이상 300만 원 미만	300만 원 이상
대상 건수 비율(추정)	62.1%	36.6%	1.3%	1.3%	1.3%

*비급여 보험료 할인·할증등급은 1년간만 유지되며, 1년 후에는 직전 12개월간 비급여 보험금에 따라 매년 원점에서 재산정된다.

출처: 금융위원회 보도자료

각 세대별 실손보험의 특징을 요약하면 다음과 같다.

자료 6-8 각 세대별 실손보험의 특징

	1세대	2세대	3세대	4세대
판매시기	~2009.9	2009.10~2017.3	2017.4~2021.6	2021.7~
입원비 최대 보장한도	1억 원	5천만 원	5천만 원	5천만 원
자기부담금	없음	10~20%	10~30%	20~30%
갱신주기	1~5년	1~3년	1년	1년
2023년 평균 인상률	6%	9%	14%	동결

*2023년 평균 인상률의 경우 1·2세대는 갱신주기별 누적 반영
출처: 손해보험협회

2023년 평균 인상률을 기준으로 보면 3세대 의료실손의 인상률이 가장 높지만, 동일 연령과 동일 성별을 기준으로 납부하는 보험료를 기준으로 한다면 1세대 실손보험을 유지하고 있을 경우 보험료 부담이 가장 클 가능성이 높다. 현재 가입된 실손보험의 보험료가 부담된다면 4세대 실손으로 전환해 보험료 부담을 줄이는 것을 고려해볼 수 있다. 다만 비급여항목에 대해 보험금 청구가 많을 경우, 할증률과 공제율이 높아 의료비 부담이 증가할 수 있기 때문에 무조건 전환하는 것보다 병원 이용 빈도를 고려해 검토하는 것이 좋다.

만약 당장에 실손보험료 부담은 낮추고 싶지만 향후 병원 이용 빈도가 점차 커질 것도 염려된다면, 4세대 실손으로 전환함과 동시에

상해·질병치료지원금 보험을 함께 가입하는 것을 검토해보자. 이 보험은 상해나 질병으로 발생한 급여의료비가 얼마인지에 따라 구간별로 나누어 보험금을 지급하기 때문에 4세대 실손보험의 단점을 보완하면서 보험료 부담을 낮추는 대안이 된다.

상해·질병치료지원금 보험은 보험사마다 차이가 있지만 5년 갱신형에서 비갱신형까지 선택이 가능하며, 상대적으로 저렴한 보험료로 급여의료비 기준 1천만 원 초과 시에 1천만 원까지 지급받을 수 있게 설계가 가능하다. 보험사별로 차이가 있으나 요양병원, 정신병원, 치과, 한의원, 산부인과 등 다양한 병원에서 발생한 급여의료비에 대해 보장하므로 활용성이 높다고 볼 수 있다.

보험관리도 트렌디하게 하자

보험관리를 트렌디하게 한다는 것은 단순히 '최신' 상품을 고르는 것이 아니다. 변화하는 나의 삶과 니즈에 맞춰 보험회사가 제공하는 서비스를 선택하는 과정이다.

현 상황에서 봤을 때 보험료를 줄일 수 있는 부분이 있다면 줄일 수 있도록 지속적인 관리를 권장한다. 특히 4050 세대는 청년기에 비해 보험의 중요성이 더 커지는 만큼, 가입해둔 보험의 보장내용을 3년마다 점검함과 동시에 현재의 보험 트렌드도 함께 살펴 이상적인 재정안정성을 확보하길 바란다.

당신은 종신보험을 여전히 잘 모른다

종신보험을 단순히 '사후에 남기는 유산'이라고 생각하지 말자.
목돈마련, 가계의 재정안정, 자산 증가의 도구가 될 수도 있다.

급작스러운 사망은 다양한 종류의 비용을 발생시킨다. 그 비용을 원활하게 준비할 수 없다면 남은 가족의 재정에 큰 위험부담이 될 수 있다.

그렇다면 사망으로 발생할 수 있는 비용에는 어떤 것들이 있을까? 바로 상속세, 부채상환, 상실소득, 사후정리를 위한 비용 등이 대표적이다.

사망 시 발생할 수 있는 이 4가지 비용을 유동자산으로 충분히 준비할 수 있는 상태가 아니라면 종신보험이나 정기보험을 통해 대비하는 것이 필요하다. 특히 4050 세대는 생애 소득이 높고 어느 정도 부를 축적한 경우가 많기 때문에 갑작스러운 사망 시 발생하는 비용의 규모가 남은 가족의 생에 미치는 영향력은 절대적이다.

자료 6-9 종신보험 vs. 정기보험

종신보험	정기보험
• 상대적으로 높은 보험료 • 평생 보장 • 해지환급금 발생	• 상대적으로 낮은 보험료 • 보장기간 직접 설정 • 대부분 소멸성

사망으로 인해 발생하는 비용을 대비하기 위해 정기보험을 활용할 수 있다. 그러나 경우에 따라서는 납입기간 중에는 사망을 보장받고, 보험료 납입이 끝나는 시점에 원금 대비 100~124% 수준으로 환급받을 수 있는 종신보험도 있다. 이 경우에는 가입자가 계약을 납입기간 동안 잘 유지한다면 원금 대비 손해를 피하면서 보장을 유지할 수 있게 된다.

이번 칼럼에서는 사망으로 인해 발생될 수 있는 위험을 대비하는 가장 효율적인 방법에 대해 공부해보자.

종신보험의 종류

현재 생명보험사들이 취급하는 종신보험은 납입보험료의 일부를 적립해 이를 해지 시 환급금의 재원으로 사용하거나 보장금액을 높이는 데 활용한다. 종신보험은 적립보험료의 운용기준에 따라 크게 다음과 같이 3가지로 구분해볼 수 있다.

1) 금리확정형 종신보험

금리확정형은 마치 정해진 기간 동안 꾸준히 쌓아가는 적금과도 같다. 가입 당시 정해진 금리로 기간별 환급률이 정해져 있고, 납입이 완료되는 시점에 납입원금의 100% 전후로 환급을 받을 수 있다. '단기납 종신보험'이라는 이름으로 불리며, 환급률이 높고 고정되어 있지만 납입보험료 대비 보험금이 적다.

2) 금리연동형 종신보험

금리연동형 종신보험은 적립된 보험료에 보험회사가 정한 공시이율이 붙는 종신보험이다. 시중 금리가 오르면 보험금과 해지환급률이 높아질 수 있다. 단기납종신보험에 비해 납입보험료 대비 보험금이 크다. 유니버셜 기능이 있는 종신보험은 가입 후 일정 시점부터 보험료를 자유롭게 납입하거나 중도인출하는 것도 가능하다.

3) 실적배당형 종신보험

실적배당형 종신보험은 변액 보험의 일종으로, 납입한 보험료의 일부를 주식이나 채권, 달러, 원자재 등 다양한 자산에 투자하는 것이 가능하다. 적립보험료를 투자자산으로 운용하기 때문에 적립보험료 대비 원금손실이 발생하거나 초과수익이 발생할 수 있다. 유니버셜 기능이 있는 실적배당형 종신보험은 금리연동형 종신보험과 같이 가입 후 일정 시점부터 보험료를 자유롭게 납부하거나 중도인출을 하는 것이 가능하다.

또한 해약환급금 유형도 3가지로 구분할 수 있다. '기본형, 해약환급금이 적은 유형, 해약환급금이 없는 유형'으로 해약환급금 유형을 구분할 수 있는데, 해약환급금을 줄이는 만큼 보험료 대비 보장금액을 키울 수 있다.

한편 고지사항을 기준으로 '기본형, 간편고지형, 초간편고지형'으로도 구분할 수 있다. 병력에 따라 고지의무 조건이 덜 까다로운 간편고지형이나 초간편고지형으로 선택해 가입할 수 있는데, 고지의무 조건이 덜 까다로울수록 보험료 부담이 높아진다.

이 외에도 보장금액이 일정한 가입금액형, 기간별로 보장금액이 증가하는 체증형, 사망 당시 기납입한 보험료도 추가로 지급하는 납입보험료플러스형의 종신보험도 있다.

종신보험은 [자료 6-10]에서 보듯 그 종류가 많은 만큼, 나에게 적합한 종신보험을 선택할 수 있는 기준을 가지고 있어야 손해를 보지 않을 수 있다.

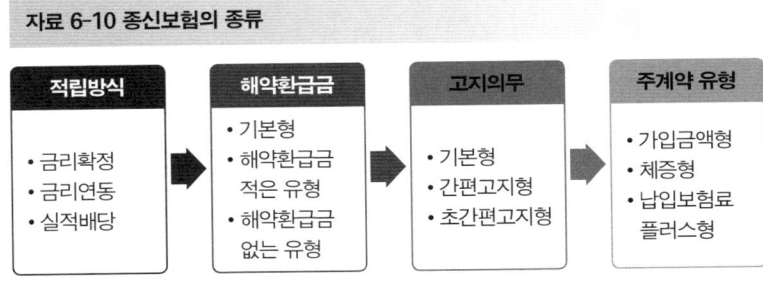

자료 6-10 종신보험의 종류

적립방식	해약환급금	고지의무	주계약 유형
• 금리확정 • 금리연동 • 실적배당	• 기본형 • 해약환급금 적은 유형 • 해약환급금 없는 유형	• 기본형 • 간편고지형 • 초간편고지형	• 가입금액형 • 체증형 • 납입보험료플러스형

정기보험과 종신보험의 차이점

상황에 따라 정기보험이나 종신보험을 선택하는 방법을 구체적인 예시와 함께 알아보자.

1) 저렴한 비용으로 큰 보장을 원하는 경우

40대 초반에 자녀 교육과 주택 자금 마련 등 다양한 재정적 의무를 지고 있다면 '비용은 낮게, 보장은 크게' 가져가야 한다. 이 경우에는 종신보험보다는 정기보험을 선택하는 것이 좋을 수 있다.

단, 정기보험은 납입보험료가 만기 시점에 소멸되고, 종신보험은 납입완료 후 중도 해지 시 환급금이 발생할 수 있다. 따라서 정기보험과 금리연동형 종신보험 중 해약환급금이 적은 유형이나 해약환급금이 없는 유형을 알아보고, 납입보험료 대비 보험금액과 납입완료 시점의 해지환급금을 비교해 선택하는 것이 좋다.

납입보험료가 전부 소멸되는 것이 아쉽다면, 정기보험과 종신보험을 혼합해 가입하자.

2) 보험료 납입 여력은 충분하고, 손해는 보기 싫은 경우

지출 대비 소득이나 자산에 여유가 있어 보험료 납입 여력이 충분하다면 금리확정형 종신보험인 '단기납 종신보험'과 '실적배당형 종신보험'을 기준으로 검토해보면 좋다. 최근 판매되고 있는 단기납 종신보험은 10년납으로 설정해 가입한 경우 납입완료 시점에 납입

원금 대비 120% 전후의 환급을 받는 것이 가능하다. 한국은행의 기준금리가 낮아지거나 금융당국의 제재가 있으면 환급률이 낮아질 수 있으니 참고하자.

투자에 대한 관심이 높고 ETF나 펀드를 활용한 투자가 익숙하다면 실적배당형 종신보험의 납입기간을 짧게 설정해서 가입하는 것도 좋다. 종신보험의 납입기간이 짧을수록 총 납입보험료가 적다는 점을 잘 참고하자.

3) 수입이 불규칙해 유연한 납입이 필요한 경우

자영업자나 프리랜서와 같이 소득이 일정하지 않은 경우에는 금리연동형 종신보험이나 실적배당형 연금보험 중 유니버셜 기능이 있는 종신보험으로 검토해보자. 보험료 납입을 유연하게 조정할 수 있고, 중도인출이 가능하기 때문에 급전이 필요한 상황에도 대처할 수 있다. 단, 중도인출을 하게 되면 중도인출 금액만큼 보장금액이 감소한다.

4) 부동산 자산을 많이 보유한 경우

부동산 자산을 많이 보유한 경우에는 부동산 자산 가치 상승으로 인해 자칫 상속세 부담이 증가할 수 있다. 이를 대비하기 위해서는 보장금액이 증가하는 체증형과 납입보험료플러스형을 비교해서 선택해볼 수 있다. 이 보험들은 기간이 지날수록 보장금액이 증가하기 때문이다.

투자에 대한 지식이 있고 경험이 풍부하다면 실적배당형 종신보험 가입을 검토해보는 것도 좋다.

이처럼 재정상황과 연령, 건강상태를 고려해 종신보험을 선택하길 바란다. 그리고 특정 보험사의 경우 카드납입이 가능하거나 보험상품에 따라 납입면제를 해주는 상품도 있으니 여러 조건을 고려해 상품을 선택하자.

종신보험을 자산 증식의 도구로 활용하자

종신보험, 이 단어를 들으면 어떤 생각이 드는가? '죽으면 보험금 받는 보험'이라고 생각하지 않았나? 맞다. 종신보험은 보험 대상자가 사망했을 때 가입조건에 따라 보험금을 지급한다. 하지만 종신보험은 단순히 사후에 남기는 유산이 아니라는 점을 알아야 한다.

종신보험은 단순한 사망보장뿐 아니라 목돈마련의 부가적인 기능을 활용할 수도 있고, (이 책에서는 다루지 않았지만) 연금전환을 활용해 노후를 대비할 수 있기도 하다. 종신보험은 '죽어야 받는 보험'이라는 색안경을 벗고 제대로 활용해 가정의 재정안정을 지키고 자산을 증식시키는 유용한 도구로 잘 활용하길 바란다.

초고령화 시대를 맞아
간병보험은 필수다

간병이 필요한 상태가 되면 그 부담이 가족에게 전가된다.
다행히 가족에게 주어질 부담을 완화해주는 보험이 있다.

한국은 이미 초고령화 사회에 접어들고 있다. 가을이 지나면 겨울이 오듯, 사람이라면 누구나 노인이 된다. 건강관리를 열심히 하더라도 언젠가는 자신의 신체를 남에게 또는 기계에 의존해야만 생활이 가능한 상황, 즉 '간병'이 필요한 상태가 올 가능성이 높다.

국민건강보험공단 장기요양등급 판정위원회 심사를 거쳐 받게 되는 장기요양등급에 따라 집에서 요양보호를 받거나 시설에 입소할 때 지원을 받을 수 있는데 이를 '장기요양급여'라 한다. 2022년 노인장기요양보험통계연보에 따르면, 장기요양급여 수급권자는 2012년 35만 명에서 2022년 102만 명으로 10년 사이에 무려 3배나 증가했다. 이처럼 남에게 의존해야 생활이 가능한 상황, 즉 간병이 필요한 상태가 되면 그 부담은 가족에게 전가될 수밖에 없다.

다행히 가족에게 주어질 심리적·재정적 부담을 완화해줄 수 있는 보험이 있다. 4050 세대에게 특히 관심이 높은 간병 상태를 대비하는 보험의 종류와 특징을 정리해보았다. 현재 나와 우리 가족에게 적합한 상품을 고르는 데 도움이 될 것이다.

의학기술의 발달로 노년기의 삶은 길어지고 있지만 길어진 시간만큼 간병기간이 길어질 위험도 커지고 있다. 간병 상태는 서서히 올 수도 있지만 오랜 항해 중 찾아오는 폭풍처럼 갑작스레 마주해야 할 수도 있다. 이번 칼럼을 통해 단기간의 간병 상태를 대비하는 간병인 보험과 장기간의 간병 상태를 대비하는 요양보험과 치매보험의 특징을 공부해보고, 적절한 보험료로 상황에 맞는 보장을 받을 수 있도록 준비하자.

일시적 간병 상태

간병 상태는 노화에 따라 장기간 지속될 수도 있지만 사고나 질병 등으로 일시적으로 발생할 수도 있다. 예를 들어 뇌혈관 질환으로 일시적 편마비가 왔다면 재활을 하는 동안 간병인의 도움을 받아야 할 수도 있다.

이처럼 단기 간병 상태를 대비할 목적으로는 간병인 사용 비용을 대비하는 보험을 생각해볼 수 있다. 간병인 비용을 대비하는 보험은 다음과 같이 크게 2가지로 구분된다.

1) 간병인 사용일당 보험

간병인 사용일당 보험은 피보험자가 병원에 입원하거나 단기적인 치료가 필요한 경우 간병인을 고용하는 데 들어가는 비용을 사용기간에 맞춰 지원해주는 보험이다. '기본형'과 '체증형'으로 구분해 가입할 수 있는데, 체증형은 기간에 따라 하루당 보장받는 금액이 증가되어 인건비 상승에 따라 간병인 고용 비용 증가에 대비하는 것이 가능하다.

요양병원을 제외한 병원, 요양병원, 간호간병통합 서비스를 기준으로 최대 일당 20만 원, 6만 원, 10만 원 수준으로 가입하는 것이 가능하다. 보통 180일 한도로 보장하나, 일부 보험사는 365일까지 보장받을 수 있는 특약을 추가하는 것도 가능하다.

가족이 간병을 해주는 경우에는 간병인을 고용한 것은 아니지만 케어네이션 앱에 등록된 가족간병에 대해서 보장하는 보험사도 있으니 가족 중 요양보호사 자격을 취득한 가족이 있다면 해당 조건을 체크해 보험 가입을 검토하는 것이 좋다.

2) 간병인 지원일당 보험

간병인 지원일당 보험은 가입한 보험사 콜센터로 신청하면 간병인이 직접 방문해 서비스를 제공하는 보험이다. 간병인 지원을 원하는 일자로부터 48시간 이전에 가입회사로 신청해야 한다. 간병인 배상책임 보험에 가입된 간병인이 파견되어 직접 간병인을 고용해야 하는 간병인사용일당에 비해 간병인이 제공하는 서비스에 대한 신

자료 6-11 간병인 사용일당 보험 vs. 간병인 지원일당 보험

간병인 사용일당 보험		간병인 지원일당 보험	
장점	단점	장점	단점
- 비갱신형 가입 가능 - 고객이 원하는 간병인으로 고용 가능	- 단기간병인을 구하기가 어려움 - 간병인 비용 상승 시 자기부담금이 높음	- 간병인 비용의 상승 부담이 없음 - 단기간병인 가능 - 배상책임 가입 업체	- 갱신형으로만 가능 - 상대적으로 비쌈

뢰도가 높은 편이다. 간병인 비용이 상승해도 자기부담금이 없다는 장점이 있지만, 대부분 갱신형으로 가입이 가능하며 간병인 사용일당 대비 비싼 편이다.

이 2가지 상품의 주요 특징을 비교하면 [자료 6-11]과 같다. 간병인을 고용함에 따라 발생할 수 있는 비용에 대비할 수 있는 이 2가지 보험의 특장점을 비교한 후 가입을 검토해보자. 보험료가 다소 비싸더라도 믿을 만한 업체에서 파견해주는 간병인이 제공하는 서비스를 원한다면 간병인 지원일당을, 가격 대비 보장효율을 고려한다면 간병인 사용일당을 선택하되, 상대적으로 연령이 높지 않아 향후 인건비 상승에 따른 간병인 비용 상승이 걱정된다면 체증형 간병인 사용일당 보험을 기준으로 검토해보는 방안이 적정하다. 또한 단순히 보험료 대비 보장금액이나 보장일수 외에도 면책기간이나 감액기간, 그리고 보장받을 수 없는 항목들도 함께 확인하는 것을 권장한다.

장기간병 상태

장기간병 상태를 대비하는 보험 중 소비자의 관심이 많은 보험은 치매보험과 재가요양급여보험이 있다. 각 보험의 특징을 정리하면 다음과 같다.

1) 치매보험

치매보험은 치매 진단 시 일시금 또는 월 생활자금 형태로 보험금을 지급한다. 치매 진단의 기준은 CDR척도가 기준이며, 심각한 정도에 따라 0점부터 5점까지 구분된다. 1점은 경도치매, 2점은 중등도치매, 3~5점은 중증치매로 구분된다. 과거에는 중증치매 위주의 보장을 준비할 수 있도록 판매되었으나 요즘에는 초기 인지장애 진단비를 보장하는 상품도 있다. 치매 상태에 대해서만 보장하기 때문에 치매 이외의 원인으로 일상생활 장해 상태가 되었을 때는 보장에 공백이 있을 수 있다.

2) 요양보험

국민건강보험공단에서 진단하는 장기요양등급을 받아 재가급여나 시설급여를 받게 될 경우, 가입조건에 따라 요양보험금이 지급된다. 장기요양등급은 장기요양등급판정위원회에서 6개월 이상 혼자서 일상생활을 수행하기 어렵다고 인정하면, 심신 상태 및 장기요양이 필요한 정도 등의 등급판정 기준에 따라 등급이 정해진다.

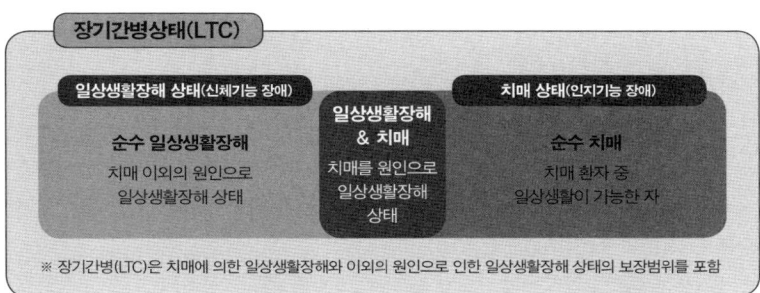

출처: 노인장기요양통계연보(2022년), 대한민국 치매현황(2022년)

치매환자로서 장기요양인정 점수에 따라 장기요양 5등급 또는 인지지원등급으로 판정되며, 심신의 기능 상태 장애 수준에 따라 4등급부터 1등급까지 판정된다. 65세 미만이면 대통령령이 정하는 노인성 질병을 통해 장애가 발생했을 때 등급 판정이 가능하고, 65세 이상이면 원인을 불문하고 일상생활에 다른 사람의 도움이 장기적으로 필요한 경우에 등급 판정이 가능하다.

치매뿐 아니라 장기간병 상태를 대비할 목적이라면 재가급여나 시설급여를 받을 때 보장받을 수 있는 요양보험을 선택하고, 치매를 집중적으로 보장받길 원한다면 치매보험을 선택하는 것이 좋다.

과거에 대출은 '나쁘다'라고 인식되기 십상이었지만

이제 대출은 훌륭한 자산증식 '수단'이 될 수 있다.

내 자산을 맛있게 요리할 훌륭한 도구인 대출!

4050 세대가 대출을 잘 활용하기 위해서는

나쁜 빚과 착한 대출의 개념을 알아야 한다.

자산을 불려 나가는 데 짐이 될 '나쁜 빚'은 피하고,

도움이 되는 '착한 대출'을 활용하자.

대출을 잘 활용하기 위해 필요한 기초지식과

나쁜 빚과 착한 대출의 구분 방법,

그리고 구체적인 활용 예시까지 차근차근 공부해보자.

CHAPTER 7

4050에게
나쁜 빚, 착한 대출

양날의 검인 대출,
제대로 알자

가계의 자산증식에 도움이 되는 대출은 '착한 대출'이고,
단순히 소비를 하기 위해 발생한 대출은 '나쁜 빚'이다.

자본주의 사회를 살아가면서 '대출'은 떼려야 뗄 수 없는 금융상품이다. 대출은 마치 가속 페달을 조절하는 것과 같아, 급하게 목표에 다가가려면 더 강하게 밟아야 하면서도 적정 속도를 유지하는 것도 필요하듯 대출을 사용할 때 역시 상황에 맞춰 조절하는 것이 필요하다.

대출은 필요한 자산을 단기에 확보하는 데 도움을 주지만 그 대가로 지속적인 상환책임이 따른다. 자산관리와 자산증식에 있어 양날의 검인 대출! 내가 경제적 자유를 누릴 수 있도록 그 날이 나를 향하지 않고 험난한 자본주의 사회를 향하도록 하기 위해 대출에 관한 기본적인 내용을 다시 공부해보자.

대출과 관련한 필수 기초용어들

대출과 관련한 용어를 알지 못하면 대출을 잘 활용하기란 당연히 힘들다. 다른 금융상품과 달리 대출은 재정안정성을 위협할 수도 있기 때문에 기초적인 용어도 다시 한번 알아보는 것이 좋다. 대출과 관련한 기초용어들은 다음과 같다.

1) 대출한도

대출한도는 개인의 신용도와 상환 능력에 따라 대출 가능한 최대 금액을 말한다. 이는 대출의 목적, 담보 유무, 그리고 대출 상품 종류에 따라 달라진다. 각 대출 상품의 한도를 잘 확인하고 자신의 소득과 재정 상태에 맞춰 대출 규모를 조정하는 것이 중요하다.

2) LTV(주택담보대출 비율)

LTV는 주택담보대출의 한도를 정할 때 주택가격 대비 대출가능 비율을 의미한다. 예를 들어 LTV가 70%라면 5억 원의 주택을 담보로 할 경우 3억 5천만 원까지 대출이 가능하다.

3) DTI(총부채 상환 비율)

DTI는 연 소득 대비 모든 대출에 대한 원리금 상환액의 비율을 나타낸다. 계산 공식은 '[주택담보대출 연간 총 상환액(원금+이자)+기타 대출이자]/연소득×100'이다. 은행은 이 비율을 참고해 대출자의 주택담보대출 상환 능력을 평가한다. 다만 지역별로 DTI 적용 기준은 다를 수 있다.

4) DSR(총부채 원리금 상환 비율)

DSR은 연 소득 대비 대출 원리금 상환 비율을 나타내며, DTI와 달리 주택담보대출뿐 아니라 모든 대출의 원리금을 포함한다. DSR 규제는 과도한 대출을 방지하는 역할을 하며, 대출 가능한 한도를 결정하는 중요한 기준이다.

5) Stress DSR

Stress DSR은 2024년 2월부터 시행된 새로운 대출 규제제도다. 금리 상승에 따른 차주의 상환 부담 증가 가능성을 사전에 반영하므로, 동일조건일 때 DSR 대비 대출한도가 낮아진다. 기존 DSR에 비해 지역과 금리조건에 따라 한도가 3~13% 감소될 수 있다.

6) 고정금리와 변동금리

고정금리와 변동금리는 대출 시 선택할 수 있는 이자율 방식이다. 고정금리는 일정 기간 동안 이자율이 변하지 않아 안정적이지만, 일반적으로 변동금리보다 초기 금리가 높은 경우가 많다. 하지만 단기적으로 금리인하가 예상된다면, 초기금리가 낮은 변동금리를 선택하는 것이 더 유리할 수 있다. 변동금리는 시중 금리에 따라 이자율이 달라지므로 초기 금리가 낮지만 향후 상승 가능성이 있기 때문이다. 중장기 대출을 계획중인 경우 변동금리라면 금리 상승으로 인해 대출 상환 부담이 증가할 수 있으므로 금리 변동성을 고려해 신중하게 선택해야 한다.

7) 거치기간

거치기간은 대출 초기에 일정 기간 동안 이자만 납부하고 원금상환을 유예하는 기간이다. 거치기간이 길어지면 초기 부담이 줄어들지만, 전체 상환액이 늘어날 수 있다. 실수요자가 대출의 상환시기를 유연하게 조절할 수 있도록 설계된 옵션이지만 전체 이자 부담이 증가할 수 있으므로 신중하게 선택하는 것이 좋다.

8) 연체이자율

연체이자율은 대출 원금과 이자를 기한 내 상환하지 못할 경우 적용되는 이자율이다. 연체이자율은 일반 대출이자율보다 높으므로 빠르게 갚지 않으면 채무가 급격히 증가할 수 있다. 연체가 되면 신용도에도 영향을 미치므로 상환 계획을 철저히 세워야 한다.

9) 중도상환 수수료

중도상환 수수료는 대출을 만기 전에 상환할 경우 발생하는 수수료다. 일부 대출 상품에서는 중도상환 수수료가 부과되므로 조기 상환 계획이 있다면 이를 반드시 확인해야 한다. 일부 상품은 중도상환 수수료가 없는 대신 상대적으로 높은 금리가 적용되기도 한다.

대출의 종류: 담보대출

대출은 크게 담보대출, 신용대출, 특수 목적 대출로 나눌 수 있다. 각각의 대출은 목적과 조건에 따라 특징이 다르다.

우선, 담보대출은 부동산, 자동차, 예금 등의 자산을 담보로 제공하고 자금을 빌리는 방식이다. 담보가 있는 만큼 대출기관의 리스크가 낮아져 일반적으로 이자율이 신용대출보다 낮다.

1) 주택담보대출

주택담보대출은 일반적으로 금리가 낮고, 상환기간이 길다. 30년 만기로 설정하는 경우가 많으며, 상환기간이 긴 만큼 안정적으로 자금을 활용할 수 있다. 하지만 원리금을 상환하지 못하거나 담보 물건인 주택가격이 하락할 경우에는 해당 주택을 상실할 위험이 있다.

예시를 들어보자. 자녀들이 커감에 따라 더 넓은 집으로 이전할 목적으로 주택담보대출을 실행하려는 A씨의 희망 주택가격은 9억 원이며, LTV 50% 수준인 4.5억 원의 대출을 실행해 30년 만기 원리금균등상환 연 3.6%로 대출을 실행하기로 했다. 이때 30년간 매월 상환해야 할 대출 원리금은 205만 원이다.

2) 전세자금대출

전세자금대출은 주로 전세보증금을 기반으로 대출을 받으며, 서민 주거안정을 위해 상대적으로 낮은 금리가 적용된다.

예시를 들어보자. B씨는 자녀가 대학에 진학하게 되어 자녀의 전셋집을 알아보았다. 관악구에 8평형 빌라의 전세 보증금 1억 원에 대해 한국주택금융공사의 무주택 청년 특례전세를 활용해 연 3.74%의 금리로 9천만 원을 대출받았다.

3) 예금담보대출

정기예금이나 적금, 청약통장 등의 예금액에 대해 대출을 실행할 수 있다. 대출한도는 예적금액의 90~100%까지 가능하다. 대출 기간은 담보 예금의 만기일까지이며, 예금금리의 1~1.3%가 가산된 이자로 대출을 받을 수 있다. 신용등급 영향이 미미하고 빠르게 지급받을 수 있으며, 중도상환 수수료가 없다는 특징이 있다.

예시를 들어보자. 창업을 준비하고 있는 D씨는 창업과정에서 부족한 보증금을 마련하기 위해 청약저축 담보대출을 활용했다. 청약저축 적립액은 1,500만 원으로 대출은 95%까지 가능했지만 부족한 금액인 1천만 원만 대출을 실행했고, 연 4.2%의 금리로 신용점수에 영향을 받지 않고 대출을 받을 수 있었다.

4) 보험약관대출

보험약관대출은 보험의 보장은 그대로 유지하면서 해지환급금의 일정 범위 내에서 대출받을 수 있다. 보통 해지환급금의 50~95% 내에서 대출이 가능하다. 24시간 전화나 앱으로 신청 가능하고, 예금담보대출과 같이 대출심사 절차가 없으며 신용등급에 거의 영향을 미치지 않는다. 대출원리금이 해지환급금 초과 시 보험계약이 해지될 수 있는 위험이 있는 점을 감안해서 대출을 활용하는 것이 좋다.

예시를 들어보자. 주부 F씨는 자녀 수술비 300만 원이 급하게 필요한 상황이었다. 하지만 최근 자금사정이 여의치 않아 자금을 조달하기 어려운 상황에 보험약관대출이 가능하다는 사실을 알았다. 기존에 가입된 보험사에서 약관대출을 실행했는데, 보험계약적립이율이 2.5%에 가산금리 1.5%를 더해 총 4%의 이율로 대출을 실행했다. 수술을 마친 후 보험사의 수술특약과 실손보험 청구를 통해 받은 보험금으로 이자와 원금을 상환했다.

담보대출 중에서 예금담보대출과 보험약관대출은 대출을 받은 금리가 4%, 가산금리가 1.5%, 해당 상품의 적립이율이 2.5%라고 했을 때, 4%의 대출이자를 상환하지만 해당 금융상품에서 2.5% 이자는 계속 가산되고 있기 때문에 내가 부담하는 실질이자는 1.5%가 된다. 실질 이자가 일반적인 물가상승률 대비 낮기 때문에 잘 활용하면 자산증식에 도움이 될 수 있다.

대출의 종류: 신용대출

신용대출은 담보 없이 신용만으로 대출을 받는 방식이다. 대출기관은 담보가 없는 대신 대출자의 소득과 신용점수를 기준으로 상환 능력을 평가한다. 이로 인해 신용대출의 금리는 일반적으로 담보대출보다 높은 편이다.

1) 개인 신용대출

개인 신용대출에서는 신용점수와 소득수준에 따라 대출한도가 정해지며, 신용점수나 소득수준이 개선되면, 대출 이후 금리인하나 가능할 수 있다. 하지만 상환 능력이 충분하지 않아 연체가 발생하면 신용점수가 하락해 대출금리가 오르거나 대출한도가 줄어들 수 있다.

2) 마이너스 통장

마이너스 통장은 신용대출의 일종으로 약정한 한도 내에서 자유롭게 입출금이 가능한 한도 대출 방식이며, '유동성 한도대출'이라고도 불린다. 입출금 통장에 대출한도를 설정해 자유롭게 돈을 빌리고 갚을 수 있는 형태의 신용대출이다. 한도 내에 별도 심사 없이 대출이 가능하고, 별도의 중도상환 수수료가 없다. 신용대출보다 이자가 높은 편인 데다가 복리로 계산되므로, 연체가 되면 이자부담이 기하급수적으로 늘어날 수 있다. 그리고 마이너스 통장은 개설만 해도 다른 대출을 받을 때 한도에 영향을 줄 수 있다.

3) 카드론 및 현금 서비스

카드론과 현금 서비스는 보유한 신용카드사에서 받을 수 있는 장기·단기 대출 상품이다. 별도 심사 없이 빠르게 자금을 확보할 수 있다는 장점이 있지만, 금리가 매우 높고 신용점수에도 부정적인 영향을 주기 때문에 가급적 사용을 자제해야 한다.

대출의 종류: 특수 목적 대출

특수 목적 대출은 주거, 교육, 창업 등 특정한 목적을 위해 정부나 공공기관의 지원을 받아 설계된 대출이다. 주로 정부나 공공기관이 지원하며, 특정 요건을 충족하는 대상에게 제한적으로 제공된다.

1) 소상공인 대출

소상공인 대출은 창업 초기 부족한 자금을 마련할 목적으로 지원하는 대출을 포함해 일시적으로 경영 상태가 악화됨에 따라 자금 사정이 좋지 않은 소상공인을 지원하는 등 다양한 목적으로 대출을 지원한다. 대출심사는 주로 대표자의 신용도, 사업계획서, 매출자료 등을 기준으로 이루어진다.

예시를 들어보자. 린넨 제품을 제작해 판매하는 업체의 대표 F씨는 소상공인시장진흥공단 홈페이지를 통해 소공인특화자금을 신청해 자금지원을 받을 수 있었다. 시설자금 비거치 8년 분할 상환으로 시설자금 2억 원을 대출받아 새로운 생산라인을 구축했고, 일본을 상대로 신규 수출계약까지 따내며, 사업확장의 전환점을 마련했다.

2) 학자금 대출

학자금 대출은 등록금 및 생활비를 지원하기 위한 정책대출로, '취업 후 상환 방식'으로 설계되어 졸업 후 일정 수준 이상의 소득 발생 시 상환이 시작된다. 대학에 진학하는 자녀가 있다면 학자금 대출을 받는 것이 유리한지 검토해볼 만하다. 2024년 2학기 기준 학자금 대출금리는 1.7%로, 물가상승률에 비해 현저히 낮은 수준이다.

예시를 들어보자. 자영업을 하고 있는 R씨는 이번에 자녀가 명문대에 합격했다. 자녀가 희망했던 학과에 합격해 매우 기쁜 마음도 잠시, 최근 경기가 좋지 않아 등록금을 납부하는 데 지원을 해주기 어려운 상황이었다. 다행히 신입생 기준 취업 후 상환 학자금 대출을 신청해 등록금과 생활비 대출을 받아 자녀가 아르바이트를 해 생활비를 마련할 수 있는 때까지 자금을 확보할 수 있었다.

착한 대출을 현명하게 활용하자

대출을 현명하게 활용하기 위해 필요한 기초용어와 대출의 종류, 특징에 대해 알아보았다.

대출은 '착한 대출'과 '나쁜 빚'으로 구분할 수 있다. 자산증식에 도움이 되는 대출은 착한 대출이고, 소비를 하기 위해 발생한 대출은 나쁜 빚이다. 소비를 위해 받은 대출은 자산을 증식시키는 속도를 현저하게 낮출 수 있기 때문이다.

자산증식을 위해 받은 대출이라 하더라도 재무상황과 금리 수준을 고려해 적절하게 활용했을 때만이 자산증식을 위한 효율적인 수단이 될 수 있으며, 그렇지 않으면 자산을 갉아먹는 나쁜 빚이 될 수도 있다. 신용대출은 보통 나쁜 빚이 될 가능성이 높아 예시를 하지 않은 점을 참고하길 바란다. 나쁜 빚을 멀리하고 착한 대출은 현명하게 활용하기 위한 방법을 고민해보자.

대출로 인한 이자 부담을 줄이기 위한 방법들

대출을 받은 후에 최초 조건을 계속 유지하는 것이 아니라
대출 부담을 줄일 수 있는 방법을 계속 찾아야 한다.

대출이자는 돈을 빌려준 금융기관에게는 아주 큰 수입원이지만 대출을 받은 사람에겐 오직 비용이다. 대출이자를 줄여주면 대출을 받은 고객은 고마워하겠지만 금융회사는 그만큼 마진이 감소할 수밖에 없으니 금융회사가 먼저 알아서 대출이자를 줄여주는 것을 기대하긴 어렵다. 그렇기 때문에 대출을 받았다고 해서 처음 조건을 그대로 유지할 필요는 없다.

대출을 실행한 이후에도 반드시 실천해야 할 신용점수 관리방법과 대출부담을 줄일 수 있는 방법들을 정리했다. 이제부터 소개하는 내용을 참고해 꾸준히 실천한다면, 대출로 인한 부담을 조금씩 덜어낼 수 있을 것이다. 작은 변화가 장기적으로는 큰 차이를 만든다는 점을 꼭 기억하고 내가 활용할 방법들을 꼼꼼히 확인하고 실천해보길 바란다.

신용점수란 무엇인가?

대출로 인한 이자 부담을 낮추고 금융 거래에 있어 우대 혜택을 받기 위해 신용점수 관리는 매우 중요하다. 신용점수란 개인의 신용을 평가하는 지표로, 0~1,000점 사이의 점수로 정해진다. 1,000점에 가까울수록 신용점수가 높은 것으로 평가한다.

신용점수 산정방식은 신용평가사마다 차이가 있으며, 평가기준과 가중치 적용도 각기 다르다. 기본적으로 과거와 현재의 거래이력을 참조해 돈을 갚을 능력이 있는지와 갚을 의사가 있는지를 중점으로 평가한다. 신용점수를 평가할 때는 상위누적 구성비와 장기연체 가능성 지표도 반영된다.

- 상위누적 구성비: 전국민 대비 백분위 순위로, 0에 가까울수록 신용도가 높다고 평가됨
- 장기연체 가능성: 동일점수 인원 1,000명이 대출을 받았을 때 1년 안에 90일 장기연체를 할 인원의 숫자를 나타내는 통계 지표로, 숫자가 낮을수록 좋음

KCB(코리아크레딧뷰로)와 NICE평가정보는 한국의 대표적인 신용평가사다. 신용평가사마다 신용점수 평가 방식과 비중이 달라 각 신용평가사의 신용점수가 다를 수 있다. KCB는 카드 이용 형태와 같은 신용거래 형태를 기준으로 하고, NICE는 연체나 과거 상환이력

을 중요하게 본다. 두 신용평가사 중에 더 중요하거나 맞는 신용점수는 없다. 대출을 받을 때 금융회사에서 참고하는 신용점수가 다르기 때문이다. 따라서 2가지 신용점수를 모두 관리하는 것이 좋다.

신용점수를 높이는 방법

신용점수는 대출 금리, 한도, 승인 여부 등에 큰 영향을 미치기 때문에 이를 관리하는 것은 금융생활에 있어 필수다. 다음 내용은 신용점수를 높이는 데 도움이 되는 방법들이다.

1) 신용카드 및 체크카드 활용 기준

신용카드 사용액은 한도의 30~50% 이하로 유지하는 것이 좋다. 신용카드 한도를 거의 다 채워 쓰면 신용점수 하락요인이 된다. 간혹 소비통제를 하기 어렵다고 생각해 신용카드 한도를 낮게 설정하는 경우가 있는데, 신용점수에는 매우 부적절하다.

오랫동안 사용한 신용카드를 해지하면 그간의 거래이력이 사라지므로 가급적 오래된 신용카드는 유지하는 것이 좋다.

신용카드 할부는 필요할 때만 사용하고, 가능한 짧은 기간으로 설정하는 것이 바람직하다. 할부거래를 했다고 해서 바로 신용점수가 떨어지는 것이 아니지만, 할부거래 횟수가 많아지면 갚아야 할 카드대금이 지속적으로 증가하고 이는 신용점수 하락요인이 될 수 있기 때문이다.

월 30만 원 이상을 6개월 이상 사용하거나 6~12개월 동안 꾸준히 사용하면 적게는 4점에서 많게는 40점의 신용점수 가점을 받을 수 있다. (신용평가사 중 하나인 NICE평가정보의 경우, 체크카드를 월 30만 원 이상씩 6개월간 사용할 시 최대 40점의 가점을 부여한다.)

카드론과 현금 서비스를 이용하는 것은 신용점수에 부정적이다. 가급적 사용하지 않는 것이 최선이나, 정말 급하게 필요할 경우에는 한 번에 많이 받는 것이 낫다. 적은 금액을 자주 사용하면 카드사 입장에서는 '돌려막기'를 한다고 판단할 수 있기 때문이다.

소액이라도 연체되는 것은 신용점수에 치명적이다. 30만 원이 넘는 금액을 30일 이상 연체하게 되면 신용점수에 치명적이고, 최장 3년간 신용평가에 반영될 수 있다.

○○페이 같은 간편결제를 과도하게 사용하는 것은 신용점수에 부정적인 요인이 될 수 있다. 신용거래 이력에 신용카드 사용내역이 포함되는데, 계좌에 현금을 충전해 결제하는 방식인 간편결제 사용 비중이 늘어나면 신용카드 거래 비중은 자연스럽게 줄어들어 '신용카드를 사용할 경제 능력 상실'로 간주해 신용점수에 영향을 줄 수 있다.

2) 대출 관련

대출을 받는다고 해서 무조건 신용점수가 낮아지는 것은 아니다. 신용점수는 기존에 보유한 부채 수준과 거래패턴, 대출 보유 기간 등 신용거래 이력의 다양한 요소를 고려해 결정된다. 적절한 규모의 대출을 받아 성실하게 상환하면 점수를 높이는 데 도움이 된다.

대출 상환을 했는데 점수가 오르지 않는다면 부채규모가 컸던 이력이 반영된 경우다. 단기간에 계좌를 많이 개설하거나 부채가 급증하지 않도록 유의해 관리하면 점차 점수가 오를 수 있다.

고금리 대출은 상환 후에도 일정기간 신용점수에 영향을 줄 수 있으므로, 가급적 먼저 상환하는 것이 바람직하다. 상대적으로 연체율이 높은 업권의 대출을 받으면 채무불이행 발생 확률이 높은 것으로 인식해 신용점수 하락폭이 클 수 있다.

사용하지 않는 마이너스 통장은 정리하는 것이 좋다. 마이너스 통장은 실제 사용 여부와 관계없이 약정한 한도 전액이 부채로 간주되므로, 사용하지 않는 마이너스 통장은 정리하는 것이 도움이 된다.

대부업 대출은 신중하게 활용하자. 신용정보원에서 제공하고 있는 대부업 대출정보와 자산관리회사를 통해 등록된 대출정보도 신용점수 평가에 반영된다.

일시 상환보다는 분할 상환이 좋고, '은행권 → 캐피털사/저축은행 → 대부업체' 순으로 진행하는 것이 신용도에 유리하고, '이자가 높은 대출 → 연체가 잦은 오래된 대출 → 소액대출' 순으로 상환하는 것이 신용점수에 유리하다.

예적금 담보대출이나 약관대출은 대출정보에는 등록되지만 원리금을 연체할 경우 곧바로 연체정보가 등록되지는 않는다. 단, 연체가 장기화되고 대출원금과 이자 상당액이 담보금액을 초과하면 해당 금융기관이 상계처리하며, 상계 후 원금이나 이자 미납분이 있다면 연체정보로 등록될 수 있다.

3) 기타

통신요금, 건강보험료, 국민연금, 공과금 등을 6개월 이상 성실하게 납부하면 5~17점의 가점을 받을 수 있다. 서민금융진흥원 앱이나 토스 앱, 뱅크샐러드 앱으로 신용평가사에 납부내역을 편리하게 보낼 수 있다.

올크레딧의 신용 성향 설문 참여로 가점을 받을 수 있다. 총 6주간 진행되며, 회당 20분 정도 소요될 수 있다. 10분 만에 최대 30점까지 올릴 수 있다고 한다. '올크레딧 종합신용플러스'라는 코칭프로그램을 활용해 신용점수를 상향시키는 방법도 있다.

신용회복위원회 교육 참여를 통해 가점을 받을 수도 있다. 신용교육원 포털사이트를 통해 온라인강의를 무료로 수강하게 되며 신용관리, 재테크, 지출계획 등 실용적인 교육으로 구성되어 있다.

대출 부담을 줄이는 방법

대출로 인한 재정 부담을 완화하는 방법은 생각보다 다양하다. 그 방법들을 정리해보았다.

1) 중도상환

중도상환은 대출 원금의 일부를 조기에 상환하는 방법이다. 원금을 상환한 만큼 이자 비용을 줄일 수 있다. 다만 대출을 받고 단기간 내에 상환할 경우 중도상환 수수료가 발생할 수 있으므로 기간별 중도상환 수수료를 감안해 중도상환 계획을 세우는 것이 좋다. 시중은행에서 담보대출을 받고 3년 이내에 중도상환을 하는 경우에는 주로 3년까지 1.5% 전후의 중도상환 수수료를 부과하는데, 만약 대출 실행 후 1년 이내에 중도상환을 한다면 1%, 2년 내에는 0.5% 정도의 중도상환 수수료를 요구할 수 있다.

여기에서 참고할 점은 경우에 따라 중도상환 수수료를 면제해주기도 한다는 것이다. 따라서 대출을 일으켰던 당시에 들었던 중도상환 수수료 기준만 생각하지 말고, 현재 시점에서 상환 시에도 중도상환 수수료가 발생하는지를 체크해보자.

2) 대환대출

대환대출은 기존 대출을 더 낮은 금리의 대출로 변경하는 방법이다. 대환대출은 금리가 인하된 시점에서 유리하게 적용될 수 있으므로 앞으로 기준금리가 낮아질 것을 고려하는 상황에서 관심 가져볼 것을 추천한다.

또한 대출을 받을 당시에 비해 신용점수가 상승했거나 더 유리한 대출 상품이 나왔을 때 더 낮은 금리로 갈아타는 것으로 대출로 인한 부담을 줄일 수 있다. 변동금리로 대출을 받았을 경우에는 금리가 상승하기 전에 고정금리로 전환하는 것도 좋은 방법이다.

대환대출을 받기 위해 신용대출 가조회(대출가능 한도조회)를 하더라도 신용점수가 떨어지지 않으니 1~2건의 대출견적은 요청해도 괜찮다(단, 단기간에 너무 많은 가조회는 주의해야 한다). 대환대출을 위해서는 주거래 은행이나 다른 시중은행을 직접 찾아가도 되지만 대출비교 서비스를 제공하는 금융 플랫폼을 활용하는 것도 좋은 대안이다. 토스, 핀다, 뱅크샐러드 등 대출금리 비교 서비스를 제공하는 플랫폼을 참고하길 바란다.

3) 금리인하 요구권

이제는 꽤 많은 금융소비자가 알고 있는 금리인하 요구권은 대출을 받은 자의 신용점수 향상, 소득 증가 등의 사유로 금리인하를 요청할 수 있는 권리다. 금리인하 요구는 1년에 2회 신청이 가능하다. 금융 회사 영업점에 방문하거나 인터넷, 모바일 뱅킹을 통해 신용상태가 좋아졌다는 증빙이나 소득 증가를 증빙할 수 있는 자료를 제출하면 된다.

4) 대출상환 방식 선택

대출상환 방식에 따라 이자 부담이 달라지게 된다. 주로 사용되는 상환 방식에는 원금균등분할상환과 원리금균등분할상환이 있다. 우선 원금균등분할상환은 매달 동일한 금액의 원금을 갚는 방식으로, 초기에는 이자 부담이 크지만 시간이 지날수록 줄어들어 총 이자 부

자료 7-1 대출 상환 방식 비교

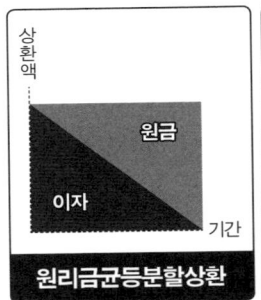
원리금균등분할상환

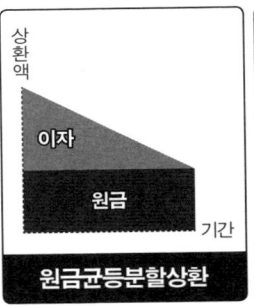
원금균등분할상환

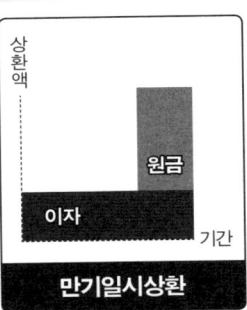
만기일시상환

출처: KB캐피탈 홈페이지

담이 적기 때문에 장기적으로 유리하다. 원리금균등분할상환은 원금과 이자를 합친 금액을 매달 동일하게 갚는 방식으로, 매달 납입 금액이 일정해 자금 계획을 세우기가 용이하지만 총 이자는 원금균등분할상환보다 많다.

현재 수입에 여유가 있어 상대적으로 더 많은 원리금 상환을 해도 괜찮다면 원금균등분할상환 방식을 택해 총납입하는 이자를 줄이는 것을 고려해볼 수 있고, 현재 수입에 여유가 없다면 현금흐름 안정화에 도움이 되는 원리금균등분할상환 방식을 유지하면서 부분상환을 적극적으로 검토해보는 것이 좋다.

5) 부채 통합

여러 대출을 하나의 대출로 통합하면 관리 측면에서도 효율적이지만 신용점수 개선에도 도움이 된다. 게다가 더 낮은 금리의 대출로 통합이 가능한 상황이라면 이자비용도 절감할 수 있다. 대환대출을 받는 과정에서 기존에 가입한 대출을 통합해 대출을 받는 것이 가능할 만큼 한도가 나온다면 통합하는 것도 고려해보자.

6) 정부 지원 프로그램 활용

정부는 소상공인이나 취약계층을 위한 저금리 대환프로그램 등을 운영하고 있다. 상황이 여의치 않아 급하게 대출을 받느라 고금리 대출을 받아 유지하고 있는 상황이라면 햇살론이나 서민금융진흥원의 대환대출 상품을 통해 금리인하 혜택을 받을 수 있는지 확인해보자. 소득, 신용 상태, 대출 금액에 따라 이용 가능 여부가 달라지므로 지원 조건을 확인 후에 신청하는 것이 좋다.

대출을 꼼꼼하게 관리하자

대출은 금융소비자가 필요한 자금을 빌리는 것이다 보니 상대적으로 위축되기 쉽다. 대출을 해준 금융회사가 고객의 이익을 우선해 먼저 최적의 조건을 제시해주면 너무 좋겠지만 금융회사도 사기업인 만큼 기업의 이익을 우선할 수밖에 없다. 따라서 우리 스스로가 시중금리 상황과 다양한 금융제도를 알고 최대한 활용하기 위해 노력하는 것이 필요하다. 대출받기 전에도 꼼꼼히 알아봐야 하지만, 받은 후에도 관리해야 대출로 인한 이자 부담을 줄이는 것이 가능하다는 점을 명심하자.

특히 최근에는 대출 상품의 종류가 다양해져 고정금리, 변동금리, 혼합형 등 각자의 상황에 맞는 대출 구조를 선택하는 것이 중요하다. 정부에서 제공하는 정책대출, 보금자리론 등 우대상품도 적극적으로 비교해보고, 본인의 신용점수와 부채상환 능력도 꾸준히 점검해야 한다. 대출 계약서의 금리, 상환 방식, 중도상환 수수료 등 주요 조건을 반드시 확인하고, 변경사항이 있으면 즉시 체크하는 습관도 필요하다.

나아가 대출을 받았다면 이후에도 금리인하 요구권, 상환 스케줄 재점검 등 사후관리에 신경 쓰는 것이 장기적으로 금융부담을 줄이는 핵심이라는 사실을 잊지 말자.

자산증식을 위한 대출은
신중해야 한다

4050의 자산관리에 있어 리스크 관리가 매우 중요한 만큼 대출을 활용한 자산증식은 매우 조심스럽게 접근해야 한다.

대출은 자산관리에 있어 '불'과도 같다. 즉 적절히 통제하면 따뜻한 온기를 제공하고 맛있는 음식을 조리할 수 있지만 통제력을 잃으면 모든 것을 태워버릴 수 있다. 현명하게 활용하면 자산증식의 강력한 도구가 되지만, 자칫 잘못 다루면 재정적 파탄의 지름길이 될 수 있는 것이 바로 대출이다.

4050 세대의 자산관리는 리스크 관리가 매우 중요한데, 대출을 통한 자산증식은 리스크가 크기 때문에 전략적이고 신중한 접근이 필수적이다. 이 칼럼에서는 금융자산을 담보로 한 대출을 활용한 레버리지 전략과 부동산 투자를 활용한 대출전략을 살펴보고, 각각의 주의사항도 알아보자.

금융자산을 활용한 레버리지 전략

　금융자산을 담보로 한 대출은 비교적 낮은 금리로 필요한 자금을 마련할 수 있다는 장점이 있다. 급전이 필요할 때 활용하는 것도 도움이 되지만 예금담보대출과 보험약관대출을 활용한 레버리지 전략을 구사해볼 수도 있다. 아래에 소개하는 가상의 활용 사례를 참고해보자.

　1년 만기 예금으로 1억 원을 보유하고 있는 40대 직장인 A씨가 있다. 기존에 가입한 금리 1.5%의 예금은 만기가 얼마 남지 않은 상태였다. 그런데 4%의 특판 예금 안내 메시지를 받곤 고민에 빠졌다. 기존에 가입한 예금담보대출에 대해 알아보니 예금을 깨지 않고 남은 기간 동안 가산금리 1%를 포함한 대출금리 2.5%로 예금 금액만큼 대출을 받을 수 있었다. '새로 가입할 예금 4% - 대출이자 2.5% = 1.5%'의 추가 이익을 얻을 수 있게 된 것이다. 갑작스러운 은행권의 금리인상으로 인해 예금담보대출을 받아 납부하는 이자보다 더 큰 이자수익을 얻을 수 있는 경우에 최대한 위험을 배제하면서 추가 이익을 얻는 방법이다. 금리 상승이 급격하게 일어나는 시기에 상대적으로 안정적으로 추가 이자를 얻을 수 있는 방법이 될 수 있다. 예금담보대출의 가산금리는 은행과 상품에 따라 달라질 수 있다.

　보험 약관대출도 은행의 예금담보대출과 같이 활용이 가능하다. 다만 보험 약관대출은 은행의 예금담보대출보다 상대적으로 높은 이율을 부담해야 할 가능성이 높고, 약관대출의 원금과 미상환 대출 이자가 해지환급금보다 커지는 상태가 되면 강제 해지가 되어 해당 보험을 통한 보장이 중단될 수 있기 때문에 예금담보대출보다 신중하게 사용해야 한다.

금융자산을 담보로 대출을 받아 추가 수익을 얻을 목적으로 주식이나 하이일드 채권같이 가격 변동성이 큰 자산에 투자하는 것은 가급적 자제하는 것을 당부하고 싶다. 앞서 고금리 예금이나 특판 채권 등으로 예시를 든 이유는 이 상품들이 상대적으로 안정적인 수익을 얻을 수 있는 금융자산이기 때문이다. 반면에 주식이나 하이일드 채권같이 가격 변동성이 큰 자산의 경우 대출을 활용한 투자를 진행할 때는 심리적 불안감이 커져 이성적인 의사결정을 하는 데 어려움을 줄 수 있다.

부동산자산을 활용한 레버리지 전략

부동산자산을 활용한 레버리지 전략은 대표적으로 '갭투자'와 '수익형 부동산 투자'를 예로 들 수 있다.

1) 갭투자를 통한 레버리지 활용

수도권 지역의 아파트 시세를 알아보던 50대 박씨는 매매가 5억 원, 전세가 4.5억 원의 아파트를 발견했다. 그는 여유자금 5천만 원

자료 7-2 갭투자의 수익 구조

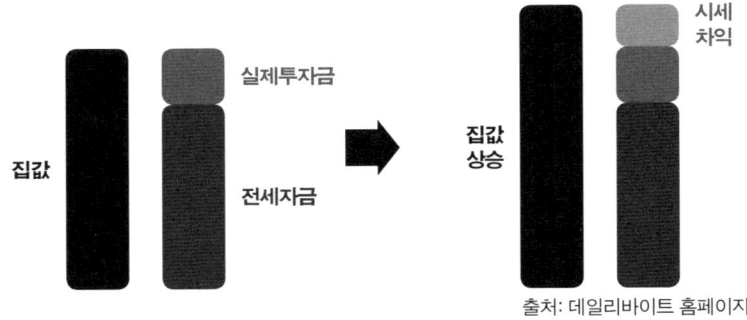

출처: 데일리바이트 홈페이지

을 활용해 전세를 끼고 해당 아파트를 매입했다. 만약 아파트의 가격이 상승해 매매가 5억 5천만 원이 되면 내가 투입한 자금 대비 큰 수익을 얻을 수 있다는 계산이 나왔다. '부동산이라는 자산가치가 하락하진 않을 것'이라 기대한다면 적극적으로 갭투자를 고려해볼 수 있겠지만, 갭투자는 생각보다 손실 가능성도 크다는 점을 알아야 한다.

갭투자로 부동산을 매수한 경우, 세입자가 전세금 반환을 요구하는데 새로운 세입자를 구하지 못하면 전세금 반환이 어려워지므로 자금 유동성 리스크로 인해 법적 분쟁으로 이어질 수 있다. 만일 전세가가 하락하면 역전세가 발생해 기존 세입자에게 줄어든 전세가 만큼을 지급해야 한다. 또한 취득세는 매매가격과 전세보증금을 합한 금액을 기준으로 계산되고, 재산세와 종합부동산세가 매년 부과되기 때문에 세금부담이 증가한다. 단기간에 매각하게 될 경우에는

60~70%의 높은 양도소득세를 부담해야 해서 예시에서 기대한 것보다 실제 수익은 현저히 줄어들 수 있다. 만일 부동산 시장이 안 좋아져 아파트 가격이 하락하게 되면 내가 투입한 금액보다 더 큰 손해를 볼 수도 있다.

2) 수익형 부동산 투자

원룸, 오피스텔, 상가와 같은 수익형 부동산 투자 시 레버리지를 활용하는 것도 은퇴를 고민하고 있는 4050 세대들이 많이 고려하는 투자방식이다. 잘 계획하면 좋은 수익을 올릴 수 있지만 리스크 관리가 매우 중요하다.

우선, 레버리지를 활용한 상가투자로 안정적인 수익을 창출한 성공사례부터 살펴보자. 40대 직장인 박 씨는 수도권 신도시에 위치한 상가에 관심을 갖고 있었다. 해당 상가는 신도시 내 상권 형성이 활발한 지역에 위치해 있으며, 매매가는 6억 원이었다. 박 씨는 2억 원의 자본금을 마련한 후 나머지 4억 원은 연 3.5%의 고정 금리로 대출을 받아 상가를 구입했다.

박 씨는 상가 구입 후, 한 유명 프랜차이즈 매장과 장기 임대 계약을 체결했는데 월 임대료는 300만 원으로, 매월 117만 원의 대출이자를 제외하고도 약 183만 원의 순수익을 확보할 수 있었다. 결국 박 씨는 매월 안정적인 임대 수익을 통해 대출상환과 순수익을 얻으며 상가의 자산 가치도 신도시 개발과 함께 상승해 매도 시 추가 시세 차익을 얻을 수 있는 가능성이 높아졌다.

박 씨의 성공 요인은 다음과 같다.

> - 상권 분석: 상권 분석을 통한 입지 선정. 유동 인구가 꾸준히 증가하는 지역을 선택함으로써 상권 활성화와 임대 수익 확보가 용이했다.
> - 장기 임대 계약: 박 씨는 안정적인 수익을 위해 장기 임대 계약을 체결했다. 이를 통해 공실 위험을 최소화하고, 꾸준한 현금 흐름을 확보할 수 있었다.
> - 고정금리 대출 활용: 대출을 고정금리로 선택함으로써 금리인상에 따른 위험을 줄였다.

이번엔 공실 위험과 대출 부담 증가로 인해 손실을 본 상가투자 실패의 사례를 살펴보자. 50대 자영업자 최 씨는 대출을 활용해 서울 외곽에 위치한 오피스텔에 투자했다. 오피스텔의 매매가는 3억 원이며, 최 씨는 1억 원의 자본금을 투자하고 나머지 2억 원은 변동금리로 대출을 받았다. 오피스텔은 매월 100만 원의 임대료를 기대할 수 있었으며, 대출이자는 월 58만 원으로 예상되었다.

처음에는 임차인을 구해 임대 수익을 올렸지만 경기 침체로 인해 임차인이 이탈하면서 공실이 발생했고, 금리가 상승하면서 최 씨의 월 대출이자 부담도 증가해 65만 원으로 늘어났다. 최 씨는 공실 기간 동안 임대 수익이 없고 대출 상환 부담이 커져 손실을 감당할 수 없게 되었다. 결국 자산을 매도했으나 매입가보다 낮은 가격에 판매해 초기 투자금의 일부를 잃는 결과로 이어졌다.

최 씨의 실패 요인은 다음과 같다.

> - 입지 선정 실패: 해당 지역은 임대 수요가 꾸준하지 않아 공실 위험이 높았다. 공실 발생 시 대체 임차인을 구하는 데 시간이 걸리면서 추가 손실이 발생했다.
> - 변동금리 대출 선택: 초기 이자가 낮은 변동금리 대출을 선택했지만, 금리인상으로 월 상환 부담이 커지면서 수익성이 악화되었다.
> - 비상자금 부족: 공실이 장기화되었지만, 최 씨는 대출이자를 충당할 여유자금이 부족해 결국 오피스텔을 손실을 보고 매도해야 했다.

대출을 활용한 수익형 부동산의 투자는 '입지 선정'이 무엇보다 중요하다. 임대 수요가 꾸준한 지역이나 상권이 활성화될 가능성이 높은 곳을 선택해야 하고, 가능하다면 장기계약을 통해 공실이 발생할 위험을 줄이는 것도 고려하는 것이 좋다.

금리변화도 꾸준히 모니터링해야 한다. 2022년의 전 세계적인 금리인상과 같은 이벤트가 발생할 경우 이자부담이 증가할 수 있으므로 금리인상기에 접어들 가능성이 있는지, 현재 상대적으로 낮은 고정 금리로 대출을 받을 수 있는지 수시로 체크하는 것이 좋다.

비상자금 마련도 필수다. 공실이나 수선이 필요한 상황으로 인해 예상치 못한 비용이 발생할 수 있으므로 최소 6개월 이상의 임대료에 해당하는 비상자금을 마련해둬야 한다.

통제 가능한 레버리지 활용

레버리지는 자산증식을 가속화하는 강력한 수단이지만, 과도한 활용은 오히려 재정 건전성을 해칠 수 있다. 금융자산과 부동산을 활용한 다양한 대출 전략을 신중하게 계획하고, 철저한 리스크 관리와 상환 계획을 세우는 것이 필수다. 금융자산을 활용한 레버리지 투자 시에는 가격 변동성이 낮고 안정적인 수익이 가능한 금융자산 위주로 활용하는 것이 바람직하다(예금, 공시이율형 연금보험 등). 부동산의 경우 입지, 금리 상황, 비상자금 확보, 임대수익률, 세금 등 다양한 조건들을 고려해 활용하자.

특히 최근과 같이 금리 변동성이 큰 환경에서는 대출이자 부담이 빠르게 커질 수 있으므로 본인의 상환 능력을 객관적으로 진단하는 것이 선행되어야 한다. 또한 투자대상을 선정할 때는 유동성, 만기, 그리고 예상 수익률뿐 아니라 예기치 못한 시장 변동에 대비한 안전장치도 반드시 마련해야 한다.

레버리지를 활용할 때는 만약의 상황에 대비한 비상자금과 보험 등 재무적인 방어선을 확보하는 것이 위험관리의 핵심이다. 무엇보다 투자 규모와 기간을 명확히 설정하고, 단계별 목표와 점검 계획을 세우는 등 체계적인 전략수립이 뒷받침될 때 비로소 레버리지는 자산증식의 든든한 도구가 될 수 있다.

대출 사기 예방법 및 대응법을 숙지하자

대출 사기꾼들은 온오프라인을 넘나들며 당신을 노린다.
만일 사고가 발생하면 빠른 조치를 통해 피해를 줄이자.

마치 깊은 바다의 상어처럼 대출 사기는 주변에서 은밀하게 우리를 노리고 있다. 2024년 3월 27일자 금융감독원 보도자료에 따르면, 불법 대부업자가 수백만 원에서 수천만 원의 대출실행을 빌미로 불법 대부거래를 강요하고 이자만 편취한 후 연락두절되는 등의 사기 피해사례가 연이어 접수되고 있다고 한다.

경기침체와 고금리로 인해 저금리 전환대출이나 추가대출이 필요한 사람들의 피해가 나날이 커지고 있다. 이번 칼럼에서는 대출 사기에 당하지 않도록 대출 사기의 다양한 사례를 알아보고, 사전예방법과 함께 사고 후 대응방법까지 알아보자.

대출 사기 사례를 사전에 알아두자

대출 사기는 생각보다 여러 가지 유형과 방식이 존재한다. 따라서 다양한 사례를 사전에 알아두고 당하지 않도록 주의하자.

1) 저금리 대출 알선 사기

사기범들이 "저금리로 대출을 제공한다"고 홍보하며 접근하는 경우가 있다. 고금리 대출을 사용하고 있는 사람들에게 접근해 저금리 대환 대출을 제안하거나, 급전이 필요한 사람에게 고금리로 대출을 받게 한 후 저금리 전환을 제안해 피해자에게 대출금과 개인정보를 편취한다. 예를 들어 A씨는 한 대부업체의 광고에 속아 높은 금리로 돈을 빌린 뒤, 저금리 전환을 약속하며 사기범에게 이체했다. 하지만 실제로는 저금리 대출이 이루어지지 않았고, 피해자에게는 막대한 채무만 남게 되었다.

2) 선수수수료 요구 사기

이 사기 수법은 피해자에게 대출을 받기 위해 선(先)지급해야 하는 수수료를 요구하는 것이다. 정식 금융기관을 사칭해 불필요한 수수료를 요구한다. 예를 들어 한 피해자는 대출상담을 통해 낮은 금리로 대출을 실행하기 위해서는 100만 원의 수수료를 송금하라는 요청을 받고 돈을 보낸 후 사기범과의 연락이 두절되었다. 정식 금융기관은 결코 이런 수수료를 요구하지 않음을 명심해야 한다.

3) 신용등급 조작 사기

사기범들이 낮은 신용등급을 가진 개인에게 접근해 신용등급을 인위적으로 상향시킬 수 있다고 속인다. 이 과정에서 고액의 비용을 요구하며 가짜 문서를 이용해 신용점수를 조작하려 하기도 한다. 재직증명서와 같은 소득증빙서류를 위조해 대출을 받게 하고, 서류 조작에 필요한 비용을 요구하기도 한다. 피해자가 이러한 조작을 통해 대출을 받는 통칭 '작업대출'에 가담하게 될 경우 징역형이나 벌금형에 해당하는 형사 처벌을 받을 수 있다. 또한 금융거래가 제한되는 추가 피해가 발생할 수도 있다.

4) 개인정보 유출 및 악용 사기

사기범들은 피해자의 개인정보를 불법적으로 획득한 후 이를 통해 대출을 시도한다. 최근에는 '스미싱' 수법을 사용해 이메일 링크를 클릭하도록 유도하거나, 포스터에 조작된 QR코드 스티커를 붙여 해당 QR을 스캔하면 개인정보 유출이 되는 앱이 스마트폰에 설치되기도 한다. 예를 들어 한 피해자가 청첩장 링크를 클릭한 후 개인정보가 유출되었고 이로 인해 고액 대출이 발생했지만 해당 자금은 사기꾼에게 입금되었다.

5) 보이스피싱 대출 사기

범죄자들이 금융기관 또는 수사기관을 사칭해 피해자에게 대출을 유도하는 방식이다. 이들은 고지서를 위조하거나 가짜 전화 통화를 사용해 피해자를 속여 대출금을 이체하게 만드는 경우가 많다. 피해자가 이를 믿고 돈을 송금한 경우, 있을 수 없는 대출금의 상환 요구를 받게 될 수 있다.

6) 온라인 대출 사기

최근에는 온라인 대출 플랫폼의 허점을 악용하는 사례도 증가하고 있다. 불법 대부업체들이 허위 광고로 소비자를 유인해 개인정보를 수집하거나 금전을 편취한다. 특별히 신뢰할 수 없는 웹사이트에서 대출을 신청하게 되면 개인정보가 유출되거나 대출금을 빼앗길 위험이 크니 각별한 주의가 필요하다.

사기 예방법 및 사고 후 대응법

대출 관련된 것뿐만 아니라 꾸준히 새로운 금융사기 수법이 생겨나고 있고, 사기를 당한 후 자금을 회수하는 등의 후속조치에 어려움이 있기 때문에 사전예방이 매우 중요하다. 사기를 사전예방할 수 있는 방법과 사고 후 대응방법은 다음과 같다.

1) 전화나 문자 메시지를 통한 대출 광고를 주의하기

전화나 문자 메시지를 통한 대출광고는 대개 사기일 가능성이 높으므로 주의하자. 대출은 개인과 기업의 다양한 금융정보(신용등급,

채무내역, 연체이력, 신용점수 등)들을 고려해 결정되기 때문에 "저금리 대환대출을 무조건 해줄 수 있다"는 식으로 홍보하거나 약속하는 행위는 사기일 가능성이 매우 높다.

2) 출처 불분명의 인터넷 주소를 클릭하지 않기

출처가 명확하지 않은 인터넷 주소를 통해 악성앱이 설치됨으로써 스마트폰을 해킹 가능한 상태로 만들 수 있기 때문에 주의하는 것이 좋다. 지인을 사칭한 경조사 안내나 금융회사를 사칭해 인터넷 주소를 클릭하도록 유도하는 경우가 있으니 주의하자. 개인정보가 외부에 유출될 경우 해당 정보가 사기에 악용될 수 있으므로 각별히 주의하는 것이 필요하다.

안드로이드 운영체제의 스마트폰인 경우, '출처를 알 수 없는 앱'은 비활성 모드로 설정하는 것을 추천한다. 설정방법은 매우 간단하다. 스마트폰에서 '설정' 아이콘을 클릭하고, 이어 '잠금화면 및 보안 메뉴'로 들어간 후에, '출처를 알 수 없는 앱'을 비활성 모드로 설정하면 된다.

3) 지연인출 제도를 활용하기

만약 대출 관련 사기나 보이스피싱에 당한 것으로 의심되거나 사기당한 것을 인지했다면 어떤 조치를 취해야 할까? 사기꾼으로부터 자금이체를 요구받고 이체를 했다면 '30분'의 골든타임을 활용해야 한다. 100만 원 이상 입금된 자금은 ATM에서 30분이 경과되어야 인출이 가능하기 때문이다. 이체 후 입금까지 딜레이를 설정하고 일정 시간 내 이체 취소를 신청할 수 있는 '지연이체 서비스'를 활용하자. 스마트뱅킹이나 영업점 방문을 통해 신청이 가능하다. 그리고 금융회사나 금융감독원(콜센터 1332)에 해당 계좌 지급정지를 요청하고, 신분증, 피해구제신청서(해당 금융사), 사건사고사실확인서(경찰), 이렇게 3가지 서류를 준비해 피해금 환급을 신청하면 된다.

내 금융정보가 외부에 노출되었다는 것을 알게 되었다면 개인정보 노출자를 등록해 신규계좌, 신용카드 발급 등이 제한되도록 설정하자. 웹에 '개인정보 노출자 사고예방 시스템'으로 검색해 진행할 수 있다. '계좌정보 통합관리 서비스'를 활용해 명의도용된 계좌가 개설되었거나 내가 모르는 대출이 실행된 것은 없는지 파악하는 것도 필요하다. 그 외에 휴대전화를 통한 소액결제가 사기에 악용될 수 있으므로 통신사 고객센터 또는 앱을 통해 소액결제 차단을 신청하고, 혹시 이미 피해를 입었다면 추가 피해를 막을 수 있도록 경찰이나 금융감독원에 신고하는 것이 좋다.

개인정보 유출이 의심된다면 명의도용방지 서비스인 엠세이퍼(Msafer)를 통해 본인명의 휴대전화 개통 여부를 확인하고, 만약 명의도용 사실을 확인했다면 통신사에 해지 및 명의도용 신고를 접수하자. 이외에도 웹에서 '털린 내 정보 찾기'라는 키워드로 검색해 개인정보 유출 여부를 확인하자. 'e프라이버시 클린 서비스'를 활용해 본인인증수단 이용 내역을 확인하고 명의도용으로 가입된 웹사이트가 확인된다면 회원탈퇴를 하자.

경조사 메시지 등을 받아 미확인 URL을 클릭해 악성앱이 설치되었다면 기존에 스마트폰이나 PC에 설치한 공동인증서를 폐기 후 재발급하는 것이 좋고, 휴대전화를 초기화하거나 백신 앱을 활용해 악성앱을 삭제하는 것이 좋다. '후후'라는 스마트폰 앱에서 악성앱 검사가 가능하다고 하니 참고하길 바란다. 안드로이드에서 '후후앱'을 실행한 후 우측 하단의 '더보기'를 누르고, 이어 '안전 서비스'로 들어가 '악성앱 검사'를 실행하면 된다.

대출 사기에 미리 대비하자

대출(금융) 사기는 우리 사회에서 꾸준히 발생하고 있고, 계속 진화하고 있다. 소득이 증가했거나 신용점수가 크게 올랐거나 시중은행의 대출금리가 인하되지 않은 상태에서 "저금리 전환대출을 해준다"는 연락을 받았다면, 일단 의심해보는 것이 좋다.

사기꾼들은 온오프라인을 넘나들며 우리의 소중한 자산을 노리고 있다. 개인적인 우려와 경각심을 잊지 말고 개인정보 보호를 위해 꾸준히 관리하고, 만일 사고가 발생했다면 빠른 조치를 통해 피해를 막거나 줄일 수 있도록 하자.

4050의 노후준비를 위한 다양한 방법이 있겠으나
가장 직관적이고 효율적인 방법은 '연금'을 활용하는 것이다.
"3층 연금인 국민연금, 퇴직연금, 개인연금을 통해
노후를 준비하라"는 말이 도대체 감이 오지 않았으리라.
국민연금은 소득 있는 누구나 가입해야 하는 것이지만,
효율적인 활용 방법이 있다는 것을 모르는 경우가 많다.
퇴직연금에 대해서도 무지하기는 마찬가지다.
상당한 금액이 퇴직연금에 적립되어 있음에도
소중한 노후 대비 자금을 방치하는 경우가 많다.
'N층 연금'을 통해 은퇴를 대비할 자산을 마련하길 바란다.

CHAPTER 8

연금으로 누리는 경제적 자유

4050의 노후준비,
이제 제대로 하자

노후준비는 단순히 자산을 많이 모으는 데서 끝나지 않는다.
은퇴 이후의 다양한 변수에 유연하게 대처할 수 있어야 한다.

노후준비에 대해 걱정하는 4050 세대가 많다. 하지만 노후준비를 위해 얼마나 되는 자금을 마련해야 하고 어떻게 준비해야 할지 모르는 경우가 대부분이다. 걱정은 되지만 대비를 하지 못하고 있다는 방증이다.

평소 재테크에 관심이 있어 금융지식이 상당한 경우에도 노후준비는 어렵다. 그래서 잘못된 방식으로 필요한 노후자금을 파악하고 있거나 '3층 연금'을 활용해 노후를 대비하는 데 그치는 경우도 많다.

'공적(국민, 공무원, 군인, 사립학교 교직원 등)연금, 퇴직연금, 개인연금'으로 구성된 3층 구조는 꽤 오랜 기간 노후를 대비하는 방법으로 여겨져왔다. 하지만 예상보다 길어지는 평균수명, 각종 생활비와 의료비의 부담, 인구구조의 변화 등을 고려했을 때 3층 연금만으로는 노후를 제대로 대비하기 어려운 실정이다. 그래서 이번 칼럼에서는 필요 노후자금을 계산하는 제대로 된 관점과 준비 방법에 대해 정리해보았다.

필요 노후자금이란 무엇인가?

노후준비를 걱정하는 경우의 대부분은 노후자금이 얼마나 필요한지에 대해 인지하지 못한 채 막연한 불안감을 느끼고 있는 경우가 많다. 은퇴 후의 생활을 풍족하게 하거나 최소한의 기초생활이 유지되려면 '세후 현금흐름'을 기준으로 구체적인 자금계획을 세워야 한다. 은퇴 후에도 현재 생활수준을 유지하고자 한다면 매달 필요한 생활비를 추정하고, 여기에 예상되는 의료비와 기타 생활비를 합산해 계획을 세울 수 있다.

2023년 통계청 가계금융복지조사에 따르면 은퇴 후 2인 기준 월평균 적정 생활비는 324만 원, 최소생활비는 231만 원으로 나타났다. 물론 거주 지역의 물가와 소비패턴에 따라 차이가 있으므로 나의 경제적 상황과 라이프스타일을 감안해 계산해보는 것이 좋다.

2024년에 신한은행에서 발행한 〈신한은행 보통사람 금융생활 보고서〉에는 연령별로 각각의 소득수준에 맞는 지출예산이 나와 있어 항목별로 참고할 수 있다. 이를 고려해 각 항목별로 나의 은퇴 시점의 지출수준이 어느 정도일지 정리해보자. [자료 8-1]의 표를 기준으로 현재 자녀에게 들어가는 지출을 제외한 생활비를 비교해보는 것도 좋은 방법이다.

이 자료를 통해 은퇴 후 월 평균지출을 확인해보았다면 노후준비자금은 얼마나 필요할지 계산해볼 수 있을 것이다. 예를 들어 의료비를 포함한 월평균 소비지출이 300만 원이라고 가정했을 때 노후준비자금은 얼마나 필요할까? 노후준비자금을 계산해보기 위해 언제 은퇴를 하고 얼마나 오래 살게 될지 생각해볼 수 있을 것이다. 예를 들어 65세부터 95세까지 생존한다고 가정하면 약 30년간의 생활자금이 필요할 것이다. 월 평균 소비지출이 300만 원 정도일 때 연간 3,600만 원에 세금과 건보료까지 고려하면 매년 4천만 원 수준의 자금이 필요하다. 그렇다면 물가상승을 고려하지 않아도 30년간 총 12억 원의 자금이 필요하다는 예상을 해볼 수 있다.

과거에 재무상담을 받았거나 재테크 세미나 같은 행사에 참여해본 적이 있다면 유사한 방식으로 노후자금을 계산했던 것이 기억날 것이다. 이렇게 계산하면 노후자금 준비에 문제가 없을까? 물론 '물가상승률을 고려해 더 많은 자금이 필요하다'고 생각할지도 모르겠다. 물가상승률을 고려하는 것도 좋지만 사실 더 중요한 것은 '기대수명'이다. 현대의학 기술은 나날이 발전하고 있고, 최근에는 자금여유만 있다면 약으로 체중감량도 쉽게 할 수 있는 시대다. 이런 시대에 현재 우리가 생각하고 있는 것보다 기대수명이 얼마나 늘어날지 알 수 없다. 그러므로 기대수명을 기준으로 필요자금을 계산한다는 것은 현실성이 극히 떨어진다.

자료 8-1 60대 소득구간 기준 항목별 지출예산표

소득구간	가구❶ 총소득	소득운용 현황 ❸	보유❷ 자산	부채잔액
1구간 (하위 20%)	229	소비/지출 148 64.6% 부채상환 35 15.3% 저축/투자 51 22.3% 예비자금 -5 -2.2%	총자산 3억 7,569 금융 5,199 부동산 29,512 기타 2,858	2,785

300만원

| 2구간 | 393 | 소비/지출 235 59.8%
부채상환 47 12.0%
저축/투자 75 19.1%
예비자금 36 9.1% | 5억 5,617
금융 6,386
부동산 45,038
기타 4,193 | 4,441 |

460

| 3구간
(평균) | 522 | 소비/지출 295 56.5%
부채상환 61 11.7%
저축/투자 107 20.5%
예비자금 59 11.3% | 7억 7,235
금융 9,306
부동산 63,357
기타 4,572 | 5,908 |

600

| 4구간 | 667 | 소비/지출 359 53.8%
부채상환 60 9.0%
저축/투자 142 21.3%
예비자금 106 15.9% | 9억 1,423
금융 11,783
부동산 74,658
기타 4,982 | 5,124 |

800

| 5구간
(상위 20%) | 1,105 | 소비/지출 483 43.7%
부채상환 77 7.0%
저축/투자 213 19.3%
예비자금 332 30.0% | 13억 5,421
금융 19,429
부동산 108,235
기타 7,757 | 7,511 |

❶ 가구 총소득 근로/사업 소득, 재산 소득(부동산 소득, 이자 소득), 연금, 정부/ 가족 지원 등의 수입을 모두 포함한 소득
❷ 보유자산 부채를 제외한 금융자산, 부동산(거주용 및 거주용 외), 기타자산의 총합
❸ 총소득 중 해당 지출금액이 차지하는 비중(종합 100%)

식비	교통비	공과금	통신비	주거비	여가/취미	패션/잡화	모임회비	용돈지급	교육비	의료비
❹❻ 42 91% ❺	17 89%	19 94%	10 95%	25 24%	17 43%	12 51%	16 61%	19 24%	25 7%	17 84%
56 91%	26 91%	26 96%	16 96%	43 18%	24 58%	17 53%	19 69%	32 32%	48 11%	25 81%
71 92%	34 93%	30 97%	18 98%	51 19%	24 58%	23 60%	28 68%	32 35%	48 13%	31 83%
81 92%	36 95%	38 98%	23 100%	51 17%	41 66%	29 67%	33 80%	36 41%	53 15%	36 86%
105 90%	54 94%	43 97%	26 98%	61 11%	61 74%	42 68%	40 83%	57 43%	83 20%	42 83%

❹ 각 소비 항목별 금액은 고정 소비를 하고 있는 응답자 기준 소비 금액 평균임
❺ 고정소비율 각 소비 항목별 매월 고정적/정기적으로 소비하고 있는 응답자 비율
❻ 소득구간 내 매월 고정적/정기적으로 소비하고 있는 금액이 가장 큰 소비 항목

출처: 보통사람금융생활보고서 2024(신한은행)

이 책을 보고 있는 독자는 부디 노후자금을 '현금흐름의 관점'에서 계획하길 바란다. 앞서 이야기한 노후준비자금의 개념은 총 필요자금을 기준으로 생각해본 것이라면, '현금흐름의 관점'이란 매년 또는 매월 최소한의 생계비만큼의 현금흐름이 지속될 수 있도록 준비해야 한다는 관점에서 생각해보라는 뜻이다.

재무설계를 할 때 연금의 방식 중 '영구연금'이라는 개념이 있다. 영구적으로 발생하는 연금이라는 뜻이다. 가상의 은행이 있다고 가정해보자. 이 은행은 연 5%의 이자를 지급하는 예금을 판매하는데, 새로 가입할 때도 영원히 연 5%의 이자를 준다(정말 이런 은행이 있다면 누구라도 예금에 가입하려고 줄을 설지도 모르겠다).

앞서 이야기했듯이 매년 세전 4천만 원의 현금흐름을 만들려고 한다면 이 가상의 은행에서 판매하는 예금에 8억 원만 넣어도 된다. 게다가 원금은 계속 살아 있는 상태로 현금흐름이 확보된다(물론 건보료나 각종 세금을 납부한다면 더 필요하겠지만, 이해를 돕기 위한 단순 가정이니 양해 바란다).

물가상승률을 감안한다면 더 많은 자금이 필요한 것도 사실이지만 현금흐름 관점에서 노후자금을 생각하고 준비한다면 지출이 적은 달에 저축과 투자를 통해 물가상승을 헤지하는 것도 가능하다. 노후자금의 목표를 설정할 때 현금흐름을 기준으로 목표를 세우고 달성한다면 노후가 여유롭고 풍요로울 수 있을 것이다. 우리의 황금빛 노후를 위해 제대로 된 노후자금 목표를 설정해보자.

'N층 연금'이라 불리는 이유

'벚꽃연금'이라는 말을 들어본 적이 있는가? 장범준이라는 가수가 만든 노래의 순위가 매년 벚꽃이 필 무렵이면 각종 스트리밍 사이트에서 상위로 올라오면서 해당 가수가 매년 벚꽃시즌에 저작권료를 많이 받게 될 거라 생각한 대중들이 만든 용어다.

이처럼 금융소비자 관점에서 연금은 은퇴 후 발생되는 모든 소득의 개념으로 인식한다. 연금을 어떤 제도에 국한되는 것이 아니라 근로소득이나 사업소득 외에 일정 기간 내 또는 지속적으로 발생되는 소득으로 정의하는 것이다. 따라서 소비자 관점에서는 제도적인 연금 외에 다양하고 넓은 개념에서 '연금'을 준비하는 것이 필요하다.

앞에서 다룬 것처럼 많은 매체에서 3층 연금체계에 대해 언급하며 연금의 종류를 3가지로 구분한다. '공적연금, 퇴직연금, 개인연금'으로 구분하는데, 이는 세부적으로 구분하면 더 많은 종류의 연금으로 나누어진다.

자료 8-2 연금의 종류

구분	공적연금	퇴직연금	개인연금
세부 구성	국민연금 공무원연금 사립학교교직원연금 군인연금	확정급여형(DB) 확정기여형(DC) 기업형 IRP	연금저축보험 연금저축펀드 개인형 IRP 변액연금보험 공시이율 연금보험 즉시연금

연금전환 기능이 있는 건강보험이나 종신보험 등 더 다양한 종류의 연금상품이 있지만, [자료 8-2]만 보더라도 제도적으로 구분된 연금의 세부구성이 13가지나 된다.

이외에도 주택연금이나 농지연금 같은 역모기지론 형태의 연금제도도 존재한다. 주택연금과 농지연금은 고령층의 안정적인 노후 생활 지원을 위한 국가의 연금제도다. 주택을 소유한 일반 국민과 농지를 소유한 농민을 대상으로 보유한 자산을 담보로 매년 대출을 받아 연금 형태로 지급한다. 이런 점을 고려해 제도적으로 마련된 것 중 3층 연금 외에도 다양한 연금에 대해 검토해야 한다.

제도적인 차원에서의 연금을 벗어나 소비자 관점에서의 연금은 무엇이 있을까? 대표적인 예로 채권이 있다. 분기마다 이자를 지급하는 이표채에 투자한다면 매 분기마다 정해진 이자를 받을 수 있다. 그 외에 배당주나 리츠같이 배당을 지급하는 자산군도 이에 해당한다. (이처럼 꾸준히 자본소득을 발생시켜줄 수 있는 자산군에 분산투자하는 것을 '인컴포트폴리오'라 하며, 이는 뒤에서 더 자세히 다루겠다.)

최근에는 음악 저작권에 투자하거나 부동산 조각투자를 통해 수익을 분배받는 형태의 대체투자 방식도 있다. 노후를 준비할 수 있는 대안은 점차 늘어날 것으로 전망한다. (단, 금융투자업체로 신고하지 않은 핀테크 업체가 파산한다면 피해가 발생될 수 있으므로 신규 대체투자에 대해서는 보수적으로 접근하는 것이 좋다.)

3층 연금을 단순하게 생각한다면, '공적연금과 퇴직연금은 제도적으로 가입이 되어 있는 것이니 개인연금을 어떻게 준비할까'라고

만 생각하기 쉽다. 하지만 앞서 언급한 것처럼 개인연금에도 다양한 종류가 있고 각각의 특성이 있기 때문에 나의 투자성향과 은퇴계획에 맞는 상품을 고르고, 관리할 수 있어야 한다. 그와 함께 인컴포트폴리오의 구성과 관리, 주택연금 또는 농지연금의 활용 여부 등을 고려해 복합적으로 계획을 세우면 비로소 풍요로운 노후를 맞이할 수 있을 것이다.

어느 정도의 자산을 어떻게 준비해야 할까?

제대로 된 노후준비를 위해서는 현실적으로 어느 정도의 자산이 필요하고 어떤 방식으로 준비할지 알아야 한다. 먼저, 내가 원하는 은퇴생활 수준과 의료비, 세금 등을 고려해 필요한 월 소득수준을 생각해보자. 그리고 매년 내가 원하는 현금흐름을 만들 수 있도록 공적연금과 퇴직연금 활용방안을 검토하고, 개인연금을 포함한 나만의 연금을 디자인하길 바란다. 연금 디자인에 필요한 지식을 잘 참고하고 준비한다면 분명 풍요로운 노후를 맞이할 수 있을 것이다.

노후준비는 단순히 자산을 많이 모으는 것에서 끝나지 않는다. 은퇴 이후에는 예상치 못한 의료비 증가, 가족 돌봄 비용, 물가상승 등의 다양한 변수가 생길 수 있으며, 이에 유연하게 대처할 수 있어야 한다. 또한 장기적으로 자산을 어떻게 배분하고 관리할지를 결정하기 위해 연금 수령 시기와 방법 그리고 세제혜택까지 꼼꼼히 따져보는 것이 중요하다.

여기에서는 공적·사적연금, 금융상품, 투자전략 등 실질적인 노후 준비 방안을 실제 사례와 함께 제시하고자 한다. 지금부터 공부하면서 한 걸음씩 준비해나간다면 누구나 안정적이고 여유로운 은퇴생활을 실현할 수 있을 것이다.

국민연금도 똑똑하게 관리해야 한다

수급자인 국민들이 똑똑하게 제도를 잘 활용해야 하는
실정임을 인지해 내 상황에 맞게 국민연금을 활용해야 한다.

'국민연금 개정'이 대두되면서 국민연금 고갈에 대한 우려가 커지고 있다. 그러나 '국민연금이 고갈될 것'이라는 우려는 다소 과장된 부분이 있다. 국민연금은 한국 사회의 고령화로 인해 재정 압박을 받고 있긴 하지만 제도가 사라지거나 연금이 완전히 고갈된다고 생각하는 것은 적절하지 않다.

국민연금 공단과 정부는 연금 제도 유지를 위해 지속적인 개편을 할 것이다. 연금 보험료율을 점진적으로 인상하고, 연금 수령액을 조정하는 것으로 말이다. 즉 국민연금의 가치는 감소할 수 있지만 제도 자체가 사라지지 않을 것이므로 잘 활용하는 것이 중요하다. 이번 칼럼에서는 최근 있었던 국민연금 개혁 추진 내용을 알아보고, 국민연금을 잘 활용할 수 있는 방법에 대해 공부해보자.

국민연금의 개혁방향

 2024년 9월, 보건복지부는 제3차 국민연금심의위원회를 열어 '연금개혁 추진계획'을 심의하고 확정했다. '저부담 고급여'로 세대 간 형평성이 저해되어 청년들의 연금수급 불안이 커진 상황에서, 이를 해소해 세대 간 형평성을 제고하고 국민의 노후생활을 안정되게 보장하기 위한 방안들을 검토해 마련한 결과로 기대할 수 있다.

 과거 국민연금은 1998년과 2007년, 2회에 걸쳐 소득대체율을 70%에서 40%로 단계적 인하를 하고, 수급연령 상향조정을 통해 국민연금의 재정 안정성을 확보하는 방안으로 개혁했다. 이번 연금개혁 추진계획에서 국민연금의 개혁방향은 5가지로 정리할 수 있다.

1) 국민연금 보험료율 인상 및 소득대체율 상향

 현재 국민연금의 보험료율은 소득의 9%로 설정되어 있는데, 이를 13%로 인상할 계획이다. OECD 평균이 18.2%인 것을 고려하면 인상된 보험료도 높은 수준은 아니다. (물론 기존보다 많은 보험료를 납부해야 하는 국민의 입장에서는 마음이 불편한 것은 부정할 수 없다.) 보험료율 인상은 기금의 고갈 시점을 늦추고 장기적인 재정 안정성을 확보하기 위한 조치다. 연금보험료가 인상되는 대신에 현재 40%로 설정되어 있는 소득대체율을 42%로 상향해 국민연금 수급자의 노후소득을 증가시킬 예정이다. 결론적으로, '더 내고 더 받는' 형태로 방향을 잡았다고 볼 수 있다.

2) 기금수익률 제고

국민연금은 2023년 12월 기준 세계 3위 규모인 1,36조 원이며, 1988년부터 2023년 12월까지의 연평균 수익률은 5.92%로 해외 주요국 연기금에 비해 양호한 수준이다. (2023년에는 13.59%의 수익률을 기록했다.) 국민연금 기금의 수익률은 5차 재정 계산 시 장기수익률 4.5%로 설정했던 것에서 5.5% + α로 상향조정할 계획이다. 이를 위해 기금운용 방식을 다각화하고, 수익성이 높은 해외 및 대체투자의 비중을 확대할 예정이다. 국내 자산 비중은 2014년 78.2%에서 2023

자료 8-3 국민연금 포트폴리오 추이

(단위: 십억 원)

구분	현황(말잔)	2024년	2023년	2022년	2021년	2020년	2019년
전체 자산(시장가)	1,150,276	1,150,276	1,035,795	890,466	948,719	833,728	736,654
공공부문	-	-	-	-	-	-	-
복지부문	212	212	202	204	201	180	166
금융부문	1,149,303	1,149,303	1,035,198	889,835	948,106	833,138	736,079
국내주식	156,361	156,361	148,042	125,373	165,808	176,696	132,261
해외주식	387,847	387,847	320,361	240,894	256,625	192,752	166,528
국내채권	336,479	336,479	326,023	311,186	339,991	326,099	320,751
해외채권	82,374	82,374	73,673	63,288	63,896	44,883	30,462
대체투자	183,964	183,964	164,204	146,232	119,305	90,660	84,295
단기자금	3,021	3,021	2,480	2,017	2,481	2,049	1,782
기타부문	760	760	395	427	413	409	408

출처: 국민연금공단 홈페이지(2024년 7월 말 기준)

년 48.4%까지 줄였고, 해외·대체투자 비중은 2014년 26.6%에서 53.9%로 확대했다. 그러나 주요 연기금 대비 낮은 편이기 때문에 향후 국내 자산 비중의 추가 축소와 해외·대체투자 비중의 확대로 이어질 것으로 예상된다. 이와 함께 연기금 운용 인력을 강화하고, 해외 사무소를 추가 개설해 기금운용의 전문성과 효율성을 높이는 방안도 포함되어 있다.

3) 자동조정장치 도입 검토

국민연금 제도의 안정성을 높이기 위해 인구구조나 경제 상황 변화에 따라 연금액을 자동으로 조정하는 '자동조정장치'를 도입할 계획이다. 현재는 연금액이 물가상승률에 연동되어 있지만, 개정 후에는 인구감소나 기대여명 증가 등의 변화를 반영해 연금액을 자동으로 조정하는 방식이 도입될 예정이다. 이 시스템은 이미 여러 OECD 국가에서 활용되고 있다. 자동조정장치를 도입하면 국민연금의 지속성이 강화될 것이다.

4) 세대 간 형평성 제고

세대 간 형평성을 높이기 위해 보험료 인상 속도를 세대별로 차등 적용할 예정이다. 이제 막 사회생활을 하고 있는 청년들은 국민연금을 타기 힘들지도 모르는 상황에서 '연금보험료를 올릴 것'이라는 정부방침에 매우 부정적일 수밖에 없다. 이는 국민연금으로 인한 세대갈등이 깊어질 수 있는 위험요소다. '세대갈등'이라는 사회적 위험을 막고 세대 간 형평성을 제고하기 위해 연령에 따라 보험료 인상속도를 조절할 예정이다. 예를 들어 50대는 매년 1%p씩, 20대는 매년 0.25%p씩 인상하는 방식으로 보험료 부담을 점진적으로 확대해 젊은 세대가 과도한 부담을 지지 않도록 할 것이다.

5) 노후 소득 강화

국민연금의 노후 소득 보장을 강화하기 위해 여러 보완책이 도입된다. 첫째, 출산 및 군 복무에 따른 크레딧을 확대해 소득 공백을 보상하는 제도를 강화할 예정이다. 현재는 둘째 자녀부터 인정되는 출산 크레딧을 첫째 자녀부터 인정하고, 군 복무 크레딧도 기존 6개월에서 군 복무 기간 전체로 확대된다. 둘째, 저소득 지역가입자의 보험료를 지원하는 제도를 강화해 장기적인 가입을 유도할 예정이다.

보건복지부 발표자료에 따르면 이번 개혁안을 통해 국민연금 고갈 예상시기는 현행 기준 2056년에서 2072년으로 지연될 것으로 예상된다. 따라서 정부는 이번 국민연금 개혁 이후에도 국민연금이 고갈되지 않도록 지속적으로 변화를 줄 것이다.

국민연금은 더 내고 덜 받는 형태로 변화할 가능성이 높기에 국민연금 외 다양한 방법으로 노후를 대비해야 한다. 하지만 국민연금이 안정적인 노후생활을 영위하는 데 큰 비중을 차지한다는 사실은 변하지 않는다. 국민연금의 지속가능성을 믿고 제도를 나의 상황에 맞게 잘 활용하는 방안을 고민해보자.

국민연금을 똑똑하게 수령하기 위한 방법들

국민연금은 평생 동안 받을 수 있고 부부가 함께 가입할 경우 각자 연금을 받을 수 있어, 두 사람의 소득을 합쳐 안정적인 노후를 설계하는 데 도움이 된다. 하지만 국민연금은 주는 대로만 받으면 제대로 받지 못한다. 국민연금을 똑똑하게 수령하기 위해 꼭 알아야 할 방법들은 다음과 같다.

1) 기대여명을 고려하자

국민연금을 부부가 함께 수령하다가 한 사람이 먼저 사망할 경우, 사망한 배우자의 국민연금 전액이 지급되는 것이 아니라, 국민연금 납입기간에 따라 40~60%가 유족연금으로 지급된다. 그리고 유족연금은 본인이 수령하고 있는 국민연금과 온전한 중복수령이 불가능하다. 다음의 2가지 방식 중 유리한 한 가지 방법을 선택해야 한다.

- 사망 배우자의 유족연금 전액 수령
- 본인 노령연금+유족연금의 일부(30%) 합산 수령

예를 들어 남편이 월 150만 원의 국민연금을 받고, 부인이 월 60만 원을 받고 있다가 남편이 사망하면, 부인은 남편의 유족연금 90만 원(150만 원의 60%) 전액을 받거나, 본인 연금 60만 원에 남편 유족연금의 30%인 27만 원을 더해 총 87만 원을 받을 수 있다.

2) 국민연금 외에 다른 소득이 있다면?

국민연금을 개시하고 5년 내에 소득이 발생하면 국민연금이 감액될 수 있다. 2024년 기준 근로소득, 사업소득, 부동산 임대소득을 통한 월 소득이 298만 원 이상이면 국민연금 수령액이 감액될 수 있다. 국민연금의 경우 최대 5년간 감액되지만 공무원연금은 평생 감액될 수 있기 때문에 공무원연금 수령대상자는 공무원연금 외 소득이 발생할 경우 각별히 주의해야 한다.

국민연금 수령시점이 왔는데 앞서 말한 소득이 있다면 연금개시를 연기하는 것도 좋다. 국민연금 개시연령인 시점부터 5년까지 감액되므로 건강한 노후를 보내고 있다면 개시일을 5년 연기해 감액 없이 수령하면 된다.

3) 추후납부 제도 활용

국민연금의 가입기간을 최대한으로 늘리는 것은 향후 수령액을 늘리는 핵심요소다. 추후납부는 실직이나 경력단절로 인해 국민연금에 가입하지 못한 기간에 대해 보험료를 납부해 가입기간을 연장할 수 있는 제도다. 다시 말해 내가 국민연금을 납부했어야 했는데 피치 못한 사정이 생겨 납부하지 못한 것을 나중에 납부할 수 있게 하는 것이다.

최대 10년 이내의 미납기간을 복원할 수 있다. 60개월간 분할납부가 가능해 수령액을 증가시키는 데 도움이 된다. 다만 납부 후 연금을 개시하기 전에 사망할 경우에는 납부한 금액 대부분이 손실로 이어질 수 있으므로 추후납부를 미리 하지 말고, 연금개시가 얼마 남지 않은 시점에 건강상태를 고려해 납부하는 것이 현명하다.

4) 연기연금 제도

연금개시 시점에 근로소득 등 소득이 일정 수준 이상이라면 연금을 개시하는 시점을 연기하는 방법을 앞서 제시했다. 연기연금은 국민연금이 감액되는 것을 방지하는 차원에서 제안한 것이나, 또 다른 장점이 있다. 연금을 연기할 경우 연금지급액은 매년 7.2%씩 증가해, 5년을 모두 연기할 경우 최대 36%의 추가 연금을 받을 수 있다.

조기사망에 대한 리스크가 없다면 건강관리를 통해 증액된 연금을 더 오래 받는 것이 효과적이다. 매년 7.2%의 확정적인 수익을 내는 것이 쉽지 않지만, 국민연금을 늦게 수령하면 연 7.2%의 확정수익을 얻는 것이나 마찬가지다.

5) 조기연금 제도

연기연금과 달리 연금을 당겨서 받는 것도 가능하다. 당장에 별도의 소득원이 없다면 조기연금을 신청하는 것도 고려해볼 수 있다. 다만 연기연금과 달리 연금개시 시점을 1년 당길수록 6%씩 감액된 연금액을 수령하게 된다. 65세부터 100만 원씩 수령할 수 있었던 연금을 수령하지 않고, 64세부터 받으면 94만 원씩 받게 된다는 점은 기억하자(물가상승률 미반영). 활용할 수 있는 제도이긴 하지만, 연금 수령자의 건강상태가 양호하지 않거나 재정적으로 불안한 상태 또는 배우자와 연령 차이가 큰데 이미 10년 이상 납입해 국민연금 해지가 불가능한 상태가 아니라면 조기연금 제도는 신중히 활용할 것을 권장한다.

6) 임의가입 제도

국민연금에 가입하지 않았던 가정주부 등 소득이 없는 사람도 임의가입 제도를 통해 국민연금에 가입할 수 있다. 임의가입은 18세 이상 60세 미만의 국내 거주자가 본인의 희망에 따라 신청할 수 있으며, 사업장 가입자나 지역 가입자가 아닌 경우에 해당한다. 국민연금은 10년 이상 납부해야 연금 수급권이 발생하므로 임의가입을 통해 최소 가입기간을 채우면 노후소득 보장에 도움이 된다.

다만 보험료를 많이 낸다고 해서 수령액이 정률비례하는 것은 아니므로 소액을 꾸준히 납부하는 것이 환급률 측면에서 효율적이다.

7) 연금소득세를 확인하자

직장인은 매월 납부하는 국민연금보험료에 대해 연말정산 시 소득공제를 적용받는다. 대신 연금을 수령할 때 연금소득세를 납부하게 된다.

그렇다면 임의가입을 통해 납부한 경우는 어떨까? 임의가입자의 경우는 납부한 연금액에 대해 소득공제를 적용받지 못했을 것이다. 그런데 국민연금을 수령할 때 국민연금공단에서는 해당 연금에 대해서도 연금소득세를 과세한다. 임의가입으로 연말정산 적용을 받지 못한 연금보험료 납부분은 연금소득세를 면제해줘야 하지만, 공단에서 면제를 통해 연금을 지급하는 것이 아니라 연금수령액에 대해 전액 연금소득세를 과세한다. 따라서 연금소득세를 내지 않아도 되는 연금액에 대해 증빙 서류를 국민연금공단에 제출해, 내지 않아도 될 세금 납부를 방지해야 한다.

국민연금의 똑똑한 활용은 필수다

국민연금은 대한민국 국민이 최소한의 노후생활을 영위할 수 있도록 만들어진 제도다. 하지만 제도가 만들어진 이후 외벌이 가정이 대부분을 차지했던 과거에 비해 맞벌이 가정이 늘어나거나 출산율이 급격히 줄고 기대여명이 늘어나는 등과 같은 사회구조 변화에 맞춰 빠르게 변화하진 못한 상황이다.

지속적인 개혁을 통해 국민연금은 지속되겠지만 모든 국민 개개인의 상황에 맞춰 알아서 최적화해 지급해주진 않는다. 따라서 수급자인 국민들이 똑똑하게 제도를 잘 활용해야 하는 실정임을 인지해 내 상황에 맞게 국민연금을 활용해야 한다. 강제 저축한 국민연금을 잘 활용할 수 있는 방법은 무엇이 있는지 고민해보길 바란다.

퇴직연금,
아는 만큼 힘이 된다

당신이 퇴직하는 그날까지 계속 쌓아가야 할 퇴직연금이라는
아주 소중한 자산을 앞으로 더 이상은 방치하지 말자.

필자가 재무상담을 하고 강의를 하면서 수강생들에게 "퇴직연금을 관리하고 있나요?"라고 질문했을 때 본인이 퇴직연금에 가입되어 있는지조차 모르는 경우가 많은 것이 현실이다. 2024년 상반기 기준 우리나라의 퇴직연금 적립액은 400조 원을 초과해 역대 최고치를 달성했다.

나도 모르게 쌓인 소중한 퇴직연금을 관리하지 않고 방치하고 있는 사람들이 너무나도 많다. 이러한 실정 속에 2024년 10월 25일 금융감독원이 공개한 퇴직연금 비교공시자료를 보면, 2023년 한 해 42개의 금융사가 퇴직연금을 통해 걷어들인 수수료 수입은 1조 4천억 원에 달한다. 상위 10개 금융사의 수수료 수입은 무려 1조 1,021억 원(77.5%)에 달하며, KB국민은행이 1,774억 원으로 1위, 신한은

행이 1,699억 원으로 2위다.

퇴직연금도 소중한 내 자산이다. 지금이라도 내 퇴직연금에 대해 알아보고, 관리 방안에 대해 검토해보길 바란다.

퇴직연금의 종류와 특징

과거의 퇴직금 제도는 회사의 재무상황이 좋지 않은 경우 퇴직금 지급을 받지 못하는 불확실성과 함께 퇴직금을 무조건 일시금으로 수령했다. 그렇기 때문에 준비가 되지 않은 상태에서 창업을 하거나 갑자기 들어온 목돈을 주체하지 못하고 소비할 수 있어 노후생활에 대한 안정성이 부족했다. 이를 방지하기 위해 만들어진 제도가 바로 퇴직연금 제도다.

퇴직연금 제도는 근로자의 노후소득 보장을 위해 근로자 재직 기간 중 기업(사용자)이 근로자의 퇴직급여를 금융기관에 적립해 운용하다가, 근로자가 퇴직할 때 일시금 또는 55세 이후 원하는 시점에 연금으로 수령할 수 있는 제도다. 퇴직연금은 [자료 8-4]와 같이 3가지 종류로 구분된다.

첫째, 확정급여형(DB형)은 퇴직 시 받을 급여가 사전에 확정된다. 퇴직시점의 평균임금에 근속연수를 곱한 것으로 계산되며, 기업이 적립금을 운용하고 그 책임을 부담한다.

예를 들어 DB형으로 기업이 퇴직연금을 운용해 발생한 수익이

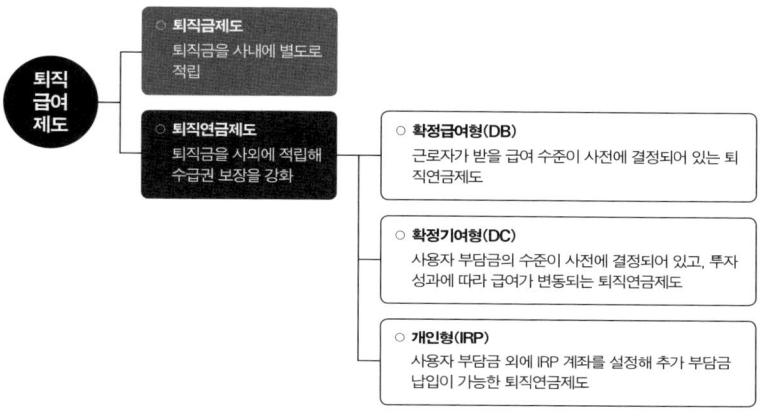

출처: 고용노동부 홈페이지

연간 2%인데 임직원의 평균 임금상승률이 5%라면 어떻게 될까? 퇴직급여 적립액이 퇴직 시 근로자에게 지급해야 할 퇴직급여 필요금액에 비해 적기 때문에 그 차이를 회사가 메꿔야 한다. 사측에서는 DB형으로 운용되는 퇴직연금의 수익률이 저조하고 운용기간이 길어지면 상당한 부담으로 작용할 수밖에 없다. 근로자 관점에서는 투자운용에 신경 쓸 필요가 없지만 중도인출과 추가납입이 불가능하고, 직접 자산관리에 능숙한 경우 투자수익을 획득할 기회가 제한적이라는 단점도 있다. 사측의 관점에서는 운용성과를 연간임금상승률 이상을 내고 있는지 체크하고 관리해야 한다. 원금보장형으로만 운용할 것이 아니라 실적 배당형 금융상품의 비중을 높여 기대수익률을 4~5% 수준까지는 끌어올려야 한다.

둘째, 확정기여형(DC형)은 기업이 매년 일정금액을 근로자 명의의 퇴직연금 계좌에 적립하고 근로자가 직접 자산을 운용한다. 근로자 자산이 직접 운용상품을 선택할 수 있다. 단, 퇴직연금계좌가 개설되어 있는 금융사(퇴직연금사업자)에 따라 운용할 수 있는 상품의 종류가 다르다.

근로자가 직접 자산을 관리하는 것이 장점이자 단점이다. 따라서 자율적으로 자산관리하는 데 어려움이 있는 근로자는 원리금 보장형인 예금으로만 운용하는 경우가 많다. 최근 ETF에 대한 개인투자자들의 관심이 높아짐에 따라 은행에서도 ETF투자를 할 수 있도록 개선하고 있는 분위기다. 하지만 은행에서 ETF를 투자할 경우에는 신탁계약을 통해 운용해야 하기 때문에 증권사에서 ETF로 운용하는 것보다 높은 수수료를 감수해야 한다.

셋째, 기업형 IRP(기업형 개인퇴직연금)는 퇴직연금제도를 도입하는 데 어려움이 있는 10인 미만 소규모 사업장에서 도입할 수 있는 퇴직연금이다. DC형과 유사한 운용구조로 근로자가 직접 자산을 운용한다. DB형 퇴직연금이나 DC형 퇴직연금과 달리 규약 작성이나 노동부 신고가 필요 없어 도입절차가 간단하므로 소규모 사업장에서도 도입할 수 있는 것이다. 퇴직연금을 도입하는 데 어려움이 있는 소규모 사업장도 기업형 IRP를 도입함에 따라 기업재정이 불안정하더라도 퇴직급여를 지급받을 수 있다는 장점이 있다.

근로자가 DB형과 DC형을 선택해야 한다면 무엇이 더 유리할까? 물론 상황에 따라 다르다. DB형이 유리한 근로자는 다음과 같다.

- 승진기회가 많은 직급의 근로자
- 상대적으로 재정이 튼튼하고 임금상승률이 높은 기업의 근로자
- 재테크에 관심이 없고 안정성을 가장 중요하게 여기는 근로자

DC형이 유리한 근로자는 아래와 같다.

- 임금피크제를 앞둔 근로자
- 승진기회가 적은 고직급 근로자
- 재정이 튼튼하지 못하고 임금상승이 정체된 기업의 근로자
- 이직이 잦거나 금융지식이 많아 투자에 자신 있는 근로자

특히 DB형 퇴직연금에 가입되어 있는데 임금피크제를 앞두고 있다면 반드시 DC형으로 이전하기 바란다. 임금피크제 이후부터 매년 직전 연봉의 10%를 감액하게 되므로, DB형으로 유지하게 된다면 매년 퇴직연금이 10%씩 감소하게 된다. 내가 받은 연봉보다 더 많은 퇴직연금이 감액될 수 있기 때문에 특별히 주의하길 바란다.

DB형이 유리한 근로자에 해당하지 않는다면 DC형으로 선택해서 근로자가 직접 운용해야 하는데, 어떻게 관리해야 할지 어려움을 느끼고 있을 거라 생각된다. 이 부분은 앞으로 연금저축과 IRP를 운용하는 방법을 다루면서 여러 상황과 투자성향에 따른 관리방법을 정리해두었으니 참고하기 바란다.

퇴직연금 디폴트옵션이란 무엇인가?

　퇴직연금 디폴트옵션(Default Option)은 근로자가 별도로 투자 운용을 지정하지 않을 경우 퇴직연금이 방치되지 않도록 자동으로 특정 자산에 투자되도록 하는 제도다. 2022년 7월에 도입되었으며, 퇴직연금 가입자가 상당수 예금으로 운용하는 경우가 많아 전반적인 퇴직연금 수익률이 낮은 것을 개선해 근로자의 안정적인 노후를 준비할 수 있도록 하려는 차원에서 도입되었다.

　회사가 운용책임을 지는 DB형을 제외한 DC형과 기업형 IRP가 디폴트옵션의 적용 대상이다. 디폴트옵션은 가입자가 퇴직연금 가입 후 4주간 운용지시를 하지 않고 추가 2주 동안 반응이 없으면 사전에 지정된 디폴트옵션으로 운용을 시작한다.

　디폴트옵션이라고 해서 무조건 공격적으로 투자하는 것은 아니고, 근로자가 사전에 정한 디폴트옵션의 유형에 맞게 운용된다. 디폴트옵션이 적용되었어도 가입자는 언제든지 내가 원하는 상품으로 운용지시를 할 수 있다.

　그렇다면 디폴트옵션의 유형은 어떻게 선택하는 것이 좋을까? 디폴트옵션은 원리금보장형 상품인 예적금, 최저이율보증보험(GIC), 원금보장형 ELB로 구성되고, 펀드형 상품인 TDF(타깃데이트 펀드), BF(밸런스드 펀드), SVF(스테이블밸류 펀드), SOC(사회간접자본) 펀드 등으로 구성된다.

　TDF는 가입자가 목표 시점을 정하면 펀드가 알아서 주식과 채권

자료 8-5 디플트옵션이 허용되는 상품 유형

유형		운용 방법
펀드 유형	TDF	투자 목표 시점을 미리 정하고, 운용 기간이 경과함에 따라 위험이 낮은 자산 비중을 증가시키는 방향으로 자산 배분을 변경하는 펀드
	BF	다양한 자산에 분산투자하고, 금융 시장 상황과 자산 가치 변동을 고려해 주기적으로 자산 배분을 변경하는 펀드
	SVF	단기 금융 상품 등에 투자해 투자 손실을 최소화하고 안정적인 수익을 추구하는 펀드
	SOC 펀드	국가와 지방자치단체가 추진하는 사회기반시설에 투자하는 펀드
원리금 보장 유형		예금 등 원리금을 보장해주는 상품

출처: 〈한경MONEY〉 매거진

비중을 조정해주는 투자상품이다. 은퇴시점에 가까워질수록 주식 편입 비중을 줄여 알아서 안정성을 높여준다. BF는 다양한 자산군에 분산투자한 후 금융시장 상황과 자산가치 변동을 고려해 주기적으로 자산 비중을 조정해주는 펀드다. 주식과 같은 위험자산을 최대 얼마나 편입할 수 있는지는 펀드마다 다르기 때문에 이를 확인하고 선택하는 것이 좋다.

SVF는 단기금융상품 등에 투자해 투자손실을 최소화하고 안정적인 수익을 추구하는 펀드이며, SOC 펀드는 국가와 지방자치 단체가 추진하는 사회기반시설에 투자하는 펀드이기에 상대적으로 안정적인 성과를 기대할 수 있다.

각 유형은 자산가치의 변동성을 기준으로 '초저위험/저위험/중위험/고위험'으로 구분되며, 금융사마다 각 유형에서 2~3가지의 선택지가 있다.

그렇다면 어떻게 디폴트옵션을 선택하는 것이 좋을까? 퇴직기간과 투자성향을 고려해 결정하는 것이 좋다. '원금손실이 발생할 수 있다'라는 문구가 마음에 걸려 초저위험을 선택하는 것이 아니라, 내가 앞으로 얼마나 오래 일할 수 있는지를 먼저 생각해보자. 만약 10년 이상의 근속기간이 남았는데 원리금 보장형으로 운용하면, 예금 수준의 수익만을 기대할 수 있으므로 현재 기준으로 2~3% 수준의 수익이 예상된다.

만약 연 환산 5% 정도의 수익성과를 낸다면, 단순계산했을 때 10년 후 자산가치는 20% 이상 차이가 날 것이다. 현재 적립된 퇴직연금이 1억 원이라면 2천만 원 이상의 차이가 벌어진다. 2024년 1분기 기준 디폴트옵션 고위험 포트폴리오의 직전 1년 수익성과를 보면 22~18% 정도의 수익을 낸 것을 확인할 수 있다. 금융감독원 홈페이지에 들어가서 자료를 찾아보면, 중위험 기준의 포트폴리오를 보더라도 직전 1년간 17~14% 수준의 준수한 수익성과를 내고 있다. 반면에 원리금보장형인 초저위험 포트폴리오는 연 4~3% 정도의 낮은 성과를 보이고 있다.

'원금손실'이라는 장벽을 넘어 내 근속기간과 투자성향을 고려해 결정해야 한다. 즉 공격적인 투자를 선호하고 퇴직기간이 많이 남아 있다면 고위험 포트폴리오를 선택하고, 안정적인 투자를 선호하지만 퇴직기간이 많이 남아 있다면 저위험이나 중위험 포트폴리오를 선택하자. 다만 퇴직기간이 그리 오래 남지 않았다면 초저위험 포트폴리오 중에서 만기가 짧은 예금으로 구성되어 있는 포트폴리오를 선택하는 것이 현명하다.

만약 퇴직연금 사업자의 변경이 가능한 직장에 재직중이라면 금융감독원 통합연금포털에 있는 디폴트옵션 비교공시에서 '성과 우수 포트폴리오를 갖춘 금융사'를 선택하는 것도 좋은 방법이다.

앞서 이야기한 것과 같이 위험도를 기준으로 여러 선택지가 있는데 그중에서는 어떻게 선택하는 것이 좋을까?

각 금융사(퇴직연금 사업자)는 디폴트옵션 포트폴리오에 대한 구체적인 정보를 공개하고 있다. 얼마 전 네이버 엑스퍼트를 통해 상담 신청을 한 분은 하나은행에 퇴직연금이 가입되어 있었는데 디폴트옵션 선택지 중 어떤 것을 선택할지 고민하고 있는 상황이었다. 디폴트옵션 중 중위험의 위험도에서 포트폴리오를 선택하길 원했고, 해당 포트폴리오의 상품을 함께 살펴보았다.

하나은행의 중위험 포트폴리오 3가지를 보면 펀드상품이 75~80%로 구성되어 있는 것을 알 수 있었다. 첫 번째 포트폴리오는 2035TDF로 구성되어 있어 은퇴시기가 2035년 전후의 근로자가 가입하기 적합했고, 두 번째 포트폴리오는 다양한 자산군에 편입해 투자하는 펀드로 운용이 가능했고, 세 번째 포트폴리오는 미국주식과 한국 국채 투자를 통한 자산배분형 펀드로 구성되어 있었다. 해당 고객은 2034년에 은퇴를 희망하는 상황이었으므로 첫 번째 포트폴리오를 선택할 수 있었다.

퇴직연금 관리, 방치하면 안 된다

퇴직연금은 은퇴 후 삶을 지탱해줄 중요한 재정적 버팀목 중 하나다. 지금까지 열심히 일하며 쌓아왔고 앞으로 퇴직하는 그날까지 쌓아가야 할 퇴직연금이라는 소중한 자산을 이제는 더 이상 방치하지 말자.

내가 다니고 있는 직장의 재정상황과 내 임금 변화에 맞게 퇴직연금을 선택하고, DC형과 IRP형으로 설정되어 있다면 매년 1회씩 꾸준히 모니터링하는 것을 추천한다. 만약 모니터링을 놓치더라도 방치되지 않도록 디폴트옵션을 잘 설정해두길 바란다. DC형과 IRP형에 가입되어 퇴직연금을 잘 운용하기 위한 운용 팁도 뒤의 '연금저축과 IRP도 제대로 관리하자' 칼럼에 정리해두었으니 참고하자.

연금저축과 IRP의 차이점을 알아야 한다

*소득이 있는 사람이라면 대부분 절세를 목적으로
연금저축이나 IRP에 가입하지만 방치하기 십상이다*

'13번째 월급'이라고 불리는 연말정산은 매년 연말이 되기 전에 주변에서 심심치 않게 접하게 된다. 소득이 있는 사람이라면 누구나 연말정산에서의 절세를 목적으로 연금저축이나 IRP를 어떻게 할지 고민하게 된다.

4050 세대라면 시작은 연금저축보험인 경우가 많다. 첫 월급을 받기 전 기쁜 마음으로 급여통장을 만들기 위해 은행에 갔던 날을 떠올려보자. 친절한 은행원이 "급여소득자라면 연말정산을 위해 가입하는 것이 좋다"며 "연금저축보험을 가입해야 한다"고 추천해주었을 것이다. 직접 돈 관리를 해본 적이 없지만 "직장인이라면 누구나 가입해야 하는 것"이라며 권유를 받아본 기억이 있을 것이다. 아니면 부모님의 지인인 보험설계사에게 권유를 받았을 수도 있다.

세월이 지나 자산관리를 하고 금융상품에 대한 지식이 쌓이고 나니 "연금저축보험보다는 연금저축펀드나 IRP가 소비자에게 더 유리하다"는 이야기를 듣고 새로 연금저축펀드나 IRP에 가입해 적립하고 있거나, 조금 더 관심을 갖고 공부를 한 사람은 연금저축펀드로 이전해 관리하는 경우도 있을 것이다. 그렇지만 청년기에 비해 연금저축펀드와 IRP 관리에 대한 중요도가 높은데도 불구하고 제대로 관리하지 못하는 경우가 많다.

세제적격 연금의 종류

연말정산을 통해 절세가 가능한 개인연금을 세제적격이라고 한다. 기존에 가입되어 있거나 새로 가입할지 고민하고 있는 세제적격 연금의 효율적인 관리를 위해 먼저 세제적격 연금에는 어떤 종류가 있는지 알아보자.

연금저축계좌는 가입시점에 따라 가입조건과 연말정산 시 공제조건이 다르다. 그 내용은 다음과 같다.

2000년 12월까지 판매되었던 구)개인연금은 연간 납입액의 40%, 72만 원 한도로 소득공제를 적용해주어 상대적으로 공제한도가 작지만 연금을 수령할 때 비과세된다는 장점이 있고, 당시 최저보증이율이 높은 상품이 많았다. 만약 해당 상품을 가입했고 유지하고 있다면, 절대 해지하지 말고 연금으로 수령할 것을 추천한다.

자료 8-6 구)개인연금저축, 연금저축, 연금저축계좌 비교

구분	구)개인연금저축	연금저축	연금저축계좌
가입대상	만 18세 이상 국내거주자		제한없음
판매기간	'94.6월~'00.12월	'01.1월~'13.2월	'13.3월~현재
납입요건	납입기간: 10년 이상 분기별 300만 원(연 1,200만 원) 한도		가입기간: 5년 이상 납입금액: 연 1,800만 원 한도
연금수령 요건	적립 후 10년 경과 및 만 55세 이후 수령, 5년 이상 분할 수령	만 55세 이후 수령, 5년 이상 연금으로 받을 것	만 55세 이후 수령, 연간 연금수령한도 내에서 수령할 것
연금수령 한도	없음		연금계좌의 평가액/ (11-연금수령연차)×120%
세제혜택(한도)	소득공제=MIN(연간 납입액×40%, 72만 원)	소득공제=MIN(연간 납입액×10%, 400만 원) *세액공제('14년부터)	세액공제=세액공제 한도금액×세율 *세액공제('14년부터)
중도해지 과세	이자소득세(15.4%)	기타소득세(16.5%)	기타소득세(16.5%)
연금수령 세율 (연 1,500만 원 이하)	-	연금소득세 (3.3~5.5%) 및 종합과세 中 택 1	연금소득세 (3.3~5.5%) 및 종합과세 中 택 1
연금수령 세율 (연 1,500만 원 초과)	-	종합과세 또는 16.5% 분리과세 中 택 1	종합과세 또는 16.5% 분리과세 中 택 1

출처: 금융감독원 홈페이지

2000년 1월부터 2012년 12월까지 가입 가능했던 연금저축은 연 400만 원 한도로 소득공제를 받을 수 있었다. 소득공제는 공제인정 금액만큼 소득이 아닌 것으로 간주하는 것으로, 고소득자는 더 많은 세금을 돌려받을 수 있었다. 2013년 1월부터 현재까지는 세액공제를 적용해주는 연금저축 계좌에 가입이 가능하며, 최초에는 세액공제 한도가 400만 원이었으나 2024년부터는 600만 원까지 늘어났다.

이번에는 금융권역별 연금저축상품의 특성을 살펴보도록 하자 (자료 8-7 참고).

은행에서 판매되던 연금저축신탁은 2018년부터 판매가 중지되었으므로 연금저축펀드와 연금저축보험을 기준으로 주요 특징을 비교해보자. 납입방식에 있어 연금저축보험은 정기납입이고, 자산운용사는 자유적립식이다. 소비자 관점에서 중요한 것은 '적용금리와 연금수령 방식, 원금보장'이라고 생각한다. 연금저축펀드는 원금보장

자료 8-7 금융권역별 연금저축상품의 특성

구분	은행	자산운용사	보험
상품구분	연금저축신탁 ①	연금저축펀드	연금저축보험
주요 판매사	은행	증권사, 은행, 보험사	증권사, 은행, 보험사
납입 방식	자유적립식	자유적립식	정기납입
적용 금리	실적배당	실적배당	공시이율
연금수령 방식	확정기간형	확정기간형	확정기간형,③ 종신형(생명보험만)
원금보장	비보장 ②	비보장	보장
예금자보호	보호	비보호	보호

① 2018년부터 연금저축신탁 판매 중지
② 2017년까지 가입한 연금저축신탁은 원금 보전됨
③ 손보는 최대 25년

출처: 금융감독원 홈페이지

이 되지 않고 실적배당이기 때문에 연금저축펀드의 운용성과에 따라 차이가 나지만, 연금저축보험은 생보사의 경우 종신형으로 수령하는 것도 가능하고 원금도 보장되기 때문에 상대적으로 강점이 있는 것처럼 보인다.

하지만 연금저축보험은 연금저축펀드에 비해 다소 높은 수수료(연 8% 전후, 대리점 기준)와 상대적으로 낮은 공시이율(2.0% 전후, 2024년 8월 기준)을 적용하고 있다. 따라서 연금저축펀드를 과거에 가입해 최저보증이율이 높은 상황이 아닌 이상 연금저축펀드로 관리하는 것을 검토하길 권장한다. 단, 연금저축에 적립한 재원으로 종신토록 연금을 수령하고자 할 경우는 생명보험의 연금저축보험을 활용하는 것도 검토해볼 만하다.

연금저축펀드는 펀드라는 명칭 때문에 원금손실을 걱정할 수 있다. 하지만 MMF(단기금융펀드)로 운용하거나 금리형 ETF를 활용하면 예금 수준의 수익을 내는 것이 가능하므로 손실가능성에 대한 걱정은 덜 수 있다.

연금저축펀드와 IRP의 차이점

이렇게 정리해보니 현 시점에서 활용하고 관리할 세제적격 연금은 '연금저축펀드'와 'IRP'가 남았다. 연금저축펀드와 IRP의 차이점, 각각의 특징을 비교하면 다음에 나오는 [자료 8-8]과 같다.

자료 8-8 연금저축펀드와 IRP의 비교

구분	연금저축	IRP
세액공제 한도	*만 50세 이상, 2020~2022년 납입분에 한해 아래 사항을 적용 • 연 600만 원 • 효과: 99만 원(79.2만 원[주1]) • 공제율: 16.5%(13.2%[주1])	*만 50세 이상, 2020~2022년 납입분에 한해 아래 사항을 적용 • 연 900만 원 • 효과: 148.5만 원(118.8만 원[주1]) • 공제율: 16.5%(13.2%[주1])
	합산해 연 900만 원 한도	
납입한도 (분기한도 없음)	연 1,800만 원	연 1,800만 원
	합산해 연 1,800만 원 한도	
투자가능 상품	실적배당형 상품(펀드) ETF/리츠 *복수상품 투자 가능	원리금보장형상품 실적배당형 상품(펀드) ETF/리츠 장외채권 *복수상품 투자 가능
연금수령요건	• 연령: 만 55세 이상 • 가입기간: 5년 이상 • 연금수령 최소기간[주2]: 10년(5년)	• 연령: 만 55세 이상 • 가입기간: 5년 이상 (단, 퇴직금이 있는 경우 만 55세부터 바로 수령 가능) • 연금수령 최소기간[주2]: 10년(5년)
연금 지급 시 제공	• 세액공제 받지 않은 금액: 비과세 • 세액공제 받은 금액과 운용수익 - 연간 연금액이 1,500만 원 이하일 경우: 연금소득세만 부담 (연금소득세는 연령(만)에 따라 차등 부담, 70세 미만 5.5%, 80세 미만 4.4%, 80세 이상 3.3%) - 연간 연금액이 1,500만 원 초과일 경우: 종합소득 합산 과세 • IRP 이연 퇴직소득 - 퇴직금: 과세 이연된 퇴직 소득세의 70%(종합 소득과 합산되지 않음)	
일시금 지급 시 제공	• 세액공제 받지 않은 금액: 비과세 • 세액공제 받은 금액과 운용수익: 기타소득세 16.5% (부득이한 경우[주3] 연금소득세만 부담) • IRP 이연 퇴직소득 - 퇴직금: 과세 이연된 퇴직소득세의 100%(종합소득과 합산되지 않음)	

| 수수료 | 상품별 수수료 | 상품별 수수료, 운용/자산관리수수료 (펀드는 중도환매수수료 없음. 단, 주식(혼합)형 펀드 제외) |

주1) 근로소득만 있는 가입자는 총 급여 5,500만 원 초과(그 외는 종합소득금액 4,500만 원 초과)일 경우 적용
주2) 단, 10년 미만 수령 시 퇴직소득세 혹은 기타소득세가 과세될 수 있음
주3) 부득이한 경우: 사망, 해외이주, 3개월 이상 요양(금액 제한), 개인파산, 개인회생, 천재지변 등

출처: 신한투자증권 홈페이지

연금저축펀드와 IRP의 주요 차이점은 크게 '세액공제 한도, 위험자산 투자한도, 중도인출, 수수료'가 있다. 세액공제 한도의 경우, 연금저축펀드는 연간 600만 원, IRP는 연금저축펀드 불입액을 포함해 연간 900만 원까지다. 연금저축펀드에 600만 원을 불입했다면 IRP에는 300만 원 불입한 금액까지 세액공제 적용을 받을 수 있다.

연금저축펀드는 위험자산 투자한도가 없지만, IRP는 안정적인 노후자금 운용을 목적으로 한도가 70%로 제한된다. 중도인출의 경우, 연금저축펀드는 특정 조건이 아니어도 기타소득세만 납부하면 부분인출이 가능하지만, IRP는 계좌 전체를 해지해야 하고 기타소득세도 과세된다. 수수료 면에서는 연금저축펀드는 상품별 수수료만 발생하지만, IRP는 금융사마다 다른 자산관리 수수료가 별도 부과된다.

연금저축펀드와 IRP의 차이점을 고려했을 때 세액공제를 최대한도까지 받아야 하는 경우가 아니라면 연금저축펀드를 활용하는 것이 유리하다. 세액공제를 최대한도까지 받아야 한다면 연금저축펀드에 600만 원 불입 후 IRP에 300만 원을 불입하는 것이 유리하다

는 결론을 내릴 수 있다. IRP 계좌는 이직을 하거나 퇴직을 할 경우 퇴직연금을 이전받는 기능을 하기 때문에 언젠가는 개설해야 하거나 이미 개설이 되어 있거나 둘 중 하나다. 이 점을 참고해 추가 적립 여부를 결정하길 바란다.

세제적격 개인연금

연금저축보험과 연금저축펀드, IRP를 관리함에 있어 기존에 연금저축보험에 가입되어 낮은 이율로 적립되고 있다면, 연금저축펀드로 이전해 관리하자. 연금저축보험의 높은 수수료 대비 낮은 공시이율을 보완하기 위해 연금저축펀드로 이전 후 MMF 또는 금리형 ETF로 운용하면 원금보존을 추구하는 운용이 가능하다.

생명보험사의 연금저축보험의 가장 강력한 강점은 종신연금으로 수령이 가능하다는 점이다. 연금저축펀드로 충분히 운용한 후 연금저축보험으로 이전하면 종신연금으로 수령할 수 있다. 따라서 현재 연금저축보험으로 가입되어 있다면 하루라도 빨리 연금저축펀드로 이전하는 것을 추천한다(연금재원을 늘릴 수 있는 기간 동안 연금저축 펀드로 운용하고 연금개시 전에 생명보험사의 연금저축보험으로 이전해도 괜찮다는 의미다). 월 적립금액이 50만 원 이하라면 연금저축펀드에 적립해 운용하고 초과분에 대해서만 IRP로 적립해 운용하면 중도인출이 필요한 만일의 경우를 대비할 수 있다.

연금저축과 IRP를
제대로 관리하자

연금저축과 개인형 IRP 계좌를 관리하려고 해도 막막한가?
현실적으로 도움이 될 포트폴리오 예시와 관리방법을 제시한다.

사회생활을 시작하고 어느 정도 자리를 잡은 30대 중반부터 연금저축펀드를 연간 400만 원 한도로 적립했다고 가정해보자. 퇴직을 60세에 했다고 가정하면 적립 원금만 1억 원이다. 결코 적지 않은 금액이므로 관리의 중요성은 이루 말할 것도 없다.

앞서 퇴직연금 관리의 중요성에 대해 언급했지만 어떻게 관리해야 할지 막막한 독자들이 많을 것이라 생각한다. 이번 칼럼에서는 연금저축과 개인형 IRP 계좌를 관리할 때 현실적으로 도움이 될 포트폴리오 예시와 관리방법을 제시하고자 한다. DC형 퇴직연금과 기업형 IRP 계좌의 운용방식은 개인형 IRP와 같은 방식으로 관리하면 된다.

적극적인 투자자의 포트폴리오

 연금 개시 시점이 10~15년 이상 남아 있고 적극적으로 투자해 더 높은 초과 성과를 내고 싶다면, 당연히 위험자산 편입 비중을 높이는 투자 포트폴리오를 가져가야 한다. 연금저축펀드는 위험자산 편입 비중을 최대 100%까지 편입 가능한 반면, IRP와 DC형 퇴직연금은 최대 70% 이하로 투자해야 한다는 것을 염두에 두고 포트폴리오를 구성해야 한다.

 연금저축펀드와 IRP, DC형 퇴직연금이 개설된 금융회사가 은행인 경우가 많기 때문에 액티브 펀드를 활용한 펀드 투자 포트폴리오 구성 방법을 알려주고자 한다. 사실 ETF로 단기투자를 하면서 연금저축계좌와 IRP, DC형 계좌까지 동시에 관리하는 것이 쉽지 않기 때문에 연금저축펀드와 IRP 계좌의 관리는 펀드를 활용하는 것이 효율적일 수 있다. (ETF를 활용해 운용하고자 한다면 앞서 알려준 ETF영구 포트폴리오를 참고해 주식 비중을 50~70% 정도로 높이고, 다양한 섹터의 주식 ETF로 분산투자하는 방안을 검토해보길 바란다.)

 먼저, 나에게 맞는 포트폴리오 구성을 위해 자산군별 편입 비중을 검토한다. 자산군을 '주식 6 : 채권 4'로 분산투자할 경우의 포트폴리오 구성 예시를 들어보겠다. 해당 포트폴리오는 주식과 채권으로 분산투자함으로써 주식시장 하락 시기에 채권이 어느 정도 방어역할을 해줄 수 있는데, 금리 인상기에는 주식과 채권이 모두 다 하락할 수 있으므로 이를 보완할 목적으로 채권 비중의 일부를 MMF에

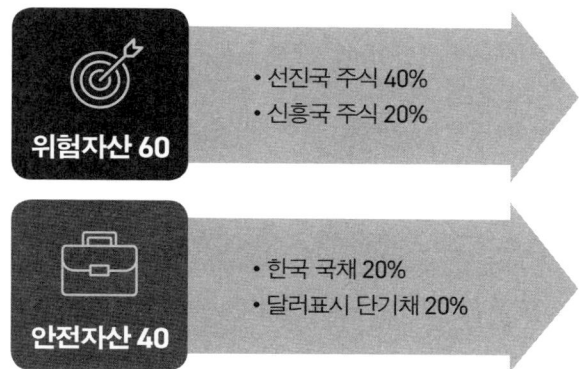

자료 8-9 중립적인 투자자의 포트폴리오 예시

위험자산 60
- 선진국 주식 40%
- 신흥국 주식 20%

안전자산 40
- 한국 국채 20%
- 달러표시 단기채 20%

편입하는 것을 추천한다.

주식형 펀드는 상대적으로 안정적인 수익을 기대할 수 있는 선진국 주식의 비중을 높게 잡고 신흥국 주식형 펀드에 일부 투입하거나, 앞으로 유망할 것이라 생각하는 섹터에 투자되는 펀드를 선택하면 된다. 그리고 장기투자인 만큼, 액티브 펀드에 비해 수수료가 저렴해서 장기투자에 유리한 인덱스 펀드를 활용하는 것도 좋은 선택이다.

펀드검색을 할 때 '인덱스'라는 키워드를 넣고 펀드유형을 '북미(미국)주식'으로 선택하면 S&P500지수에 투자하거나 나스닥100지수에 투자하는 펀드를 쉽게 찾아 비교할 수 있다. 40대의 경우 아직 운용할 기간이 충분하니 기술주와 성장주가 많이 편입되어 있는 나스닥100지수에 투자하는 인덱스 펀드, 50대라면 S&P500지수에 투

자료 8-10 연금펀드 검색

출처: 우리투자증권(구 펀드슈퍼마켓) 홈페이지

자하는 인덱스 펀드 중에서 선택하는 것이 적합하다. 해외자산에 투자되는 만큼 USDKRW 환율의 영향을 받는 UH펀드와 H펀드로 구분되는데, UH펀드에 투자하는 것을 권장한다. 주식시장이 급락할 경우 달러가치 상승으로 손실을 일부 상쇄해주는 효과가 있기 때문이다.

신흥국 주식형 펀드 또는 특정 섹터에 투자하는 펀드를 찾는다면 앞으로 꾸준히 성장 가능성이 있다고 생각하는 국가나 산업군에 투자되는 펀드를 찾아보자. 예를 들어 향후 우주항공 산업이 꾸준히 성장할 것으로 기대한다면 '우주'라는 키워드로 검색해볼 수 있다.

우리투자증권에서 '우주'라는 키워드로 검색해보면 다올 글로벌메타버스&우주산업1등주증권자투자신탁(UH), 다올 글로벌메타버스&우주산업1등주증권자투자신탁(H) 등의 펀드들을 확인할 수 있었다. 메타버스와 우주산업에 투자하는 펀드와 우주항공을 위주로만 투자하는 펀드가 확인되며, 각 펀드는 UH펀드와 H펀드를 기준으로 구분되어 있다. 개인의 성향에 따라 펀드를 선택하길 바란다. 또한 앞서 이야기한 바와 같이 증시 급락에 대비하는 관점에서 UH펀드로 편입을 검토하는 것이 좋다.

안전자산으로 한국 국채와 달러표시 단기채를 20%씩 보유하는 방안을 제안하는 이유는 뭘까? 한국 국채투자를 통해 주식자산의 손실분을 일부 보존하면서 국채 수익률을 장기적으로 가져갈 수 있고, 달러표시 단기채 편입을 통해 주식과 국채 가격 하락에 대비할 수 있기 때문이다.

국채에 투자하는 펀드는 '국채' 또는 '국공채'라는 키워드로 검색해 펀드를 선별할 수 있다. '국채'를 키워드로 검색한 결과, KB 장기국채 플러스 증권자투자신탁, NH-Amundi 국채10년인덱스증권자투자신탁 등의 펀드를 찾아볼 수 있었다. 이 펀드 중에서 내 연금저축펀드와 IRP에 개설된 금융사에 편입할 수 있는 펀드를 검색해 선택할 수 있다.

달러표시 단기채권펀드 편입을 통해 얻을 수 있는 효과는 앞서 이야기한 것과 같이 증시급락에 따른 달러가치 상승효과도 있지만 금리인상에 따른 채권 이자수익도 함께 기대할 수 있다. 이 펀드는 '달러표시'라는 키워드로 검색해볼 수 있다. '달러표시'를 키워드로 검색해보면 환노출형(UH)펀드 중 우량채권에 투자되는 펀드와 단기채권에 투자되는 펀드로 구분된다. 우량채권은 단기채권에 비해 변동성이 클 수 있는 점을 고려해 선택하는 것이 좋다.

처음에 펀드를 찾아 선별하는 과정이 다소 번거롭게 느껴질 수 있지만 한번 선별해두면 ETF에 비해 관리하기가 매우 쉽다. 펀드는 목표수익률을 설정해 해당 목표가 달성되면 알아서 환매하는 서비스를 제공하는 금융사가 많기 때문이다. 주식형 펀드의 경우 목표수익률을 15~20% 수준으로 설정하고, 채권형 펀드는 5% 수준으로 설정해 환매가 발생될 때 펀드 포트폴리오 리밸런싱을 하면 된다. (펀드를 활용한 자산관리가 익숙하지 않은 독자를 위해 부록에서 각 자산군·섹터별 성과 우수펀드를 별도 제공해뒀으니 참고하길 바란다.)

안정적인 투자자의 포트폴리오

연금저축과 IRP 계좌가 직접관리하기에 어렵게 느껴진다면 상대적으로 안정적인 운용이 가능한 TDF와 롱숏펀드를 활용하는 방법도 있다.

TDF(Target Date Fund)란 투자자의 은퇴시점에 맞춰 위험자산과 안전자산 비중을 자동으로 조절하며 운용하는 펀드다. 글로벌 분산투자를 통해 전 세계 다양한 지역의 주식, 채권, 원자재에 투자하며, 시장상황에 맞게 지속적인 포트폴리오 조정을 한다. 2030, 2035 등의 명칭으로 5년 단위로 출시하고, 해당 숫자는 예상 은퇴연도를 의미한다. 예를 들어 2040년에 은퇴를 계획하고 있는 투자자는 2040

이 표기된 TDF를 선별하면 된다.

2040년도 은퇴자에게 적합한 TDF를 직전 3년 성과 우수 기준으로 보면 NH-Amundi 하나로 TDF 2045 증권투자신탁, KB 다이나믹 TDF 2040 증권 자투자신탁, 신한마음편한TDF2040증권투자신탁 등이 있다. NH-Amundi하나로TDF2040증권투자신탁[주식혼합-재간접형]의 기간별 성과를 보면 아래의 [자료 8-11]과 같다.

3년간 성과는 다소 아쉽게 느껴질 수 있지만 직전 5년 평균 수익률을 보면 연환산 8% 수준이다. 2022년에 글로벌 증시가 하락한 것을 고려하면 나쁘지 않은 성과를 보이고 있다는 것을 알 수 있다. 따라서 내가 생각하는 은퇴시기에 맞는 TDF 중에서 성과가 우수한 TDF 2가지 정도에 분산해 투자하고 꾸준히 불입만 해도 나쁘지 않은 성과를 기대해볼 수 있다.

TDF를 통해 연금저축과 IRP를 관리할 때 '빈티지 환승전략'을 활

자료 8-11 NH-Amundi하나로TDF2040증권투자신탁의 기간별 성과

구분	1개월	3개월	6개월	1년	2년	3년	5년	설정후
수익률	0.62%	0.45%	6.93%	23.99%	29.72% (연 13.87%)	18.65% (연 5.86%)	49.61% (연 8.38%)	49.23%
비교지수	1.37%	2.45%	7.35%	17.34%	27.43% (연 12.87%)	15.27% (연 4.85%)	39.15% (연 6.82%)	39.73%
유형평균	0.89%	1.44%	7.05%	20.64%	26.31% (연 12.37%)	7.20% (연 2.34%)	32.79% (연 5.83%)	-
%순위	47/100	91/100	65/100	31/100	38/100	5/100	10/100	-

*2024.10.25 기준

용하면 더 높은 수익을 기대할 수 있다. '빈티지 환승전략'이란 만약 2040년에 은퇴를 희망하는 투자자라고 해도 글로벌 증시가 과열되어 있다고 판단했다면 가장 가까운 미래에 해당하는 TDF로 갈아타는 전략이다. 이를 통해 주식편입 비중을 강제로 줄여 하락장을 대비하고, 충분히 하락했다고 판단했을 때 다시 내가 은퇴할 시점에 맞는 빈티지로 환승해 상대적으로 저렴해진 주식을 더 많이 담는 전략이다.

각종 매스컴을 통해 주식시장이 역사적 고점을 돌파했다거나 워런 버핏의 버크셔 해서웨이가 현금 비중을 높이고 있다는 소식이 들리면 주식 비중을 줄이도록 가까운 미래의 빈티지로 환승한다. 그랬다가 충분히 하락했다고 판단되면 다시 내 은퇴시점에 적합한 TDF로 환승해보자. 이런 전략을 통해 상대적으로 편안한 마음으로 자금을 관리할 수 있으면서 초과 성과도 기대할 수 있다.

만약 은퇴시기가 얼마 남지 않아 최대한 안정적으로 은퇴자산을 관리하고자 한다면 '롱숏펀드'를 활용해보자. 롱숏펀드란 주가 상승이 예상되는 종목은 매수하고 하락이 예상되는 종목은 공매도하는 전략을 동시에 구사하는 펀드로, 시장상황과 관계없이 안정적인 수익을 추구하는 것이 특징이다. 즉 원금손실 가능성을 낮춘 운용전략을 구사한다는 뜻이다.

2024년 10월, 롱숏펀드의 3년 수익성과를 기준으로 가장 우수한 펀드의 기간별 수익률 그래프는 다음과 같다.

자료 8-12 롱숏펀드의 3년 수익성과를 기준으로 가장 우수한 펀드의 기간별 수익률

구분	1개월	3개월	6개월	1년	2년	3년	5년	설정후
수익률	0.61%	0.27%	5.54%	9.78%	16.96% (연 8.14%)	23.85% (연 7.38%)	65.80% (연 10.63%)	59.33%
비교 지수	0.17%	0.42%	1.62%	4.43%	9.34% (연 4.56%)	8.73% (연 2.83%)	13.41% (연 2.55%)	20.79%
유형 평균	0.21%	-0.80%	1.18%	6.61%	12.51% (연 6.06%)	6.94% (연 2.26%)	24.36% (연 4.45%)	-
%순위	4/100	35/100	4/100	14/100	2/100	2/100	1/100	-

*비교지수는 펀드평가사(제로인)가 부여한 비교지수로 투자설명서의 비교지수와 다를 수 있습니다.
*유형평균 및 %순위는 펀드평가사(제로인)의 소유형 기준으로 제공됩니다.
*펀드평가사(제로인) 소유형: 시장중립

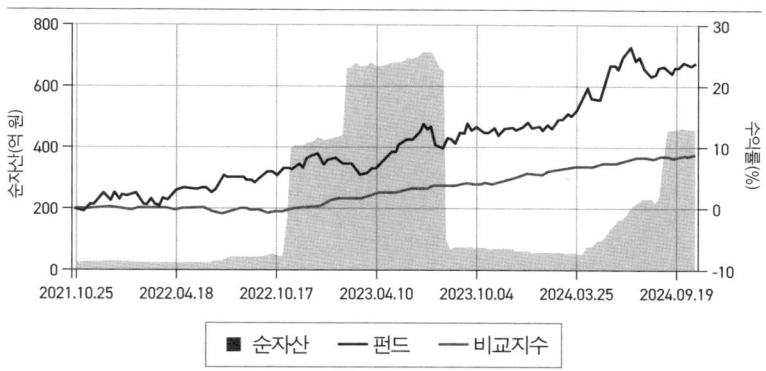

이 펀드에 최근 3년간(2021.10.25~2024.10.25) 매달 25일에 50만 원씩 투자했다면?

총 투자금액: 18,000,000원 | 평가액: 20,245,194원 | 수익률: 12.47%

출처: 우리투자증권(구 펀드슈퍼마켓) 홈페이지(2024년 10월 25일 기준)

위 자료를 보면 연환산 7~10% 수준의 수익을 꾸준히 내고 있는 모습을 확인할 수 있다. 따라서 은퇴시기가 5년 이하로 남아 안정적

으로 수익을 내고 싶은 투자자라면 '롱숏펀드'를 활용해보는 것도 좋다. 만약 연금개시 시점이 임박해 1~3년 정도밖에 남지 않은 경우라면 MMF를 활용해 최대한 원금을 보존하는 방법을 활용하는 것도 생각해볼 수 있다. TDF와 롱숏펀드도 부록에 성과 우수펀드를 기준으로 정리해두었으니 참고하자.

연금저축과 IRP의 관리는 필수다

연금저축과 IRP, 그리고 DC형 퇴직연금은 투자성향과 은퇴시기를 고려해 선택해야 하며, 지속적으로 관리해야 하는 중요한 자산이다. 금융 공부를 시작하기로 한 지금, 나의 투자성향과 경제상황을 고려해 적극적인 투자포트폴리오를 구성해 관리하거나 TDF 또는 롱숏펀드를 활용해 인플레이션을 초과하는 수익을 낼 수 있도록 관리하는 방안을 생각해보길 바란다. 물론 펀드라서 손실이 발생할 수 있으나 중장기적 관점에서 현금성자산에 해당하는 예금으로 갖고 있는 것보다 인플레이션에 대해 덜 위험한 선택지가 될 것이다.

최근 금융사들은 연금저축과 IRP에 대해 관리에 어려움을 느끼는 소비자를 위해 로보어드바이저 서비스를 제공하는 경우도 있고, 투자자문사를 통해 투자포트폴리오를 제안받는 방법도 있으니 잘 참고해보자. '관리'를 해야 한다는 사실을 잊지 말고, 더 이상 연금저축과 IRP를 방치하는 일이 없길 바란다.

노후자금 준비에 있어
비과세 연금은 중요하다

비과세 연금은 단순한 상품 선택 그 자체가 중요한 게 아니라,
내 전체 연금 포트폴리오에서의 역할이 무엇인지가 중요하다.

노후준비를 하면서 놓치기 쉬운 것이 바로 세금과 건강보험료다. 여기서 말하는 건강보험료는 민간보험사에 가입한 보장성보험료가 아니라 국민건강보험공단에 납부하는 건강보험료를 의미한다. 은퇴 후 현금흐름은 세금과 건강보험료 등을 제외하고 나와 내 가족을 위해 소비할 수 있는 '실수령액'을 기준으로 고려해야 한다.

은퇴 전 직장가입자로 건강보험료를 납부하던 때는 사측이 50%를 납부하고 나머지 금액은 애초에 급여에서 공제하기 때문에 크게 부담으로 느껴지지 않지만, 지역가입자로 직접 납부해야 할 때는 상황에 따라 큰 부담이 될 수 있다. 그런 관점에서 노후자금 준비 과정에 있어 비과세 연금을 활용하는 것은 매우 중요한 포인트다.

우리나라의 비과세 연금 변천사

'비과세 연금 변천사까지 알아야 할 이유가 있나? 내가 보험을 팔 것도 아닌데'라고 생각하는 독자도 있겠지만, 비과세 연금 변천사는 소비자 관점에서 꼭 알아야 한다. 생명보험사의 비과세 연금은 오랜 시간을 거쳐오면서 변화해왔다.

상담을 하다 보면 간혹 '과거에 가입한 연금이 최근에 판매되고 있는 연금에 비해 조건이 좋지 않다'는 생각에 다른 연금으로 새로 가입하거나 투자 재원으로 활용하는 것을 고민하는 경우가 있다. 하지만 가입한 시기에 따라 비과세 적용 요건이 다르기 때문에 과거에 가입한 연금을 해지하는 데 있어서는 매우 신중해야 하고, 그렇기 때문에 변천사를 알아야 한다.

연금보험은 저축성보험의 한 종류로, 비과세 연금과 관련된 조건은 저축성보험 비과세 요건을 기준으로 참고하면 된다.

우리가 관심을 가져야 할 시기는 2013년과 2017년이다. [자료 8-13]에서 보듯 저축성보험 비과세 조건은 여러 기간에 걸쳐 개정되면서 점차 조건이 까다로워졌는데, 1998년 외환위기 시절에는 일시적으로 완화되기도 했다. 1996년에는 만기 7년 이상의 저축성보험에 비과세를 적용해주었다가 1998년에 일시적으로 만기 5년 이상으로 조건을 완화했으나, 2001년에 다시 7년으로 올리고 2004년에는 10년 이상으로 변경되었다. 2013년 2월 16일부터 2017년 3월 31일 사이에 계약한 저축성보험은 '납입기간 5년 이상(월 납입 한도

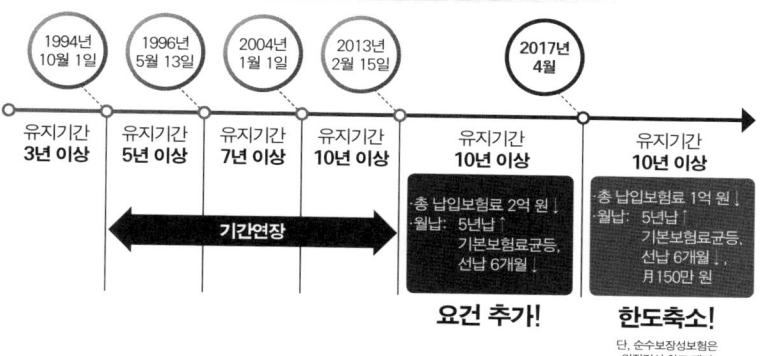

없음), 일시납은 2억 원 이상, 연금을 종신형 연금으로 수령' 중 한 가지 요건만 갖춰도 비과세가 가능했다. 2017년 4월 1일 이후에 가입한 경우 비과세 조건은 매우 까다로워졌다.

먼저 55세 이후 수령하는 종신형 연금계약이라면 금액에 상관없이 비과세를 적용받을 수 있다. 단, 중도인출을 하게 되면 연금 이외 형태로 지급한 이력이 있기 때문에 비과세가 안 되고, 종신연금은 보증기간이 존재하는데 설정한 보증기간이 기대여명 이내여야 한다. 상품 가입 시기마다 해당 상품의 가입설계서나 약관에서 기대여명을 확인할 수 있을 것이다. 만약 해당 상품의 기대여명이 85세인데 내가 종신연금 보증기간을 100세로 설정했다면 어떻게 될까? 비과세 적용을 받을 수 없다. 그리고 계약자, 피보험자, 수익자가 동일해야 한다.

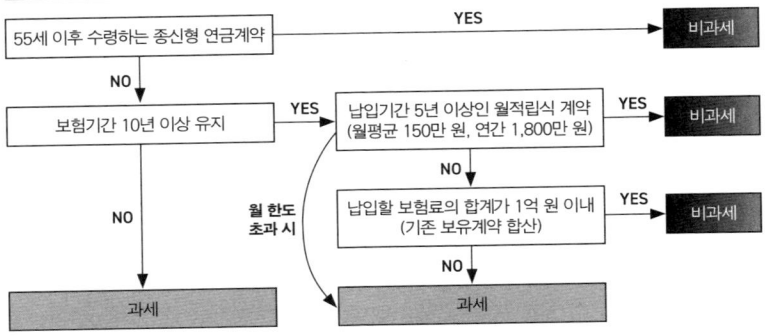

자료 8-14 비과세 연금 수령 가능 조건

 적립식 계약의 경우 납입기간이 5년 이상이어야 하고, 월평균납입액 150만 원, 연간 총납입액은 1,800만 원을 넘지 않아야 하며, 보험기간은 10년 이상 유지해야 한다. 따라서 적립식 계약으로 가입한 경우 더 많은 연금수령을 위해 추가납입을 할 때 각별히 주의해야 한다. 그리고 납입기간과 무관하게 총 보험료의 합계가 1억 원 이내인 저축성보험은 10년 이상 유지했을 때 비과세 적용을 받을 수 있다. 그러나 기존 보유계약을 합산하기 때문에 1억 이하 계약을 여러 개 가입했다면 과세될 수 있다.

 가입시기별로 저축성보험의 비과세 조건이 다르기 때문에 이를 염두에 두고 연금을 활용하는 것이 중요하다. 특히 납입금액에 대한 조건이 없던 시기에 가입했던 연금은 적용이율이 낮다고 해도 해지를 검토할 때 매우 주의할 필요가 있다. 현재 가입되어 있는 저축성보험이나 연금보험 중 2013년 2월 15일 이전에 계약된 상품이 있다면 잘 살펴보고, 어떻게 연금을 개시할지 고민해보길 바란다. (만에 하나 자금 활용을 검토하더라도 해지하지 말고, 보험계약대출을 활용하는 방안을 검토해보자.)

비과세 연금을 선택하는 방법

앞서 비과세 연금의 변천사와 현재 비과세 연금으로 수령하기 위한 조건에 대해 알아보았다. 이미 가입한 비과세 연금을 기준으로 했을 때 아직 비과세 요건이 남아 있다면, 비과세 연금을 추가로 가입하는 방안도 검토해보는 것이 좋다. 비과세 연금의 가입을 검토하기 위해서는 현재 시중에서 판매되고 있는 연금상품의 종류와 특징을 알아야 한다.

현재 시중에 판매되고 있는 비과세 연금은 크게 2가지 종류로 구분된다. 공시이율형 연금과 변액연금보험이다. 변액연금보험은 미보증형과 보증형으로 다시 구분되기에 소비자 관점에서는 3가지로 구분해볼 수 있다.

공시이율형 연금보험은 시중금리에 연동되어 매월 보험사가 공시하는 공시이율로 부리되는 연금보험이다. 최저보증이율이 적용되며, 보험사마다 최저보증이율은 0.25~1.25%까지 다양하다. 2024년 10월 기준으로 생명보험사 공시이율형 연금보험의 평균 공시이율은 2.48% 수준이다.

변액연금보험은 적립금을 다양한 펀드에 투자해 운용한다. 따라서 초과성과를 낼 수도 있고, 손해를 보면 내가 납부한 보험료보다 적립액이 적을 수도 있다. 그런데 앞서 이야기한 것과 같이 보증형 변액연금은 운영성과와 무관하게 최저연금 기준액을 가입 시점에 보험사가 보증한다. 생명보험협회 공시실에 공개되어 있는 변액보험 펀드 유형별 순자산액 가중평균 수익률을 보면, 해외투자펀드의 5년간 누적수익률이 48% 수준으로, 연환산 9%를 넘는 성과를 보이고 있다. 물론 펀드에 따라 성과는 크게 차이가 날 수 있다는 점은 참고하자.

변액보험은 고객이 직접 펀드를 선정하고 투입비율을 관리해야 하는데, 이 과정에서 어려움을 느끼는 고객들을 위해 여러 보험사는 자산배분형 펀드로 편입할 수 있도록 하고 있다. 대표적인 펀드로는 미래에셋생명 변액보험에서 투자할 수 있는 MVP 펀드가 있다.

자산배분형 펀드는 시장상황에 맞게 다양한 자산에 분산투자해 운용해주는 펀드로, 소비자가 펀드관리를 하지 않아도 된다. 미래에셋생명뿐 아니라 다른 생명보험사들도 자산배분형 펀드나 로보어드바이저를 도입한 펀드에 투자할 수 있어, 투자경험이 적어서 펀드관리에 어려움을 느끼는 소비자에게 도움이 된다. 따라서 미보증형 변액연금을 선택한다면 편입할 수 있는 펀드의 성과를 살펴보고 해당 상품의 부가기능을 고려해 상품을 선택하는 것이 좋다.

하지만 노후를 대비하는 자금을 마련할 목적으로 가입하는 상품인 만큼 변액연금 중에서도 보증형 상품에 대한 소비자의 관심이

나날이 높아지고 있다. 최저보증형 연금은 상품마다 차이가 있으나 4%에서 8%까지 보증하는 정도가 다양하다. 연 8%를 보증한다고 하면 믿기 어렵다고 생각하는 이들도 간혹 만나게 되는데, 그것이 가능한 이유는 중도에 해지함에 따라 손실을 확정할 고객들이 있는 것을 고려해 상품을 개발했기 때문이다.

그렇다면 최저보증형 연금 가입을 고려할 때는 8% 보증형 연금을 선택하면 될까? 사실 최저보증형 연금에서 보증하는 것은 연금

자료 8-15 10월 생보사 변액보험 비교

구분		iM라이프 iM라이프 플러스 변액연금	KDB생명 더! 행복드림 변액연금	IBK 연금액 평생보증받는 변액연금
가입 나이		15세~최대 69세	15세~최대 70세	0~70세
연금지급 기간		종신	종신	종신
최소보험료		20만 원	5만 원	20만 원
연금개시 나이		50~79세	55~80세	30~80세
연금액 보증이율		30년 미만 7%, 이후 6%	20년 미만 7%, 이후 6%	20년 미만 8%, 이후 5%
최소 거치기간		5년	5년	5년
최저 사망적립금		가입기간 30년 경과 시 가입보 험료 최대 180%	최저연금기준액	최저연금기준액
40세 남자, 월 보험료 100만 원, 연금 65세 개시 시	연금기준 금액	2억 8,835만 원	2억 8,235만 원	2억 9,440만 원
	연금 수령액	1,902만 원	2,078만 원	1,813만 원

출처: 보험저널

으로 개시했을 때 연금 기준액을 보증하는 것이다. 연금상품은 연금을 개시하는 시점에 연금 기준액에 성별·연령을 고려한 지급률을 곱해 연금액을 책정한다. 따라서 연금기준액이 높다고 해도 지급률에 따라 상대적으로 적은 연금액을 받을 수도 있는 것이다.

[자료 8-15]의 비교 예시와 같이 보증이율은 낮지만 연금수령액은 더 높을 수 있다. 최근 최저보증형 변액연금은 보험사 간 경쟁이 심화되어 수시로 연금 조건이 달라지는 분위기다. 또한 앞으로 기준금리인하에 따라 최저보증이율이 달라질 수 있으므로 최저보증이율 연금을 선택할 경우, 실질적으로 최저보증되어 수령할 연금액을 기준으로 상품을 비교하는 것을 추천한다. 다만 중도해지 시에는 손실을 볼 가능성이 높으므로 반드시 납입을 완료하고 연금을 개시할 수 있는 지를 고려해서 가입을 검토하길 바란다.

비과세 장점을 활용해야 한다

이전에 가입한 비과세 연금에 대해서는 가입시기를 고려해 활용방안을 검토해야 한다. 단순히 이율이 낮다는 이유로 무조건적으로 해지하면 비과세로 받을 수 있는 현금흐름을 포기하는 결과로 이어질 수 있기 때문이다.

추가로 비과세 연금을 확보하고자 할 때는 연령과 투자성향을 고려해 상품을 선택해야 한다. 필자는 현재 시점에서 비과세 연금 가입을 검토한다면 공시이율은 지양할 것이다. 공시이율형 연금에 가입하는 것보다는 최저보증형 변액연금에 가입하는 것이 더 많은 연금액을 수령할 수 있기 때문이다.

만약 공격적인 투자성향을 갖고 있다면 미보증형 변액연금 중 성과가 우수한 펀드로 운용할 수 있는 변액연금을 선정하는 것을 추천한다. 은퇴 후에 안정적인 현금흐름을 비과세로 지급받을 수 있어 건보료 인상 걱정을 덜 수 있는 비과세 연금도 관심을 가져보자.

연금은 유형, 수령방식, 납입기간 등에 따라 적용되는 세제혜택이 다르기 때문에 꼼꼼한 비교와 분석이 필요하다. 예를 들어 10년 이상 유지 조건이나 연금수령 개시시점 등 실질적인 조건을 반드시 확인하고, 상품 변경이나 해지 전에는 세제혜택 손실 여부를 꼭 검토해야 한다.

비과세 연금은 단순히 상품을 선택하는 차원이 아닌, 이 상품이 전체 나의 연금 포트폴리오에서 어떤 역할을 할지 장기적인 시각에서 판단하는 것이 중요하다. 비과세 연금을 체계적으로 관리한다면 은퇴 후 소득 안정성과 절세 효과를 동시에 누릴 수 있을 것이다.

안정적인 노후를 위한 주택연금과 농지연금

이 2가지 연금제도는 자산 매각 없이 생활비를 마련할 수 있어 해당 자산을 활용하면 안정적인 노후생활에 도움이 된다.

경제적 자립을 준비하면서 자녀 교육과 부모 부양을 함께 감당해야 하는 4050 세대! 팔방미인을 주변에서 쉽게 만날 수 없듯 이 모든 것을 한 번에 만족하기란 쉽지 않다. 여러 가지 경제적 책임을 동시에 짊어지고 있어 정작 자신의 노후준비에 충분한 대비를 하지 못했다면 주택연금과 농지연금이 도움이 될 것이다.

주택연금과 농지연금은 주거와 농지를 활용해 안정적인 소득을 창출할 수 있는 실질적인 방법이다. 이 2가지 연금 제도는 자산을 매각하지 않고도 생활비를 마련할 수 있어 해당 자산을 활용하면서 안정적인 노후생활을 꾸리는 데 도움이 된다. 이 칼럼에서는 주택연금과 농지연금의 개념과 특징을 정리했으니, 자신에게 맞는 제도 활용 방안을 검토해보자.

주택연금의 가입과 수령

주택연금은 한국주택금융공사에서 운영하는 공적연금 제도다. 주택소유자가 본인의 주택을 담보로 설정하고 해당 주택에 거주하면서 일정한 월 소득을 받을 수 있다. 주택을 매각하지 않고 소유한 채 연금 형태로 현금을 받을 수 있어 은퇴 후 생활자금이 충분하지 않은 경우에 좋은 선택지가 된다.

연금 수령자는 사망 시까지 주거지를 이용할 수 있고, 부부 중 한 사람이 사망한 경우에도 연금 감액 없이 100% 동일 금액의 지급이 보장된다. 국가가 연금지급을 보증하기 때문에 연금지급 중단 위험이 없다는 것도 장점이다.

주택연금에 대해 알고 있었지만 가입을 꺼려하는 경우는 대체로 '상속'에 대한 걱정 때문일 것이라 생각한다. 주택연금은 연금 개시 후 부부가 모두 사망했을 때까지 연금수령액이 집값을 초과해도 상속인에게 청구하지 않고, 반대로 처분한 가치가 남는다면 상속인에게 지급된다.

주택연금의 수령 금액은 주택의 시세와 가입자의 연령에 따라 달라진다. 주택의 시세가 높고 가입자의 나이가 많을수록 더 높은 월 수령액을 받을 수 있다. 예를 들어 주택가격이 6억 원대인 일반주택에 거주하는 부부 중 한쪽의 최저연령이 65세인 가구가 정액형 종신지급방식으로 주택연금을 수령할 경우 매월 96만 원의 주택연금 수령이 가능하다.

자료 8-16 주택연금 정산방법

금액비교	정산방법
주택처분금액>연금지급총액*	남는 부분은 채무자(상속인)에게 돌아감
주택처분금액<연금지급총액*	부족분에 대해 채무자(상속인)에게 별도 청구 없음

*연금지급총액=① 월지급금 누계+② 수시인출금+③ 보증료(초기보증료 및 연보증료)+④(①+②+③)에 대한 대출이자

출처: 한국주택금융공사 홈페이지

자료 8-17 주택연금의 종신지급 방식

연령	주택가격											
	1억 원	2억 원	3억 원	4억 원	5억 원	6억 원	7억 원	8억 원	9억 원	10억 원	11억 원	12억 원
55세	145	291	436	582	728	873	1,019	1,164	1,310	1,456	1,601	1,747
60세	198	396	594	791	989	1,187	1,385	1,583	1,781	1,979	2,177	2,375
65세	240	480	720	960	1,201	1,441	1,681	1,921	2,162	2,402	2,642	2,882
70세	295	591	886	1,182	1,478	1,773	2,069	2,365	2,660	2,956	3,251	3,278
75세	370	740	1,111	1,481	1,851	2,222	2,592	2,962	3,333	3,538	3,538	3,538
80세	474	949	1,424	1,898	2,373	2,848	3,322	3,797	3,939	3,939	3,939	3,939

출처: 한국주택금융공사 홈페이지

한국주택금융공사 홈페이지에서 제공하는 계산기를 활용하면 예상 수령액을 쉽게 계산해볼 수 있다. (주거용 오피스텔과 지방자치단체에 신고된 노인복지주택도 신청 가능하다.)

한국주택금융공사의 주택연금에 가입이 가능하려면, 주택소유자는 만 55세 이상이어야 하며, 본인 혹은 배우자가 보유한 주택의 가격이 시세 기준으로 약 9억 원 이하여야 한다. 가입은 한국주택금융

공사를 통해 진행하며, 주택의 가치 평가 및 담보 설정 절차를 거친 후에 매달 일정 금액을 지급받게 된다.

주택연금은 주택을 유지한 상태에서 안정적인 수입을 확보할 수 있어 매력적이다. 하지만 주택연금 가입 시 담보설정이 이루어지므로 향후 주택을 다른 용도로 활용하기 어렵다는 단점도 있다. 최근에는 은행에서 민간주택연금 가입도 가능하며, 금융사마다 조건은 상이하다.

농지연금의 가입과 수령

부모님을 통해 농지를 증여 또는 상속받았거나 은퇴 후 전원생활을 꿈꾸는 독자도 있을 것이다. 농지연금은 농업인이 본인의 농지를 담보로 설정하고 이를 바탕으로 매달 일정 금액을 받는 제도다. 농업인의 은퇴 후 안정적인 소득 창출이 가능하다. 농지를 활용한 소득을 얻으면서 연금수령이 가능하기 때문에 귀농을 했거나 현재 농업인이라면 검토해볼 수 있는 매력적인 제도다.

가입하려면 농지소유자 본인이 60세 이상이어야 한다(기간형 상품의 경우 일정 연령 이상일 때 신청 가능하다). 신청인의 영농경력도 5년 이상이어야 한다. 신청일 기준으로부터 과거 5년 이상 영농경력 조건을 갖춰야 하지만, 신청일 직전 연속적일 필요는 없고 전체 영농기간이 합산 5년 이상이면 된다. 영농경력은 농지대장, 농업경영체등

록확인서, 농협조합원가입증명서(준조합원 제외) 등으로 확인된다.

　농지연금의 연금 지급방식은 다양하다. 가입자(배우자) 사망 시까지 매월 지급받을 수 있는 종신정액형, 가입초기 10년간 많이 받고 11년째부터 적게 받는 전후후박형, 총지급가능액의 30% 이내에서 필요금액을 수시로 인출할 수 있는 수시인출형, 정해진 지급기간 동안 연금을 받고 지급기간 종료 시 공사에 소유권 이전을 전제로 더 많은 연금을 받을 수 있는 경영이양형 등으로 선택지가 다양하다.

　대상농지는 여러 조건에 부합해야 한다. 주택연금에 비해서 요건이 다소 까다롭기 때문에 농지연금을 검토하는 경우는 해당요건들을 참고해 사전에 대비하는 것이 필요하다.

　이 외에 저당권 등 제한물건이 설정되어 있지 않아야 하고, 압류·가압류·가처분 등의 목적물이 아니어야 하며, 불법 건축물이 설치되어 있거나 본인과 배우자 이외에 다른 사람과 공동소유하고 있는 농

① 농지법상의 농지 중 공부상 지목이 전, 답, 과수원으로서 사업대상자가 소유하고 있고 실제 영농에 이용되고 있는 농지
② 사업대상자가 공부상 지목 전, 답, 과수원으로 2년 이상 보유한 농지(상속받은 농지는 피상속인의 보유 기간 포함)
③ 사업대상자의 주소지를 담보농지가 소재하는 시, 군, 구 및 그와 연접한 시, 군, 구 내에 두거나 주소지와 담보농지까지의 직선거리가 30km 이내의 지역에 위치하고 있는 농지
* ②와 ③ 요건은 2020년 1월 1일 이후 신규 취득 농지부터 적용

지는 안 되는 등 주택연금에 비해 조건이 까다롭기 때문에 농지은행 홈페이지를 통해 꼼꼼히 살펴보고 준비하는 것이 필요하다.

하지만 이 까다로운 조건들을 충족했다면 주택연금 대비 매력적인 연금이다. 주택연금의 주택평가 대비 지급받는 연금액보다 농지연금의 농지평가금액 대비 연금액이 더 매력적이기 때문이다.

농지연금의 월 수령액은 농지의 시세와 가입자의 나이에 따라 달라지고, 농지의 위치와 토지의 용도, 상태 등 여러 요인이 수령액에 영향을 미치게 된다. 1959년생 부부가 시세 3억 원(감정가 2.7억 원)의 농지를 담보로 농지연금을 신청한 경우에 대해 모의계산을 해보았더니, 종신 정액형으로 신청할 경우 매월 약 104만 원의 연금을 수령하는 것으로 나왔다. 동일 평가금액의 주택연금보다 더 많은 연금액을 수령할 수 있기 때문에 주택과 농지를 함께 소유하고 있는 경우는 농지연금을 활용하는 것을 우선 검토해볼 만하다.

농지연금은 농지를 유지하면서도 안정적인 소득을 창출할 수 있다는 점에서 장점이 있다. 하지만 담보 설정 이후에는 농지 활용에 제한이 생길 수 있으니 참고 바란다.

주택연금과 농지연금의 활용

부모부양이나 자녀교육, 자녀의 결혼비용 등 재정적 부담으로 본인의 은퇴생활을 위한 재원을 충분히 마련하지 못했다면 고려해볼 수 있는 것이 주택연금과 농지연금이다. 주택연금은 5억 원 이하 주택의 경우는 재산세의 최대 25% 감면, 그리고 대출이자비용 항목으로 연간 200만 원 소득공제가 가능하다. 농지연금은 연금을 수령하면서도 직접 농사 또는 임대를 통한 연금 이외의 추가소득을 얻을 수도 있다.

6억 원 이하 농지는 재산세 전액감면이 되며 농지연금지킴이통장을 활용하면 월 185만 원까지는 압류로부터 연금을 보호할 수 있다는 장점도 있다. 국민연금, 퇴직연금, 개인연금 외 다른 자본소득으로는 은퇴생활비 준비가 부족하다면 활용방안을 검토해보자.

특히 주택연금은 고령층이 소유한 주택을 담보로 평생 안정적인 현금흐름을 제공하기 때문에 자산은 있지만 현금 유동성이 부족한 은퇴자에게 매우 유용하다. 농지연금 역시 고령 농업인의 삶의 질을 높이고, 만약 직접 경작이 어려워진다면 임대를 통해 추가 소득을 창출할 수 있는 현실적인 대안이다.

연금수령 중에도 본인 명의의 주택이나 농지를 유지할 수 있어, 가족에게 재산을 남길 수 있다는 점도 중요한 메리트다. 무엇보다도 두 연금 모두 신청 조건과 절차가 비교적 간단하므로, 자산의 구조를 바꿔 노후생활비를 보완하려는 이들은 한 번쯤 적극적으로 상담을 받아보는 것이 필요하다.

인컴포트폴리오로 '영구연금'을 받자

풍요로운 노후생활을 위한 현금흐름 확보에 도움이 되는
한국(역내)의 ETF와 미국(역외) ETF를 잘 활용하자.

몇십 년의 세월 동안 회사와 가정을 위해 열심히 일해온 당신. 그런데 이제 나 대신 누군가가 나와 우리 가족을 위해 돈을 벌어온다면 어떨까?

재무설계에는 '영구연금'이라는 개념이 있다. 영구연금이란 정기적으로 일정한 금액의 현금흐름이 영원히 발생하는 연금을 말한다.

연 4%의 고정이자를 매년 지급하는 가상의 은행이 있다고 가정해보자. 이 가상의 은행에 5억 원을 예치하면 매년 세전 2천만 원의 이자를 지급받게 된다. 원금은 당연히 다시 예치하게 되고, 매년 세전 2천만 원의 이자를 영원히 수령하게 될 것이다.

인컴포트폴리오는 안정적인 자본소득을 창출하는 다양한 자산군(배당주, 채권, 리츠 등)으로 구성된 투자포트폴리오다. 풍요로운 노후생활을 위한 현금흐름 확보에 도움이 되는 한국(역내)의 ETF와 미국(역외) ETF를 활용한 인컴포트폴리오 구성 예시를 만들어보았으니 참고해보자.

한국 ETF 인컴포트폴리오

배당주, 채권, 리츠(국내, 글로벌) 자산에 분산투자해 연 4% 전후의 배당수익을 목표로 인컴포트폴리오를 구성해보았다. 구성에 포함한 각 ETF별 편입 비중과 특징은 다음과 같다.

1) KOSEF 고배당 (배당주) - 40%

KOSEF 고배당 ETF는 국내 고배당주를 중심으로 투자하며, 안정적인 배당수익을 제공한다. 이 ETF는 대형주에 대한 배당투자를 통해 수익성과 안정성을 동시에 추구할 수 있다. 대형주 중심이므로 시장 변동성에 대한 저항력이 강하다는 것이 장점이다. 단점은 국내 주식시장에 대한 의존도가 높기 때문에 한국 경제 상황의 영향을 받을 수 있다는 것이다.

2) ACE 국고채 10년 (채권) - 20%

장기국채에 투자해 안정성을 제공한다. ACE 국고채 10년 ETF는 장기금리 변동에 민감하며, 금리인하 시 채권가격 상승효과를 기대

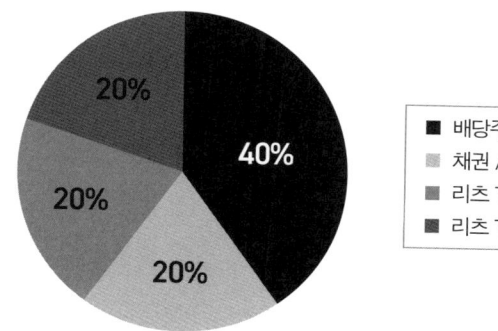

할 수 있다. 포트폴리오의 안정성을 높여주며, 위험분산 효과를 얻을 수 있고, 금리변동에 따라 상대적으로 안정적인 수익을 창출할 수 있다는 장점이 있다. 단점은 현재 금리가 높을 경우 채권 ETF의 배당수익률은 제한적일 수 있으며, 금리인상기에는 가격하락 위험이 있다는 것이다.

3) TIGER 리츠부동산인프라 (국내 리츠) - 20%

국내 주요 리츠에 투자하며, 부동산 인프라에서 발생하는 수익을 기반으로 배당을 제공한다. 월배당 구조로 설계되어 지속적인 현금 흐름을 제공한다. 장점은 높은 배당수익률을 기대할 수 있고, 국내 부동산 시장의 안정성과 연계되어 있다는 것이다. 단점은 국내 부동산 시장에 대한 의존도가 높아 국내 부동산 시장 침체 시 수익률에 영향을 받을 수 있다는 것이다.

4) TIGER 미국 MSCI 리츠 (합성H) (해외 리츠) - 20%

미국 리츠에 투자해 글로벌 부동산 시장에 접근할 수 있다. 이 ETF는 다양한 부동산 자산에 분산투자해 글로벌 리츠 시장의 성장을 누릴 수 있도록 설계되었다. 해외 분산투자 효과가 있어 국내 경제와 별개로 안정성을 높인다는 것, 미국 리츠는 배당성향이 높아 꾸준한 배당수익을 기대할 수 있다는 것이 장점이다. 단점은 합성형 ETF이므로 추적 오차 위험이 있을 수 있다는 것이다.

미국 ETF 인컴포트폴리오

글로벌 투자에 관심이 많은 독자를 위해 미국 ETF를 활용한 ETF 인컴포트폴리오를 만들어보았다. 한국 ETF와 달리 MLP라는 자산군을 포함해 구성했다. MLP(Master Limited Partnership)는 에너지 인프라 관련 사업에 투자해 높은 배당수익을 기대할 수 있는 자산군이다.

1) [배당주 ETF] SCHD (Schwab U.S. Dividend Equity ETF) - 20%

해당 ETF는 미국의 고배당주에 투자해 꾸준한 배당수익을 제공하는데, 주로 미국의 대형 우량주로 구성된다. 상대적으로 낮은 비용구조와 높은 배당성장률을 보이는 것이 장점이다. 미국 배당주에 집중되어 있어, 미국 경제 및 금리변화에 영향을 받을 수 있다는 것이 단점이다.

2) [배당주 ETF] VYM (Vanguard High Dividend Yield ETF) - 20%

고배당주에 집중하는 ETF인 만큼 미국 주요 고배당주로 구성되어 있다. 연간 배당률은 3.18%로 SCHD와 비슷하지만 섹터 비중이 SCHD와 다소 차이가 있고 최근 3년 기준 SCHD 대비 초과성과를 내고 있다. 안정적인 배당수익률과 미국 우량주에 대한 투자로 지속적인 자산증식을 기대할 수 있다는 것이 장점이다. SCHD와 유사한 미국 주식에 대한 의존이 높아 분산효과가 제한적일 수 있다는 단점이 있다.

3) [채권 ETF] BND (Vanguard Total Bond Market ETF) - 10%

미국 내 다양한 채권에 분산투자해 안정적인 수익을 제공한다. 미국 국채, 회사채, 지방채 등 다양한 채권을 포함한다. 포트폴리오의 안정성을 높여주는 역할을 하며, 채권투자를 통해 변동성 완화 효과를 기대할 수 있다는 것이 장점이다. 현재 금리가 높은 경우에는 수익률이 제한될 수 있으며, 금리인상기에는 가격하락 위험이 존재한다는 것이 단점이다.

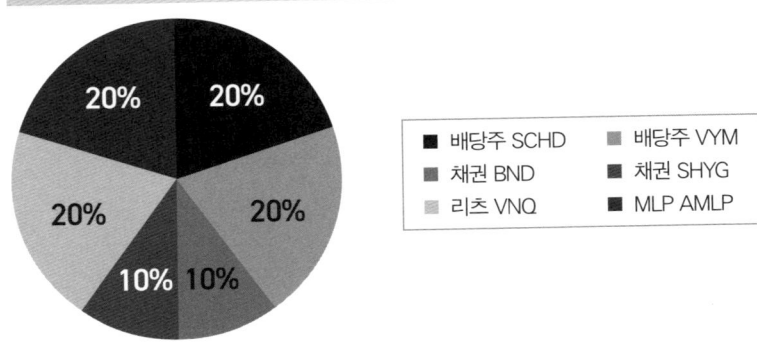

자료 8-19 미국 ETF 인컴포트폴리오

4) [채권 ETF] SHYG (iShares 0-5 Year High Yield Corporate Bond ETF) - 10%

단기 하이일드(고수익) 회사채에 투자하는 ETF로, 국채와 비교했을 때 높은 배당을 기대할 수 있다. 단기 채권으로 금리인상에 대한 민감도가 낮은 것이 장점이며, 하이일드 채권의 특성상 신용 리스크가 존재하므로 경제 침체기에 가격 변동성이 커질 수 있다는 것이 단점이다.

5) [채권 ETF] VNQ (Vanguard Real Estate ETF) - 20%

미국의 주요 상업용 부동산 리츠에 투자한다. 다양한 상업용 부동산에 분산투자해 안정적인 현금흐름을 제공하며, 배당수익이 높다는 것이 장점이다. 부동산 경기변동과 금리인상에 민감하게 반응할 수 있다는 것은 단점이다.

6) [채권 ETF] AMLP (Alerian MLP ETF) - 20%

미국의 에너지 인프라에 투자하며 주로 파이프라인, 저장시설 등 에너지 인프라 기업들로 구성된다. 높은 배당수익률을 통해 인컴수익을 극대화할 수 있고, 에너지 가격과 상관없이 고정된 운송계약으로 인해 수익이 안정적이라는 것이 장점이다. 에너지 시장의 변동에 민감하며, 에너지 관련 정책과 규제에 영향을 받을 수 있다는 것이 단점이다.

인컴포트폴리오를 통해 다양한 자산군에 분산투자함으로써 연간 4~5% 배당수익을 기대할 수 있는 포트폴리오 예시와 각 구성자산(ETF)의 특징에 대해 알아보았다. 이러한 인컴포트폴리오를 잘 활용한다면 풍요로운 노후를 대비하는 데 분명 도움이 될 것이다.

다만 경제상황과 미국, 한국의 정책 등에 따라 각 자산의 가치변동이 있을 수 있기 때문에 포트폴리오를 꾸준히 모니터링하고 관리하는 것이 반드시 필요하다. 이런 관점에서 보유자산의 일부를 활용해 구성하는 것을 권장하며, 편입 이후 정기적으로 연 1회 정도 정적 리밸런싱(최초 편입 비중으로 되돌리기)을 실행해 자산가치가 유지되도록 관리하자.

필자가 예시로 제안한 포트폴리오를 그대로 따라하기보다는 참고해 나의 투자성향에 맞는 인컴포트폴리오를 구성할 것을 추천한다. 나의 투자성향과 재정상황에 맞는 인컴포트폴리오 구축으로 풍요로운 노후를 맞이하는 데 도움이 되길 바란다.

부록

*부록1 : 자산군별 성과 우수 펀드 리스트

*부록2 : 섹터별 주요 ETF 리스트

자산군별 성과 우수 펀드 리스트

1. 미국 성장주

: 피델리티 글로벌 테크놀로지 증권 자투자신탁

상품정보 25.05.16 기준

피델리티 글로벌 테크놀로지 증권 자투자신탁(주식-재간접형)종류A			
설정일	2015.06.17	운용사	피델리티운용
수익률	15.15% (1개월)	기준가(전일 대비)	4,413.04원 ▼22.87 (0.52%)
펀드운용규모	10,431.00억 원	클래스 순자산	1,646.37억 원
총보수율	연 0.8620%	합성총보수율(TER)	1.9659%
벤치마크	–		

2. 미국 성장주+가치주 혼합

: 슈로더 글로벌 지속가능 성장주 증권 투자신탁

상품정보 25.05.16 기준

슈로더 글로벌 지속가능 성장주 증권 투자신탁(주식-재간접형)종류A			
설정일	2020.07.27	운용사	슈로더운용
수익률	7.86% (1개월)	기준가(전일 대비)	1,464.21원 ▲9.77 (0.67%)
펀드운용규모	546.05억 원	클래스 순자산	122.34억 원
총보수율	연 0.9100%	합성총보수율(TER)	1.7513%
벤치마크	–		

3. 미국 배당주

: 한국투자 미국배당귀족 증권 자투자신탁

상품정보 25.05.16 기준

한국투자 미국배당귀족 증권 자투자신탁UH[주식](A)			
설정일	2020.04.22	운용사	한국투자신탁운용
수익률	-0.44% (1개월)	기준가(전일 대비)	1,812.21원 ▼47.53 (2.56%)
펀드운용규모	495.87억 원	클래스 순자산	23.34억 원
총보수율	연 0.9000%	합성총보수율(TER)	0.9717%
벤치마크	-		

4. 아시아 신흥국 주식

: 삼성아시아 Top-Tier 증권 자투자신탁

상품정보 25.05.16 기준

삼성아시아 Top-Tier 증권 자투자신탁UH[주식]_A			
설정일	2013.05.14	운용사	삼성운용
수익률	7.60% (1개월)	기준가(전일 대비)	1,593.34원 ▼20.86 (1.29%)
펀드운용규모	2.06억 원	클래스 순자산	1.89억 원
총보수율	연 1.6800%	합성총보수율(TER)	1.7282%
벤치마크	MSCI AC South East Asia USD Index(KRW)*95.00%+Korea 1-day Overnight Call Rate(KOCR)*5.00%			

5. 중국 주식

: KB 차이나H주식 인덱스 증권 자투자신탁

상품정보 25.05.16 기준

KB 차이나H주식 인덱스 증권 자투자신탁(주식)A			
설정일	2016.02.29	운용사	KB운용
수익률	7.83% (1개월)	기준가(전일 대비)	1,023.02원 ▲23.59 (2.36%)
펀드운용규모	244.43억 원	클래스 순자산	97.67억 원
총보수율	연 0.8800%	합성총보수율(TER)	0.9220%
벤치마크	-		

6. 한국 주식

: KCGI코리아 증권 투자신탁

상품정보 25.05.16 기준

KCGI코리아 증권 투자신탁1[주식]종류A			
설정일	2013.07.08	운용사	KCGI운용
수익률	8.47% (1개월)	기준가(전일 대비)	1,470.45원 ▼4.80 (0.33%)
펀드운용규모	2,388.85억 원	클래스 순자산	649.30억 원
총보수율	연 1.1430%	합성총보수율(TER)	1.1465%
벤치마크	-		

7. 한국 국채 장기물

: 삼성ABF 코리아 장기채권 인덱스 증권 투자신탁

상품정보 25.05.16 기준

삼성ABF 코리아 장기채권 인덱스 증권 투자신탁[채권]A				
설정일	2005.04.26	운용사	삼성운용
수익률	-0.37% (1개월)	기준가(전일 대비)	991.48원 ▼0.35 (0.04%)
펀드운용규모	9,786.77억 원	클래스 순자산	7,652.78억 원
총보수율	연 0.2350%	합성총보수율(TER)	0.2598%
벤치마크	iBoxx ABF Korea Index*100.00%			

8. 미국 단기 채권

: 우리PIMCO 미달러 단기채 증권 투자신탁

상품정보 25.05.16 기준

우리PIMCO 미달러 단기채 증권 투자신탁(USD)[채권_재간접형]ClassA				
설정일	2021.12.09	운용사	우리운용
수익률	-1.63% (1개월)	기준가(전일 대비)	1,335.33원 ▼24.62 (1.81%)
펀드운용규모	3.15억 원	클래스 순자산	0.07억 원
총보수율	연 0.2350%	합성총보수율(TER)	0.6850%
벤치마크	-			

섹터별 주요 ETF 리스트

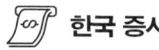 한국 증시

1. 글로벌 주식형 ETF

주요 해외 주가지수를 추종하는 국내 상장 ETF다. 미국의 대표 지수인 S&P500과 나스닥100, 중국 본토 A주 지수인 CSI300, 한국의 대표 지수인 코스피200 등을 추종하는 ETF들을 포함했다. 인공지능(AI) 테마로 미국 빅테크·반도체 기업들에 집중 투자하는 ETF도 소개한다.

종목명 (종목코드)	운용사	특징 및 전략
TIGER 미국 S&P500(360750)	미래에셋자산운용	- 미국 대표 500종목에 투자 - 초저보수로 운용되어 실질 비용이 업계 최저 수준 - 시장대표 지수 추종
TIGER 미국나스닥100(133690)	미래에셋자산운용	- 미국 나스닥 상위 100개 기술주에 집중 - 성장주 중심 구성으로 높은 수익률 추구
KODEX 200(069500)	삼성자산운용	- 한국 증시 대표 200종목으로 구성 - 국내 최대 ETF로 유동성 매우 풍부
KODEX 차이나 CSI300(283580)	삼성자산운용	- 중국 상해·심천거래소 상위 300종목 - 저보수로 중국 본토 시장에 분산투자

| KODEX 미국AI테크 TOP10(485540) | 삼성자산운용 | - 미국 빅테크 + AI반도체 10종목 엄선
- LLM 기반 지수로 AI 테마 반영 |

2. 미국국채 ETF

미국국채에 투자하는 대표 ETF로는 만기 1년 미만의 미 국채 티빌(T-Bill) 등에 투자하는 초단기채권형과 20~30년 만기의 미국 장기국채에 투자하는 상품이 있다. 단기물은 금리변동에 둔감하고 안정적인 이자를 추구하며, 장기물은 듀레이션이 길어 금리하락기에 큰 자본차익을 기대할 수 있다.

종목명 (종목코드)	운용사	특징 및 전략
ACE 미국달러 단기채권액티브 (440650)	한국투자신탁운용	- 미국국채 및 미국 달러표시 채권투자 - 1개월 이상 1년 미만의 이표채 위주
ACE 미국30년국채 액티브(H)(453850)	한국투자신탁운용	- 미국 20~30년 만기 국채에 직접 투자 - 국내 최초 현물형 장기채 ETF - 환헤지로 환율영향 차단

3. 국내 국채 ETF

국내 국고채에 투자하는 ETF다. 단기 국고채(만기 3년 안팎)는 안정적인 금리투자 수단으로 활용되고, 장기 국고채(만기 10년)는 금리하락 시 가격상승 폭이 커서 기관과 개인의 관심을 받고 있다.

종목명 (종목코드)	운용사	특징 및 전략
KODEX 국고채3년 (114260)	삼성자산운용	- 국내 3년 만기 국채 중심 - 2009년 상장된 1호 국채 ETF로 안정적 운용
KOSEF 국고채10년 (148070)	키움투자자산운용	- 국고채 10년물 대표 ETF - 듀레이션이 길어 금리 변동에 따른 변동성이 큼

4. 금 현물/선물 ETF

인플레이션 헤지 및 안전자산 수요가 많아지면서 금 ETF에 대한 관심도 높다. 국내에는 금 현물 가격을 추종하는 현물형 ETF와 국제 금 선물가격을 추종하는 선물형 ETF가 있는데, 각각 구조와 비용에 차이가 있다.

종목명 (종목코드)	운용사	특징 및 전략
ACE KRX금현물 (411060)	한국투자신탁운용	- KRX 금현물시장 가격에 연동 - 실제 금 현물에 직접 투자하는 구조로 롤오버 비용 없음 - 국내 유일의 금현물 ETF
KODEX 골드선물 (H)(132030)	삼성자산운용	- 미국 금 선물가격 추종 및 환헤지 - 선물 만기 교체 시 약간의 롤오버 비용 발생 가능 - 가격 탄력도가 높아 단기 거래에 유리

5. 파킹형 ETF

예금금리나 콜금리 수준의 수익을 추구하면서 언제든 현금화하기 좋은 단기자금 운용용 ETF다. 증시 변동성이 높을 때 잠시 자금을 맡겨두는 이른바 '파킹(Parking)' 용도로 활용되며, MMF와 유사한 초단기 채권에 투자하거나 은행 CD(양도성 예금) 금리 또는 무위험지표금리(KOFR)를 추종하는 형태로 구분된다.

종목명 (종목코드)	운용사	특징 및 전략
KODEX 머니마켓 액티브(488770)	삼성자산운용	- 머니마켓펀드의 운용방식을 기반으로 설계 - 초단기 채권과 기업어음 등 안정적인 투자 - 초단기 금융상품 투자
KIWOOM CD금리 액티브(합성)(459580)	키움투자 자산운용	- 3개월 은행권 CD금리를 추적 - 실질적으로 예금금리 연동 효과 제공 - 최근 기준 연 2.7%대 수익률 - 초저위험/초단기 파킹에 적합

 미국 증시

1. 글로벌 주식

미국·중국·한국 시장을 중심으로 한 대표 지수형 ETF와 AI 테마형 ETF 위주로 선정했다.

종목명 (국가/테마)	티커	운용사	추종 지수
SPDR S&P500 ETF Trust(미국)	SPY	State Street (SPDR)	S&P500지수
iShares MSCI China ETF(중국)	MCHI	BlackRock (iShares)	MSCI China Index

종목명	티커	운용사	추종 지수
iShares MSCI South Korea ETF(한국)	EWY	BlackRock (iShares)	MSCI Korea 25/50 Index
Global X Artificial Intelligence & Technology ETF(글로벌 AI 테마)	AIQ	Mirae Asset (Global X)	Indxx AI & Big Data 지수

2. 글로벌 채권 ETF

미국 국채의 경우 단기물과 장기물로 구분해 금리 민감도가 서로 다른 상품을 활용했고, 한국 국채는 미국 상장 ETF가 부족해 전 세계의 다양한 국채를 편입한 ETF로 대체했다.

종목명 (채권 유형)	티커	운용사	추종 지수
iShares 1-3 Year Treasury Bond ETF (미 국채 단기물)	SHY	BlackRock (iShares)	ICE 미국 국채 1-3년 지수
iShares 20+ Year Treasury Bond ETF (미 국채 장기물)	TLT	BlackRock (iShares)	ICE 미국 국채 20년+ 지수
Vanguard Total International Bond ETF (글로벌 종합채권)	BNDX	Vanguard	Bloomberg Global Agg. ex-US(USD hedged)

3. 금 ETF

미국 증시에 상장된 금 가격에 투자하는 대표적인 ETF는 다음 2가지다. IAU가 주당 가격이 낮고 수수료도 저렴한 편이다. 다만 유동성은 GLD가 더 크다. 그러니 운용자산 규모와 투자 전략(단기 vs 장기)을 고려해 선택하자.

종목명 (채권 유형)	티커	운용사	추종 지수
SPDR Gold Shares (금 현물)	GLD	State Street (SPDR)	LBMA Gold Price (실물 금 가격지수)
iShares Gold Trust (금 현물)	IAU	BlackRock (iShares)	LBMA Gold Price (실물 금 가격지수)

4. 파킹형 ETF

안전자산에 투자해 단기 금리수익을 얻기에 적합하다.

종목명 (채권 유형)	티커	운용사	추종 지수
iShares 0-3 Month Treasury Bond ETF (미 국채 초단기물)	SGOV	BlackRock (iShares)	ICE 미국 국채 0-3개월 지수
WisdomTree Floating Rate Treasury Fund (미 변동금리채)	USFR	WisdomTree	Bloomberg 미 재무부 Floating Rate Note지수